사회주의의 심리학

사회주의의 심리학

초판 2쇄 발행 // 2018년 3월 21일

원제 // Psychologie Du Socialisme

지은이 // 귀스타브 르 봉
옮긴이 // 정명진
펴낸이 // 정명진
디자인 // 정다희
펴낸곳 // 도서출판 부글북스
등록번호 // 제300-2005-150호
등록일자 // 2005년 9월 2일

주소 // 서울시 노원구 하계동 279번지 청구빌라 101동 203호
          (139-872)
전화 // 02-948-7289
팩스 // 02-948-7269
전자우편 // 00123korea@hanmail.net

ISBN // 978-89-92307-85-7 03180

성공하는 국민의 조건은 무엇인가?

사회주의의 심리학
Psychologie Du Socialisme

귀스타브 르 봉 지음   정명진 옮김

사회주의는 사람들의 신념과 포부, 그리고 정신에 강력한 호소력을 발휘할 사상을 담고 있다. 정부들은 사회주의를 두려워하고 있고, 의원들은 사회주의를 건드리지 않으려 조심하고 있으며, 대중은 사회주의에서 보다 행복한 운명의 여명을 보고 있다.

이 책은 사회주의에 대한 연구에 바쳐질 것이다. 이 책에서 나는 다른 저서 『민족 진화의 심리법칙』(Lois de l'Evolution des Peuples)과 『군중의 심리학』(Psychologie des Foules)에서 이미 제시한 원칙들을 다시 적용할 것이다. 이 원칙들의 세부사항을 대충 훑은 다음에 원칙들의 본질적인 요소만을 바탕으로, 나는 사회주의를 탄생시킨 요인들을 살피고 아울러 사회주의의 전파를 촉진하거나 저해하는 요인들을 살필 것이다. 또한 여전히 사회의 기초가 되고 있는, 조상 대대로 내려오는 과거의 사상과, 과학과 산업의 발달로 조성된 새로운 조건에서 탄생한 새로운 사상 사이의 갈등을 보여줄 것이다. 이어 자신의 처지를 개선하려는 많은 사람들의 성향에 이의를 제기하기보다는 제도가 정말로 사람들의 처지를 개선시킬 수 있는지, 혹은 인간의 운명이 인간의 의지가 만드는 제도와 완전히 별개인 필연에 의해 결정되지 않을 수 있는지를 조사할 것이다.

사회주의의 역사를 쓸 옹호자나 그 교의를 논할 경제학자, 그리고 그 믿음을 전파할 사도는 절대로 부족하지 않다. 지금까지 심리학자들은 사회주의에서 실체가 명확하게 잡히지 않는 어떤 주제를 보면서 이 주제가 과학적인 정신의 소유자들에게 무익하고 혐오스런 논란만 불러일으킬 것 같다는 판단에서 사회주의를 연구하지 않았다. 그러나 새로운 원칙이 생겨나는 과정을 보여주거나 이 원칙이 교육 수준이 높은 사람들뿐만 아니라 보통사람들에게까지 행사한 영향력을 설명할 수 있는 분야는 현상의 깊은 속을 들여다보는 심리학뿐일 것 같다. 어떤 사건이 성숙하여 피운 꽃을 제대로 이해하길 원한다면, 그 사건의 깊은 뿌리까지 파고들어야 한다.

종교의 사도(使徒)는 절대로 자신의 신앙의 미래에 대해 의심하지 않았다. 마찬가지로 사회주의자들도 언제나 자신의 신념이 승리할 날이 가까워지고 있다고 믿는다. 사회주의가 승리를 거두면, 당연히 지금의 사회를 파괴하고 지금과 완전히 다른 바탕에서 사회를 다시 세울 것이라고 생각하고 있다. 새로운 원칙의 사도들에겐 이보다 더 간단한 것은 없다. 사회가 폭력에 의해 해체될 수 있다는 것이 너무나 자명해 보인다. 마치 공들여 세운 건물이 화재로 단 한 시간 만에 파괴될 수 있는 것처럼 말이다. 하지만 사건의 진화에 관한 지식에 비춰볼 때, 우리는 사람들이 그런 식으로 파괴된 사회를 자신들이 좋아하는 모습으로 다시 건설할 수 있다는 점을 인정해야 하는 것이 아닌가? 문명이 작동하는 과정을 깊이 들여다보는 순간, 제도와 믿음과 예술을 가진 사회는 사상과 정서와 관습과 사고방식이 복잡하게 얽힌 그물망이라는 사실이 확인된다. 또 이 사상과 정서와 관습과 사고방식은 조상 대대로 내려오는 유산에 의해 결정되며, 이런 것들이 결합하여 곧 사회의 힘을 이룬다는 사실이 드러난다. 이 도덕적 유산이 법전이 아닌 사람들의 본성에 확립되어 있지 않으면, 어떤 사회도 응집력을 발휘하지 못한다. 사회의 규범과 인간의 본성 중 어느 한쪽이 무너지면 다른 한쪽도 덩달아 무너지게 되어 있다. 그리고 도덕적 유산이 최종적으로 해체될 때, 그 사회는 사라지는 운명을 맞게 된다.

이런데도 라틴 민족 국가들의 저자와 시민들은 아직 이 같은 사실에 눈을 뜨지 못하고 있다. 평등과 질서와 정의라는 자신들의 이상 앞에서는 자연의 필연 같은 것은 절로 사라질 것이라고 믿기 때문에, 라틴 국가의 시민들은 이성에 근거한 법률과 훌륭한 헌법만 있으면 세상을 다시 만들 수 있다고 굳게 믿는다. 라틴 국가의 시민들은 프랑스 혁명 당시의 망상에, 말하자면 사회란 것이 원래 인위적인 것이기 때문에 독재자라도 민중에 호의적이기만 하면 사회를 완전히 다시 건설할 수 있다는 믿음에 여전히 사로잡혀 있다.

이런 이론들은 오늘날 설득력을 발휘하지 못하는 것 같다. 그러나 그렇다고 우리가 이런 이론들을 무시하고만 있어서는 안 된다. 왜냐하면 이런 이론들이 상당히 큰 파괴력을 발휘할 행동의 동기가 되고 있기 때문이다. 창조의 힘은 때와 장소를 가린다. 창조의 힘은 사람들의 욕망이 닿지 않는 곳에 있다. 그러나 파괴의 힘은 언제나 사람들의 손이 닿는 곳에 있다. 한 사회의 파괴는 매우 신속하게 이뤄질 수 있다. 그러나 사회의 재건은 언제나 매우 느리다. 하루아침에 파괴한 사회를 다시 구축하는 데 몇 세기의 고통스런 노력이 요구된다.

사회주의의 강력한 영향력을 이해하길 원한다면, 사회주의의 원칙들을 깊이 조사하기만 하면 된다. 사회주의의 성공 요인들을 검토하다 보면, 그 성공이 사회주의자들이 제안한 이론과도 완전히 별개이고 또 그 이론이 부정하는 것들과도 완전히 별개라는 사실이 확인된다. 종교처럼(사회주의는 종교의 탈을 쓰는 경향을 점점 더 강하게 보인다), 사회주의는 이성이 아닌 다른 방법을 통해 전파되고 있다. 사회주의는 경제적 논쟁을 통해 그 존재 이유를 제시하고 뒷받침하려 할 때 극도로 취약한 모습을 보인다. 그러나 희망과 단언과 비현실적인 약속에 관한 한, 사회주의는 정반대로 아주 강력해진다. 만일 희망과 약속의 영역을 절대로 벗어나지 않는다면, 사회주의는 훨씬 더 강력해지고 훨씬 더 무서워 보일 것이다.

사회주의는 고된 삶을 사는 사람들 앞에 희망의 등불을 비춰주고 또 처지의 개선을 약속하면서 하나의 원칙보다는 종교적 성격이 강한 신앙이 되고 있다. 어떤 믿음이 종교적 형태를 취할 때 발휘하는 그 거대한 힘은 믿음의 전파가 그 믿음에 담긴 진리나 오류와는 완전히 별개로 이뤄진다는 사실에 있다. 그 이유는 어떤 믿음이 사람들의 마음속에 둥지를 틀기만 하면 그 믿음의 부조리한 면은 더 이상 보이지 않기 때문이다. 그렇게 되면 이성은 그 믿음에 아무런 영향을 미치지 못한다. 그 믿음을 훼손시킬 수 있는 것은 오직 세월뿐이다. 라이프니츠(Gottfried Wilhelm Leibnitz)와 데카르트(René Descartes), 뉴턴(Isaac Newton)과 같은 매우 탁월한 사상가들조차도 이성을 근거로 비판하려 들면 금방 무너지고 말 종교의 원칙 앞에서는 군말을 한마디도 하지 않고 받아들였다. 일단 정서의 영역으로 들어가 버린 것은 더 이상 토론의 영향을 받지 않는다. 종교는 사람들의 정서에만 영향을 미치기 때문에 토론에 의해서는 절대로 파괴되지 않는다. 종교가 사람들의 마음에 언제나 절대적인 힘을 발휘하는 이유가 바로 거기에 있다.

지금 이 시대는 옛날의 믿음은 그 힘을 잃은 반면에 옛날의 믿음을 대체할 새로운 믿음은 아직 확립되지 않은 그런 과도기이다. 지금까지 인간은 신을 갖지 않고는 살 수 없었다. 신들이 종종 '권좌'에서 추락했지만 그 자리가 비어 있었던 적은 한 번도 없었다. 죽은 신들의 무덤에서 언제나 새로운 유령이 나타났다.

신과 맞붙은 과학도 신들의 무서운 권력을 반박하고 나서지 못했다. 신을 갖지 않은 가운데서 뿌리를 확고히 내리고 확장하는 데 성공한 문명은 없었다. 번창한 문명들은 예외 없이 종교적 교의의 뒷받침을 받았다. 그런데 이 종교적 교의는 이성적인 관점에서 보면 논리적인 요소는 조금도 없을 뿐만 아니라 진리의 기미조차 없었고 양식(良識)과도 거리가 멀었다. 이성과 논리가 사람들의 진정한 길잡이가 되었던 적은 한 번도 없었다. 인간 행동의 가장 막강한 동기들은 언제나 비합리적이었다.

　세상이 변화한 것은 이성의 엷은 빛에 의해서가 아니었다. 환상에 바탕을 둔 종교들은 문명의 모든 요소에 지워지지 않는 흔적을 남기고 대다수의 사람들을 계율로 계속 묶어두는 한편, 이성에 바탕을 둔 철학체계는 사람들의 생활에 아주 무의미한 역할만을 하면서 오직 짧은 기간만 존속할 뿐이었다. 인간의 영혼은 희망을 요구하고 있는데 반해, 철학체계는 사람들에게 오직 논쟁거리만 제시하고 있다.

　인간이 원하는 희망을 제시한 것은 언제나 종교였다. 종교는 또한 사람의 정신을 부추기고 흥분시킬 수 있는 이상을 제시해왔다. 강력한 제국이 탄생하고 또 무질서 상태에서 문명의 보물인 문학과 예술이 창조된 것도 요술지팡이 같은 종교의 덕이었다.

　옛 믿음을 대체하기를 원하는 사회주의는 매우 저급한 이상만을 제시하고 있으며, 그 이상을 실현하기 위해 그보다 더 저급한 정서에 호소하고 있다. 사실 사회주의는 고된 노동의 대가로 일용할 빵 그 이상으로 무엇을 약속하고 있는가? 사회주의는 인간의 영혼을 무슨 방법으로 성숙시킬 것인가? 사회주의는 많은 사람들의 가슴에 불러일으키는 그 시기(猜忌)와 증오의 감정으로 인간의 영혼을 어떻게 하자는 것인가? 더 이상 정치적 평등과 시민적 평등에 만족하지 않는 군중에게, 사회주의는 사회적 불평등이 인간으로서는 어찌지 못할 자연적 불평등에서 비롯된다는 점에 대해서는 생각조차 하지 않으면서 처지의 평등만을 제시하고 있다.

　이처럼 터무니없는 이상과 저급한 정서에 근거한 믿음이라면 전파될 기회가 아주 적을 것처럼 보일 것이다. 그러나 그런 믿음도 저절로 전파된다. 그 이유는 사람들이 어떤 일이나 사건을 자신이 바라는 쪽으로 변형시키고 또 자신이 원하는 세상만을 보는 마법의 프리즘으로 일이나 사건을 보기 때문이다. 사람들은 각자의 꿈과 야망과 희망에 따라 사회주의 창설자들이 사회주의에 포함시키겠다고 상상조차 하지 않았던 것들까지 사회주의에서 감지해낸다. 성직자는 사회주의에서 사랑이 보편적으로 확장되는 느낌을 받으면서 제단을 망각하는 한편 사랑을 꿈꾼다. 힘든 노동에 허리가 휘어진 노예는 사회주의에서 언젠가 때가 되면 자신에게도 좋은 일이 많이 생길 그런 찬란한 낙원을 어렴풋이 본다. 불만을 품은 수많은 사람들은 사회주의의 승리를 통해 자신의 운명이 나아지길 바란다. 사회주의라는 새로운 신앙에 엄청난 권력을 안겨주고 있는 것이 바로 이런 꿈과 불만과 희망이다.

지금의 사회주의는 그 권력의 비밀인 종교의 형태를 매우 빨리 취하고 있다. 그 이유는 사회주의가 인류 역사에서 무척 드문 시기에, 말하자면 옛날의 종교들이 힘을 잃고(사람들은 자신들의 신에 지쳐 있다) 새로운 신앙이 나타날 때까지 그저 묵인되고 있는 때에 등장했기 때문이다. 옛날의 신들의 권력이 크게 약해진 바로 그 시점에 나타난 사회주의는 자연히 옛날 신들의 자리를 차지하게 되어 있다. 사회주의가 그 자리를 차지하지 못할 것이라는 점을 보여주는 근거는 하나도 없다. 그러나 사회주의가 그 자리를 오랫동안 차지하지 못할 것이라는 점을 뒷받침하는 근거는 아주 많다.

차례

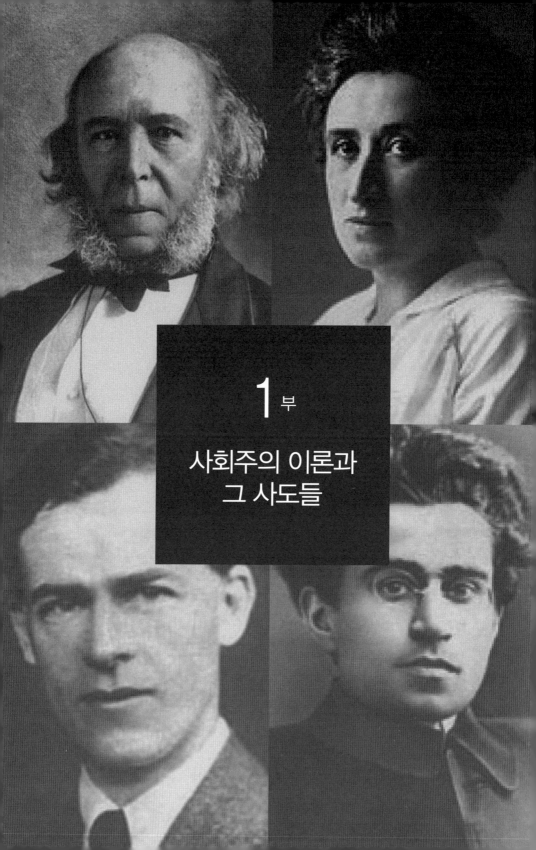

1부

사회주의 이론과 그 사도들

1장

사회주의의 다양한 얼굴

1. 사회 진화의 요인들

문명은 언제나 그 바탕에 사회를 이끌거나 지배할 사상 몇 개를 두었다. 이 사상들이 점점 쇠퇴하다가 그 힘을 완전히 잃게 될때, 거기에 의존하던 문명은 변화의 운명을 맞게 된다.

오늘날 우리는 세계사에서 무척 드문 그런 변화의 와중에 있다. 인류 역사에 새로운 사상이 그 모양새를 갖춰가는 순간을 지켜보면서, 지금의 우리처럼, 그 사상이 굳어가는 과정을 면밀히 연구할 기회를 누렸던 철학자들은 그리 많지 않았다.

현재의 상태에서 보면, 사회 진화는 3가지 요인, 즉 정치적, 경제적, 심리적 요인의 영향을 받고 있다. 이 요인들은 어느 시대에나 존재했지만, 각 요인의 중요성은 국민이 처한 상황에 따라 달랐다.

정치적 요인은 법과 제도를 말한다. 모든 이론가들, 특히 현재의 사회주의자들은 대체로 정치적 요인에 가장 큰 중요성을 부여한다. 사회주의자들은 한 국민의 행복은 제도에 달렸으며 제도를 바꾸는 것은 곧 국민의 운명을 바꾸는 것이라고 믿고 있다. 이와 반대로 일부 사상가들은 제도가 행사할 수 있는 영향력은 극히 미약하며 한 국민의 운명은 그 국민의 성격, 말하자면 국민정신에 좌우된다고 생각한다. 이는 비슷한 제도 하에서 똑같은 환경에 사는 민족들이 서로 다른 수준의 문명을 보여주는 이유를 설명해줄 것이다. 오늘날엔 경제적 요인이 엄청난 중요성을 지닌다. 국민들이 서로 고립되어 살고 또 산업의 종류가 세월이 흘러도 별로 변하지 않던 시대엔 거의 중요하지 않았던 경제적 요인이 지금 대단한 영향력을 얻기에 이르렀다. 과학 및 산업의 발견들이 인간의 존재 조건을 확 바꿔놓았다. 실험실에서 발견된 간단한 화학반응이 어느 한 나라를 망하게도 하고 다른 나라를 흥하게도 한다. 예를 들어 아시아의 농업문화가 유럽 전역에 농업의 포기를 강요하고 있다. 기계류의 발달이 문명화된 국가의 다수 인구의 생활에 혁명을 불러일으키고 있다.

민족과 믿음과 의견과 같은 심리적 요인도 여전히 상당한 중요성을 지니고 있다. 얼마 전까지만 해도 심리적 요인이 가장 중요했으나 오늘날엔 경제적 요인이 훨씬 더 중요해지고 있다. 지금의 사회들이 과거의 사회들과 다른 점은 사회를 이끄는 요소들 사이의 관계에 나타난 이 같은 변화에 있다. 특히 옛날에 신앙의 지배를 받았던 사회들이 경제적 필연에 점점 더 많이 좌우되고 있다.

그럼에도 불구하고 심리적 요인이 그 영향력을 잃기까지는 아직 한참 멀었다. 사람이 경제적 요인의 전횡에서 벗어나는 정도는 그 사람의 정신적 본질에, 말하자면 그 사람의 민족에 달려 있다. 이 때문에 경제적 요인을 자국의 필요에 따라 조정하는 국가가 있는 가 하면 더욱더 경제적 요인의 노예가 되려는 국가가 있다.

이러한 것들이 사회 진화의 중요한 원동력이다. 이 원동력들은 서로 동시에 작용하면서 종종 모순을 일으킨다. 이 원동력들을 무시하거나 오해한다고 해서 그것들이 작동하지 않는 것은 아니다. 자연의 법칙은 시계장치처럼 정확히, 맹목적으로 작동한다. 거기에 맞서는 사람은 그 법칙의 행진에 짓밟혀 죽게 되어 있다.

2. 사회주의의 다양한 얼굴들

이렇게 간단히 살펴보는 것만으로도 우리는 사회주의도 보는 각도에 따라 다양한 얼굴을 하고 있다는 것을 짐작할 수 있다. 이 다양한 얼굴들을 차례대로 검토할 것이다. 우리는 사회주의를 정치적 개념으로, 경제적 개념으로, 철학적 개념으로, 또 하나의 신념으로 조사할 것이다. 또한 이 다양한 개념과 현실의 불가피한 충돌도 고려해야 한다. 말하자면 인간의 잔꾀로는 변화시키지 못하는 냉혹한 자연의 법칙과 추상적인 사상 사이의 충돌을 살펴야 한다는 뜻이다.

사회주의의 여러 측면 중에서 경제적 측면을 분석하는 작업이 가장 쉽다. 오늘날 우리는 매우 분명한 문제에 직면하고 있다. 부(富)를 어떤 식으로 생산하고 어떤 식으로 분배할 것인가? 노동과 자본과 지능의 몫을 어떻게 나눌 것인가? 경제적 사실들의 영향은 어떠하며, 경제적 사실들은 사회 진화에 어느 정도 영향을 미치는가?

사회주의를 하나의 믿음으로 고려한다면, 말하자면 사회주의가 불러일으키는 도덕적 인상과 사회주의가 고무하는 확신과 헌신을 조사한다면, 관점도 크게 달라지고 문제의 양상도 완전히 바뀌게 된다. 그러면 우리는 사회주의가 하나의 원칙으로서 지니는 이론적 가치에 더 이상 매달릴 필요도 없어지고, 사회주의가 봉착할 경제적 불가능성에 대해서도 더 이상 신경을 쓰지 않아도 된다. 단지 사회주의라는 새로운 믿음을 그 기원과 도덕적 진보, 심리적 결과의 측면에서 고려하기만 하면 된다. 그러면 사회주의 옹호자들과 토론을 벌이는 것은 어리석은 짓이라는 사실이 명백해진다. 만일 경제학자들이 완벽한 증거를 제시하는데도 사람들이 전혀 아무런 영향을 받지 않는다고 의아해 한다면, 우리는 그런 경제학자들에게 종교적 교의의 역사와 군중심리에 관한 연구를 제시하기만 하면 된다. 어떤 원칙에 맞서면서 그 원칙의 터무니없는 본질을 보여주는 것으로는 절대로 승리를 거두지 못한다. 꿈을 논증으로 공격하지 못하는 것과 똑같다. 그것이 꿈이라는 것을 경험을 통해 보여줄 수 없기 때문이다.

사회주의의 힘을 이해하기 위해서는 사회주의를 하나의 믿음으로 고려해야 한다. 그러면 우리는 사회주의가 매우 견고한 심리적 바탕 위에 구축되어 있다는 사실을 발견할 것이다. 사회주의가 사회적·경제적 필연과 모순된다는 사실은 사회주의의 성공에 별로 중요하지 않다. 모든 믿음, 특히 종교적 신앙의 역사를 보면 어떤 한 믿음의 성공은 그 안에 진리가 어느 정도 담겨 있는가 하는 문제와는 완전히 별개라는 사실이 확인된다.

사회주의를 하나의 믿음으로 고려한 뒤 그것을 철학적 개념으로 검토해야 한다. 이 철학적 측면은 사회주의 옹호자들이 거의 간과하고 있는 부분이지만 사회주의자들이 마음만 먹으면 옹호하기가 가장 쉬운 측면이기도 하다. 사회주의 옹호자들은 사회주의 원칙의 실현을 경제적 전개의 불가결한 결과로 보고 있다. 그러나 지금 사회주의에 가장 큰 장애가 되고 있는 것이 바로 이 경제적 전개이다. 순수하게 철학적 관점에서만 사회주의를 본다면, 말하자면 심리적 및 경제적 불가피성을 옆으로 제쳐둔다면, 사회주의 이론에 대한 방어가 가능해진다.

철학적으로 말한다면 사회주의는 무엇인가? 아니면 사회주의의 가장 잘 알려진 형태인 집단주의는 무엇인가? 한 마디로 말하면, 개인적 존재가 잠식하고 들어오는 데 대한 집단적 존재의 반발이다. 지금 만일 지능이 문명의 발전에 기여할 수 있는 엄청난 혜택을 무시한다면, 집단주의는 집단의 자식으로 태어나 집단이 없으면 무(無)가 될 개인을 집단에 복종시킬 목적으로 창안되었다는 점을 부정하기 어려울 것이다.

여러 세기 동안, 즉 우리보다 앞섰던 여러 시대를 내려오면서, 집단주의는 언제나 막강한 힘을 발휘했다. 적어도 라틴 민족들 사이에는 그랬다. 집단주의 밖의 개인은 아무것도 아니었다. 18세기 저술가들이 제시한 모든 원칙들의 정점이었던 프랑스 혁명이 아마도 최초로 진지하게 시도된 개인주의의 반작용이었을 것이다. 그러나 프랑스 혁명은 (적어도 이론적으로는) 개인에게 참정권을 부여하면서 결과적으로 그 개인을 고립시키고 말았다. 개인을 자신의 계급과 가족, 그리고 자신이 속한 사회적 혹은 종교적 집단으로부터 고립시키면서, 프랑스 혁명은 개인을 그 자신에게로 돌려주고, 따라서 사회를 응집력과 끈이 없는 개인들의 집단으로 바꿔놓았다.

그러한 변화는 오랫동안 지속될 결과를 낳지 못한다. 오직 강한 사람들만이 고립을 버텨낼 수 있고 자신의 힘으로 살아갈 수 있다. 약한 사람들은 그렇게 하지 못한다. 약한 사람들은 지원의 부재나 고립보다 예속을 더 좋아하고, 심지어 고통스런 예속까지도 받아들이려 한다. 프랑스 혁명에 의해 파괴된 구체제의 계급과 단체들은 생활 속에 개인을 지원하는 구조를 형성했으며, 이 계급과 단체들이 대중의 심리적 욕구에 부합했음에 분명하다. 왜냐하면 오늘날 계급과 단체들이 다양한 이름으로, 특히 노동조합이라는 이름으로 모든 분야에서 되살아나고 있기 때문이다. 이 단체들은 구성원들의 노력을 최소화시킨다. 반면에 개인주의는 개인에게 노력을 최대한 기울일 것을 요구한다. 프롤레타리아는 고립될 경우에 모래알 같은 존재가 되어 아무것도 하지 못한다. 그러나 단합을 이루면 무서운 힘이 된다. 단체라고 해서 프롤레타리아에게 능력과 지능을 주는 것은 아니다. 그러나 단체는 적어도 프롤레타리아에게 힘을 주며 프롤레타리아가 사용할 줄 모르는 자유를 제외하고는 어떠한 것도 금하지 않는다.

철학적 관점에서 보면, 사회주의는 확실히 개인에 맞서는 집단의 반응이다. 즉 과거로의 회귀인 것이다. 본질적인 요소들을 본다면, 개인주의와 집단주의는 상반되는 2개의 힘이다. 이 힘들은 서로를 아주 없애버리려 하지는 않아도 적어도 꼼짝 못하게 하려 들기는 한다. 개인의 이해관계와 집단의 이해관계 사이의 충돌에 사회주의의 진정한 철학적 문제가 있다. 자신의 지능과 독창력을 믿을 수 있을 만큼 충분히 강하여 삶을 개척해나갈 능력을 갖춘 개인은 자신이 독창력과 지능은 약하면서도 숫자를 앞세워 권리를 주장하는 대중과 맞서고 있다는 사실을 깨닫는다. 서로 맞서는 양측의 이해관계가 충돌을 빚고 있다. 중요한 것은 이 힘들이 서로 양보함으로써 스스로를 파괴하지 않고 지켜나갈 수 있는 길을 발견하는 것이다. 지금까지 종교는 각 개인에게 동료의 이익을 위해 자신의 개인적 이익을 희생시키도록 설득시킴으로써 개인 이기주의를 집단 이기주의로 대체하는 데 성공했다. 그러나 옛날의 종교들은 지금 사라지고 있는 중이며 이 종교들을 대체할 것들은 아직 탄생하지 않고 있다. 사회적 연대의 진화를 연구할 때, 우리는 두 가지 반대되는 원칙들 사이의 협력이 경제적 필연 때문에 어느 선까지 이뤄지고 있는지를 고려해야 한다. 프랑스 정치인 레옹 부르주아(Léon Bourgeois)가 어느 연설에서 이 점을 정확히 지적했다. "우리는 자연의 법칙에 반하는 어떠한 것도 시도하지 못한다. 두말할 필요도 없는 말이다. 그러나 우리는 자연의 법칙을 끊임없이 연구하여 사람과 사람 사이의 불평등과 불공정을 줄이기 위해 자연의 법칙을 이용할 수 있어야 한다."

　사회주의의 다양한 측면에 대한 검토를 마무리하기 위해선 사회주의가 민족에 따라 어떤 식으로 변형되는지도 고려해야 한다. 만일 사회주의가 이 민족에서 저 민족으로 전파될 때 문명의 모든 요소들, 즉 제도와 종교, 예술과 신념 등에 의해 심각한 변형이 이뤄진다고 주장하면서 내가 다른 책에서 제시한 원칙들이 옳다면, 서로 다른 민족들이 국가의 고유한 역할을 설명하며 사용하는 어휘들이 매우 비슷할지라도 각 나라의 현실을 보면 국가의 역할이 크게 다를 것이라고 예측할 수 있다. 실제로도 그렇다는 사실이 확인될 것이다.

발달의 정점에 도달한 강건하고 활기찬 민족들을 보면, 개인의 독창력의 덕으로 돌릴 것들이 크게 확장되고 국가의 일로 여겨질 것들이 점진적으로 줄어든다는 사실이 관찰된다. 이 같은 현상은 군주국은 물론이고 공화국에서도 똑같이 나타난다. 반면 개인들이 자신의 힘을 더 이상 믿지 못할 만큼 정신적으로 고갈된 모습을 보이는 그런 민족의 경우에는 국가의 역할이 터무니없이 크다는 사실이 확인될 것이다. 이런 개인에게는 그 사람이 사는 곳의 정치제도가 어떤 이름으로 불리든 관계없이, 정부는 언제나 모든 것을 흡수하고, 모든 것을 생산하고, 시민의 삶을 속속들이 통제해야 하는 권력으로 여겨진다. 사회주의는 단지 이 개념의 연장에 지나지 않는다. 사회주의는 독재적이고 비인간적이고 또 절대적이다.

지금 우리는 풀어야 할 문제들이 아주 복잡하다는 사실을 확인하고 있다. 그렇지만 관련 자료들을 세분화해 조사할 경우에는 문제들이 훨씬 더 단순해진다는 사실도 확인하고 있다.

2장

사회주의의 기원과
사회주의가 발달한 원인들

1. 사회주의의 역사

사회주의는 오늘날 처음 등장한 것이 아니다. 고대의 역사학자들이 좋아한 표현을 빌린다면, 사회주의는 그 기원이 너무나 아득하여서 그 뿌리를 찾는 작업조차 쉽지 않다고 말할 수 있다. 사회주의는 처지의 불평등을 파괴하는 것을 중요한 목적으로 삼았으며, 이 불평등은 지금이나 마찬가지로 고대 세계에서도 하나의 법칙이었다. 어떤 전능한 신이 인간의 본성을 다시 다듬기 위해 불평등을 모두 거둬들이지 않는 한, 불평등은 지구가 멸망하기 전까지는 틀림없이 계속될 것이다. 그렇다면 부자와 빈자의 투쟁은 영원할 것임에 분명하다.

모든 사회들의 기원인 원시 공산사회까지 돌아볼 필요도 없이, 오늘날 우리에게 제시된 모든 형태의 사회주의는 고대에 이미 다

실험해 보았다고 해도 과언이 아닐 것이다. 특히 그리스는 온갖 형태의 사회주의를 실천해보았으며 결국엔 그 위험한 실험들 때문에 종말을 맞기에 이르렀다. 집단주의자들의 원칙은 이미 오래 전에 플라톤의 『공화국』에 제시되었다. 아리스토텔레스는 집단주의 원칙에 대해 이의를 제기하고 있다. 이들의 저작물을 분석한 프랑스 역사학자 기로(Paul Guiraud)는 저서 『그리스인들의 토지재산』(Propriété Foncière des Grecs)에 이렇게 쓰고 있다. "기독교 사회주의에서부터 가장 발달한 집단주의에 이르기까지, 현재 거론되고 있는 사회주의의 모든 원칙들이 고대 그리스에 다 나타나고 있다."

이 원칙들은 여러 차례 현실로 실천되었다. 그리스에서 일어난 모든 정치혁명은 동시에 사회혁명, 즉 부자들을 약탈하고 귀족을 억압함으로써 처지의 불평등을 바로잡으려는 목적의 혁명이었다. 이 혁명은 종종 성공을 거두었다. 그러나 그 성공은 언제나 일시적이었다. 최종적 결과는 그리스의 쇠퇴와 독립의 상실이었다. 그 시대의 사회주의자들도 이 시대의 사회주의자들만큼 의견의 일치를 이루지 못했으며 오직 파괴한다는 한 가지 목적에만 동의했다. 그러다 마침내 로마가 그리스를 예속화함으로써 사회주의자들의 영원한 의견불일치에 종지부를 찍었다.

로마인들도 사회주의자들의 시도로부터 자유롭지 못했다. 로마인들은 그라쿠스 형제의 실험적인 농업 사회주의로 인해 타격을 입었는데, 이 사회주의는 시민의 토지 소유를 제한하고, 가난한 사람들에게 잉여를 분배하고, 국가가 가난한 시민들에게 양식을 공급하도록 했다. 여기서 갈등이 터져 나왔고, 이것이 마리우스와 술라가 부상하는 계기가 되고 내전을 낳았으며, 결과적으로 공화정의 종식과 황제들의 지배로 이어졌다.

유대인들도 또한 사회주의자들의 요구에 익숙했다. 유대인 예언자와 그 시대의 진정한 아나키스트들의 기원(祈願)은 곧 부자에 대한 저주였다. 그 예언자들 중에서 가장 탁월한 존재인 예수 그리스도는 무엇보다 가난한 자들의 권리를 주장했다. 예수 그리스도의 비방과 협박은 오로지 부자들을 향한 것이었다. 신의 왕국도 오직 가난한 사람들에게만 예약되어 있다. "부자가 신의 왕국에 들어가는 것보다 낙타가 바늘귀를 뚫고 지나가는 것이 더 쉽다."

서기로 들어서고 첫 2, 3세기 동안에 기독교는 가난하고 불만이 많고 기득권이 없는 사람들의 사회주의였다. 그리고 지금의 사회주의처럼, 기독교는 기존의 제도와 끊임없이 갈등을 빚었다. 그럼에도 불구하고, 기독교 사회주의가 승리를 거두었다. 사회주의 사상이 성공을 거두며 오랫동안 영향을 행사할 발판을 마련한 것은 이때가 처음이었다.

그러나 기독교 사회주의가 미래의 삶에 대해서만 행복을 약속하고 따라서 그 약속이 결코 증명될 수 없다는 대단한 이점을 누렸음에도 불구하고, 이 사회주의도 승리를 거둔 뒤에는 원칙들을 부정함으로써만 명맥을 이어갈 수 있었다. 기독교 사회주의는 부자와 권력자에게 의지할 수밖에 없었으며, 따라서 예전에 저주했던 재산과 부를 오히려 옹호하는 입장이 되었다. 승리를 거둔 모든 혁명가들과 마찬가지로, 기독교 사회주의는 보수주의로 변했으며, 가톨릭교회의 사회적 이상은 로마제국의 이상과 크게 다르지 않았다. 또 다시 가난한 사람들은 체념과 노동과 복종으로 스스로를 달래야 했다. 만일 가난한 사람들이 묵묵히 할 일을 한다면, 그들에게 천국이 약속될 것이다. 그러나 가난한 사람들이 주인을 괴롭힌다든지 하면 지옥과 악마의 협박이 따를 것이다. 2,000년의 역사를 자랑하는 꿈의 실상이 이렇다니! 우리의 후손들이 지금 우리의 사고를 지배하고 있는 유산에서 자유로워져 순수하게 철학적 관점에서만 기독교 사회주의를 생각할 수 있다면, 그들은 지금도 우리의 문명을 뒷받침하고 있는 이 거대한 괴물의 가공할 만한 힘에 존경을 표할 것이다. 이성적 관점에서 보면 너무나 터무니없는데도 매우 막강한 힘을 발휘하는 이 믿음의 기원과 성장 앞에서는 더없이 찬란한 철학체계일지라도 아주 초라해진다. 기독교 사회주의의 압도적인 지배력은 이 세상을 지배하고 있는 것들 중에 이해할 수 없는 것이 얼마나 많은지를 단적으로 보여주고 있다. 종교의 창설자들은 희망 외에는 아무것도 제시하지 않았다. 그럼에도 종교는 아주 긴 생명력을 발휘한다. 사회주의자의 어떤 견해가 예수 그리스도와 무함마드의 천국과 같을 수 있을까? 사회주의의 사도들이 오늘날 우리에게 약속하는 세속의 행복은 예수 그리스도와 무함마드가 약속하는 행복에 비하면 너무나 비참하지 않은가!

사회주의자들의 약속은 매우 케케묵어 보이고 또 고대 그리스인과 로마인, 유대인을 떠올리게 한다. 그러나 실제로 보면 사회주의자들의 약속은 언제나 싱싱하게 살아 있다. 왜냐하면 그 약속들이 세월도 결코 바꿔놓지 못할 인간 본성을 현혹하고 있기 때문이다. 인간은 그때 이후로 오랜 세월을 살아왔다. 그러나 인간은 언제나 똑같은 꿈을 추구하고 또 똑같은 경험으로 아파하면서도 그 경험에서 아무것도 배우지 않았다. 1848년 혁명의 순간에 프랑스의 사회주의자들이 발표한, 희망과 열정에 찬 선언서를 한번 읽어 보라. 그 뒤로 새로운 세대들이 태어났으며, 이들에 의해 세상의 얼굴은 변화해야 했다. 그러나 그들 때문에, 그들의 나라는 전제정치의 구렁텅이로 떨어졌고, 몇 년 뒤에는 무서운 전쟁과 침공을 벌이게 되었다. 이 단계의 사회주의에서 채 반세기도 지나지 않았을 뿐인데 벌써 우리는 그 경험에서 뭔가를 배워야 한다는 교훈을 망각하고 똑같은 일을 되풀이할 준비를 하고 있다.

2. 사회주의가 지금처럼 전개되는 이유들

그렇다면 오늘날 우리도 단지 우리 아버지 세대가 자주 내뱉은 불평을 되풀이하고 있을 뿐이다. 만일 우리의 외침이 아버지들의 외침보다 더 크다면, 그것은 문명의 발달로 인해 우리의 감수성이 더욱 예민해졌기 때문일 것이다. 우리의 존재 조건은 옛날의 존재 조건에 비해 월등히 나아졌다. 그럼에도 우리는 옛날 사람들보다 덜 만족하고 있다. 지금 사람들은 믿음을 잃고, 엄격한 의무와 무력한 연대 외에는 어떠한 예상도 하지 못하고, 산업의 변화로 야기된 격변과 불안정 때문에 초조해 하고, 모든 사회제도가 하나씩 허물어 내리는 것을 지켜보고, 가족과 재산의 안전에 위협을 느끼고 있다. 이런 처지의 현대인은 자신이 잡을 수 있는 유일한 현실인 현재에 더욱 강하게 매달리고 있다. 자기 자신에게만 관심을 쏟고 있는 현대인은 어떠한 대가를 치르더라도 지금 이 시간을 즐기기를 바라고 있으며, 그러면서 시간이 너무나 덧없이 흘러간다고 민감하게 느낀다. 환상을 잃어버린 탓에, 현대인은 행복을, 따라서 부(富)를 누려야 한다. 산업과 과학의 발달이 예전에 사치품이었던 많은 것을 오늘날 필수품으로 만들었다는 점에서 보면, 현대인에겐 부가 더욱 많이 필요하게 되었다. 부에 대한 욕망이 더욱더 보편화되고 있다. 동시에 부를 나눠줘야 할 사람들의 숫자도 증가하고 있다.

그 결과 현대인의 욕구가 대단히 커졌으며, 욕구의 성장 속도가 욕구를 만족시킬 수단이 증가하는 속도보다 더 빨라졌다. 통계학자들은 안락과 편의의 수준이 오늘날처럼 높았던 적은 없었다는 사실을 증명하고 있다. 통계학자들은 동시에 사람들의 욕구가 지금처럼 높았던 적도 없었다는 점을 보여주고 있다. 그렇기 때문에 오늘날 행복의 등식에서 두 개의 항이 동등해지는 것은 두 개의 항이 똑같이 커질 때뿐이다. 필요한 것들과 그것들을 충족시키는 수단의 비율이 곧 행복의 등식이다. 아무리 작은 수치일지라도 두 개의 항이 서로 동등해질 때, 그 사람은 만족하게 된다. 또 만족의 수단이 부족하여 두 개의 항이 동등하지 않을 때라도 그 사람이 자신의 욕구를 줄임으로써 균형을 회복할 수 있다면, 그때도 그는 만족한다. 이런 방식의 해결책은 오래 전에 동양인들에 의해 발견되었다. 그리고 서양인들의 눈에 동양인들이 늘 자신의 운명에 만족하고 있는 것처럼 보이는 이유도 거기에 있다. 반면에 지금의 유럽에서는 욕구가 어마어마하게 높아진 반면 그것을 만족시킬 수단은 그 증가를 따라잡지 못하고 있다. 따라서 이 등식의 두 개의 항은

균형을 크게 잃게 되었으며, 교양 있는 사람들의 다수가 자신의 운명을 저주하고 나서게 되었다. 위에서 아래까지, 불만의 이유는 똑같다. 욕구와 그것을 충족시킬 수단이 균형을 이루지 못하기 때문이다. 모든 사람이 똑같이 행운의 여신을 좇아 좌충우돌하고 있으며, 자신과 행운의 여신 사이를 가로막고 있는 모든 장애를 깨뜨릴 꿈을 꾸고 있다. 원칙과 사회의 전반적 이익에 대한 염세적 무관심 때문에 개인의 이기심이 지나치게 커졌다. 모든 사람들의 목표가 부이며, 이 목표 앞에 다른 모든 것들은 망각되었다.

이런 경향이 역사에 새로운 것은 아니다. 그러나 예전엔 덜 보편적이고 덜 배타적인 형태로 나타났다. 프랑스 정치사상가 토크빌(Alex de Toqueville)은 이렇게 말한다. "18세기 사람들은 말하자면 예속의 어머니인 이런 행복에 대해 거의 몰랐다. 높은 계층의 사람들은 부유하기보다는 저명한 인물이 되기 위해 안락하게 살기보다는 삶을 아름답게 가꾸는 일에 신경을 더 많이 썼다."

사회 전반에 나타난 부의 추구는 당연히 도덕성의 추락과 그에 따른 온갖 부작용을 낳았다. 아주 두드러진 결과는 중산계급이 그동안 사회적으로 열등한 사람들 앞에서 누렸던 위신의 심각한 추락이었다. 귀족사회가 1,000년에 걸쳐 서서히 케케묵어졌는데 반해 부르주아 사회는 1세기만에 낡아져 버렸다. 부르주아 사회는 3세대도 채 되지 않는 세월에 말라 비틀어졌으며, 아래 계층으로부터 끊임없이 사람들을 끌어들임으로써만 겨우 명맥을 이어가고 있었다. 부르주아도 아들에게 부를 물려줄 수 있다. 그러나 오랜 세월을 통해서만 키울 수 있는 부수적인 자질들은 어떻게 물려줄 수 있겠는가? 거대한 부가 훌륭한 유전적 자질을 대체하고 있다. 그런데 이 거대한 부가 치사한 사람들의 수중으로 들어갈 때가 너무 자주 있다.

유복해진 젊은이들은 모든 관례를, 모든 편견을 깨뜨렸다. 젊은이들에게 의무나 애국심, 명예 같은 것은 우스꽝스러운 족쇄처럼 보이고 또 헛된 편견으로 보인다. 성공만을 중요시 여기는 분위기에서 교육을 받은 젊은이들은 탐욕을 매우 강하게 보이고 있다. 투기와 음모, 부자와의 결혼 또는 상속으로 한몫 쥐기라도 하면, 젊은이들은 아주 세속적인 쾌락에 그 돈을 쓴다.

프랑스 대학의 젊은이들도 이보다 더 나은 그림을 보여주지 못하고 있다. 프랑스의 전통적인 교육이 낳은 우울한 산물이다. 라틴 민족의 이성론에 완전히 매몰되어서 책만 파는 이론적 교육에 빠진 프랑스의 젊은이는 삶의 현실과 사회 구조를 떠받치는 것에 대해서는 아무것도 이해하지 못하고 있다. 조국에 대한 사랑 없이는 어떠한 나라도 존재하지 못하는데도, 탁월한 비평가 쥘 르메트르(Jules Lemâitre)가 썼듯이, 조국애라는 사상은 프랑스 젊은이들에게는 "철학이 전혀 없는 맹목적인 애국심"으로 비친다. 르메트르의 글을 보자.

"젊은이들에게 무슨 말을 해 줘야 할까? 젊은이들은 대단한 이성론자이고 변증법의 전문가들이다. 젊은이들을 논리로 설득시키는 것보다는 그들이 언제나 무시했던 어떤 정서를 그들의 내면에 불러일으키는 것이 더욱 긴요하다.

어떤 젊은이들은 프랑스의 정치 수도가 베를린이냐 파리냐 하는 것은 관심의 대상이 아니며 자신들은 철저히 공정한 정신을 가진 사람이라면 독일인 장관의 통치도 받아들일 것이라고 선언한다. 그럴 때면 나는 우리 인간의 심장과 뇌가 다 똑같지 않다고 말하는 외에 그들에게 달리 해줄 말을 찾지 못한다.

또 다른 젊은이들은 아주 허약한 방향으로 애국자이다. 그들은 19세기 중반에 흔히 말하던 것처럼 인도주의적 원칙에서 전쟁을 혐오하고 또 국제 사회주의를 꿈꾸고 있기 때문이다."

부르주아 계급 전체에 나타난 이런 도덕적 타락과 그들이 부를 얻기 위해 동원하는 의문스런 수단들, 그리고 그들이 매일 일으키는 스캔들은 사회의 중류층과 하류층에 증오를 심는 데 크게 기여한 요소들이다. 중산계급의 도덕적 타락은 지금의 사회주의자들이 부의 분배가 불평등하게 이뤄지고 있다면서 쏟아낸 비난을 정당화해주었다.

사회주의자들이 지금의 거대한 부가 수많은 불행한 사람들이 가졌던 얼마 안 되는 자원을 바탕으로 한 것이라는 점을 보여주는 것은 아주 쉬운 일이었다. 외국에 대한 융자를 예로 들어보자. 대형 금융기관들은 융자를 원하는 차입자의 사정에 대한 정보를 확보하고 있다. 외국에 대한 융자를 잘못하면 소액 투자자들이 피해를 입게 되어 있다. 그런데도 금융기관들은 예를 들어 온두라스에 대한 융자의 경우처럼 융자액의 50%를 넘는 커미션을 챙기기 위해 금융기관을 신뢰하는 투자자들에게 피해를 입히는 일도 서슴지 않았다. 이런 현실을 사회주의자들의 주장과 다른 식으로 어떻게 설명할 수 있겠는가? 굶주림에 시달리다 못해 공원 귀퉁이에서 당신의 시계를 훔치는 가난한 강도가 실제로 보면 이런 금융의 해적들보다 죄가 훨씬 더 약하지 않는가? 또 다시 묻지만, 전 세계에 걸쳐서 일부 물품, 예를 들어 구리나 석유를 몽땅 구입하기 위해 서로 연대하는 거대 자본가들의 무리들에 대해 우리는 뭐라고 말해야 하는가? 이런 식의 매점매석을 통해 생필품의 가격을 두세 배로 올려놓음으로써 수천 명의 노동자들을 불행에 빠뜨리는 그런 악덕 자본가들을 어떻게 보아야 하는가? 스페인과 미국이 전쟁을 벌이던 때에 세계 시장의 옥수수를 몽땅 사들였다가 품귀현상이 시작되어 가격이 엄청나게 뛰자 시장에 내다 판 그 젊은 미국인 백만장자의 투기에 대해 우리는 도대체 어떻게 말할 것인가? 이 거래 단 한 건으로 이 미국 백만장자는 상상을 초월하는 부를 챙겼을 것임에 틀림없다. 그러나 그 일로 인해 유럽에 위기가 닥쳤고 스페인과 이탈리아에서는 기근과 폭동이 발생했다. 또 많은 수의 가난한 사람들이 굶주림으로 목숨을 잃었다. 이런 투기의 주인공들을 해적과 비교하며 그들을 교수형에 처해야 한다고 주장하는 사회주의자들은 정말 잘못된 것인가?

사회의 상류층의 도덕적 타락, 부의 불공평한 분배, 점점 격해지는 대중의 분노, 언제나 누릴 수 있는 것보다 더 크게 마련인 욕구, 옛날의 계급조직과 믿음의 약화 등. 이 모든 상황에 불만이 커졌으며, 이 불만이 사회주의의 급속한 확산을 부르고 있다.

가장 탁월한 정신의 소유자들마저도 성격만 다를 뿐 결코 덜하지 않은 어떤 병으로 고통을 당하고 있다. 이 병은 탁월한 정신의 소유자들을 언제나 새로운 원칙의 신봉자로 바꿔놓지는 않지만 그들이 현재의 사회 상태를 방어하는 일에 관심을 쏟지 않도록 만든다. 모든 종교적 신앙의 연속적 붕괴와 그 신앙에 근거한 제도의 붕괴, 우리를 둘러싸고 있으면서 우리가 조사하려 들면 더욱 묘해지기만 하는 미스터리들의 비밀을 밝혀내지 못하는 과학의 무능, 공허하고 무용한 잡동사니를 논할 뿐인 철학체계들, 난폭한 힘들의 전반적인 승리, 그리고 그 승리로 인해 생겨난 낙담 등이 지식인들까지도 염세주의의 암울한 구렁텅이로 몰아넣고 있다.

현대인들의 염세주의적 성향은 아주 분명하다. 프랑스의 작가들이 염세주의를 표현한 글만을 모아도 책 한 권은 쉽게 만들 수 있을 것이다. 다음 인용만으로도 프랑스인들의 정신세계에 나타난 전반적인 무질서를 보여주기에 충분할 것이다. 이 시대의 탁월한 철학자의 한 명으로 꼽히는 르누비에(Charles Bernard Renouvier)는 다음과 같이 말한다.

> "인류의 고통을 그리자면, 동물 왕국에 흔한 질병에 대해서는 굳이 말할 필요도 없고 쇼펜하우어(Arthur Schopenhauer)가 오늘날 지나치게 우울한 인물이 아니라 온화한 인물로 통한다는 말로도 그 실상을 충분히 전할 수 있을 것이다. 이 시대의 특징을 보여주는 사회 현상들, 즉 국가들 간의 전쟁과 계급 간의 전쟁, 군국주의의 보편적 확장, 부의 증대가 이뤄지는 한편에서 점점 심

화되고 있는 빈곤, 범죄 증가, 자살 증가, 가족 붕괴, 초월적인 믿음의 포기 등에 대해 생각하면 쇼펜하우어 이상으로 염세적일 수밖에 없는 실정이다. 문명이 야만으로 후퇴하고 있음을 보여주는 이 모든 신호들은 미국인과 유럽인들이 옛날의 세계를 그대로 지키고 있는 정적인 사람들을 접하게 되면 더욱 뚜렷해질 것임에 틀림없다. 그런데 이 신호들은 쇼펜하우어가 세상의 가치를 염세적으로 판단하던 그 시절에는 아직 등장하지도 않았던 것들이다."

또 다른 철학자 부알리(Paul Boilley)는 이렇게 쓰고 있다.

"강력한 사람들이 아주 약한 사람들의 권리를 짓밟으면서도 전혀 부끄러워하지 않는다. 미국인들은 인디언을 말살시키고 영국인들은 인도인들을 억압하고 있다. 문명이라는 구실로 유럽 국가들은 아프리카를 나누고 있다. 그러나 현실을 보면 유럽 국가들은 새로운 시장을 여는 일에만 몰두하고 있다. 강대국 사이의 투쟁이 전례 없을 만큼 심각해졌다. 3국동맹(1882년에 독일과 오스트리아-헝가리 제국, 이탈리아 사이에 체결된 비밀협정/옮긴이)이 공포와 탐욕으로 우리를 협박하고 있다. 러시아도 이익을 추구하여 우리 쪽으로 다가오고 있다."

강한 자들의 권력 남용은 사회의 불평등만큼이나 분명하다. 우리는 이러한 불평등에다가 우리가 어쩔 수 없이 받아들일 수밖에 없는 모든 사회적 거짓말을 더해야 한다. 이는 프랑스의 고고학자 드 보게(Charles-Jean-Melchior de Vogué)의 다음 글에서 잘 설명되고 있다.

"얼굴의 거짓말과 가슴의 거짓말이 있고, 생각의 거짓말과 말의 거짓말이 있고, 그릇된 영광과 그릇된 재능과 그릇된 돈과 그릇된 이름과 그릇된 의견과 그릇된 사랑의 거짓말이 있다. 모든 것에, 심지어 최고의 것에도 거짓말이 있다. 예술과 사상, 감정, 공익에도 거짓말이 있다. 왜냐하면 오늘날 이런 것들은 더 이상 그 자체가 목적이 아니고 이름과 부를 얻는 수단에 지나지 않기 때문이다."

물을 것도 없이, 우리의 문명은 많은 거짓말을 바탕으로 하고 있다. 그러나 만일 이 거짓말들을 근절시키기를 원한다면, 우리는 동시에 거짓말들이 뒷받침하고 있는 모든 요소들을, 특히 종교와 외교, 통상과 사랑을 파괴해야 한다. 만일 얼굴의 거짓말이 가슴의 진정한 감정을 숨기지 않게 된다면, 개인들과 사람들 사이의 관계는 어떻게 될 것인가? 거짓을 싫어하는 사람은 다른 사람들에게 외면 당하면서 외롭게 살아야 한다. 출세를 원하는 젊은이를 위한 최고의 충고는 교묘하게 거짓말을 하는 기술을 열심히 가꾸라는 것이다.

낮은 계층의 증오와 시기, 지도계층의 지나친 이기심과 부에 대한 숭배, 사상가들 사이에 팽배한 염세주의. 이런 것들이 현재의 전반적인 경향이다. 사회는 이런 붕괴의 원인들에 저항하기 위해 매우 견고해야 한다. 그런데 사회가 이런 원인들을 오랫동안 버텨낼 수 있을지 의문스럽다. 일부 철학자들은 이와 같은 전반적인 불만에 대해 이것도 진보의 한 요인이며 동양인들처럼 자신의 운명에 지나치게 만족해서는 전혀 진보를 이루지 못한다는 식의 주장을 폄으로써 스스로를 달래고 있다.

이처럼 현실을 도외시하고 희망과 욕구를 높이기는 쉬울 수 있다. 그럼에도 이런 모든 사회적 불평등이 언제나 존재해왔기 때문에 불가피한 것 같다는 점도 인정해야 한다. 불평등은 인간 천성의 불가피한 결과인 것 같다. 지금까지의 어떠한 경험도 우리가 제도를 변화시키면 사회적 불평등이 근절되거나 완화될 수 있다는 주장을 뒷받침하지 못하고 있다.

요약하면, 우리가 자신의 불운을 옛날 사람들보다 더 비통하게 원망하고 있더라도, 옛날 사람들의 불운이 더 가벼웠을 리가 없다. 인간이 동굴 깊은 곳에 숨어 살면서 약간의 식량을 찾기 위해 동물들과 힘들게 겨루다 간혹 자신이 다른 동물의 밥이 되어야 했던 그 시대까지 들먹일 필요도 없다. 단지 우리의 아버지들이 노예제도와 침공, 기근, 온갖 종류의 전쟁, 치명적인 전염병, 종교재판, 공포정치, 그리고 이 외의 다른 불행을 많이 겪었다는 사실만 떠올리는 것으로도 충분하다. 과학과 산업의 발달과 높은 임금, 값싼 사치품 덕에, 오늘날엔 아무리 미천한 사람도 그 옛날 봉건시대에 자신의 저택 안에서 이웃의 약탈과 파괴의 협박에 시달리며 살던 귀족들보다 더 편안하게 살고 있다. 증기기관과 전기, 그리고 온갖 현대적 발견들 덕에 가장 가난한 농민들도 허세를 떨던 루이 14세조차 몰랐던 물건들을 소유하고 있다.

3. 사회 현상에 대한 평가에 적용하는 백분율 기법

주어진 어떤 사회적 환경에 대한 판단을 공정하게 내리기 위해서, 우리는 우리를 불편하게 만드는 악이나 우리의 감정을 상하게 만드는 불공정만을 고려해서는 안 된다. 모든 사회에는 좋고 나쁜 것이 있게 마련이고 덕이 있는 사람도 있고 악한도 어느 정도 있게 마련이다. 또 천재도 있고 중간 정도의 사람도 있고 어리석은 사람도 있다. 시대를 건너뛰어 이 사회와 다른 사회를 비교하기 위해선, 우리는 그 사회의 구성요소들을 별도로 고려해야 할 뿐만 아니라 각 구성요소들이 이 사회와 다른 사회에서 차지한 비율, 말하자면 이 요소들의 백분율까지 고려해야 한다. 우리는 깊은 인상을 주며 우리를 속이는 특별한 사건들을, 그리고 이 사건들보다 우리를 더 많이 속이는 통계학자들의 평균을 옆으로 제쳐놓아야 한다. 사회 현상은 백분율에 의해 결정되지 평균이나 특별한 사건에 의해 결정되지 않는다.

우리의 판단에 따르는 실수의 대부분과 거기서 비롯되는 성급한 일반화는 관찰된 요소들의 백분율을 충분히 알지 못하기 때문에 일어난다. 제대로 발달하지 못한 정신의 한 가지 특징은 특별한 사건들이 일어나는 비율을 고려하지 않고 그것들을 바탕으로 일반화한다는 점이다. 마치 어느 숲길을 지나다가 산적의 공격을 받고는 그런 경험을 한 다른 여행객들은 얼마나 되는지, 그리고 그런 공격이 일어난 기간이 어느 정도였는지 등에 대해서는 전혀 고려하지 않고 그 숲에는 산적들이 우글거린다고 단정 짓는 여행객과 비슷하다.

백분율을 엄격히 적용하면 성급한 일반화를 피할 수 있다. 어떤 민족이나 사회에 대해 내리는 판단은 아주 많은 개인들을 대상으로 한 판단일 때에만 가치를 지닌다. 그럴 때라야만 문제가 된 자질이나 잘못을 갖고 있는 개인이 어느 정도인지를 파악할 수 있다. 그런 광범위한 자료를 바탕으로 할 때에만 일반화가 가능한 것이다. 예를 들어 보자. 만일 우리가 어떤 민족이 모험심 강하고 활동적인 특징을 보인다고 말한다면, 그것이 이 민족 중에는 그런 자질을 갖추지 않은 개인이 전혀 없다는 뜻은 아니다. 단지 그런 자질을 갖춘 개인들의 백분율이 '상당히 높다'는 뜻일 뿐이다. 만일 '상당히 높다'는 모호한 표현을 숫자로 대체하는 것이 가능하다면, 우리의 판단의 가치는 크게 높아질 것이다. 그러나 이런 식의 평가를 할 때에도 우리는 아주 민감한 시약(試藥) 같은 것을 갖추지 않았기 때문에 근삿값으로 만족해야 한다. 아주 민감한 시약 같은 것이 없는 것은 아니지만 이 시약들 또한 매우 조심스럽게 다뤄야 한다.

백분율의 개념은 아주 중요하다. 내가 인종에 따라서 뇌에 중대한 차이가 있다는 점을 보여줄 수 있었던 것은 백분율을 인류학에 도입한 뒤의 일이었다. 이 뇌의 차이는 평균을 이용해서는 절대로 밝혀낼 수 없는 그런 차이였다. 그때까지 다양한 인종의 평균 두개골 용량을 비교하면서 우리는 무엇을 발견했는가? 무의미할 정도의 차이를 발견했으며, 이 차이는 해부학자의 다수를 포함한 대부분의 사람들이 모든 인종의 두개골의 용량은 거의 똑같다고 믿도록 만들었다. 그러나 나는 사람들의 뇌의 용량을 크기별로 백분율로 정확히 보여주는 곡선을 이용함으로써 기존의 인식과는 정반대로 두개골의 용량은 인종에 따라 크게 다르다는 사실을 분명히 보여줄 수 있었다. 또한 우수한 인종 중에는 큰 두개골이 어느 정도 있었지만 열등한 인종 중에는 큰 두개골이 없다는 사실도 보여주었다. 큰 두개골은 수적으로 작기 때문에 평균에 영향을 미치지 못한다. 이 해부학적 증거는 한 국민의 지적 수준은 그 국민 안에 포함된 탁월한 정신의 소유자들의 숫자에 의해 결정된다는 심리학의 견해를 뒷받침한다.

사회학적 사실의 관찰에 동원되는 조사 기법은 아직 매우 불완전하다. 그렇기 때문에 거기서 나온 자료를 기하학적 곡선으로 옮겨서 그걸 바탕으로 현상을 읽어내는 것이 불가능한 상황이다. 우리는 어떤 문제의 모든 측면을 두루 다 볼 수는 없다. 설령 그렇게 할 수 있다 할지라도, 우리는 이 측면들이 아주 다양하고 또 우리가 의심하지 않거나 이해하지 못하는 측면도 많다는 점을 언제나 명심해야 한다. 그러나 눈에 잘 띄지 않는 요소들이 더 중요한 경우가 종종 있다. 사회문제들은 모두가 복잡한데 이 복잡한 문제에 대해 지나치게 잘못되지 않은 판단을 내리기 위해, 우리는 자신의 이해관계와 선호를 철저히 배제하려고 노력하는 한편으로 일련의 검증을 통해서 끊임없이 판단을 수정해 나가야 한다. 또 결론을 내리기 전에 오랜 시간 동안 많은 것을 고려해야 한다. 사회주의를 다룬 저자들은 지금까지 이런 원칙을 적용하지 않았다. 그들의 저작물의 영향이 미약하고 일시적이었던 이유도 의심의 여지없이 바로 거기에 있다.

3장

사회주의 이론들

1. 사회주의 이론들의 근본적인 원칙들

만일 사회주의 이론가들의 정치적 및 사회적 개념들을 연구했는데도 그 시대의 정신과 부합하면서 사람들의 정신에 강한 인상을 남길 만한 그런 결론에 도달하지 못하는 경우가 자주 있다면, 그 작업은 아주 재미없는 과정이 될 것이다. 내가 지금까지 종종 주장해왔고 여기서 한 번 더 보여주려는 바와 같이, 만일 어떤 국민의 제도가 그 국민이 물려받은 정신적 유산의 결과물이고 누군가의 철학적 이론의 산물이 아니라면, 사회적 이상과 이론적인 헌법이 별로 중요하지 않다는 사실이 쉽게 이해될 것이다. 그러나 정치인과 웅변가가 공상 속에서 그린 것들이 자신의 시대와 민족의 무의식적 포부에 어떤 형태를 부여한 것에 지나지 않을 때가 종종 있다. 영국의 애덤 스미스(Adam Smith)와 프랑스의 루소(Jean-Jacques

Rousseau)와 같이 책을 통해 세상에 진정으로 영향을 미친 소수의 저자들은 단순히 이미 널리 알려져 있던 사상을 지적으로 명료하게 압축하고 정리했다. 그들은 자신이 글로 쓴 내용을 직접 창조하지 않았다. 단지 그들이 살았던 시대가 우리의 시대와 멀다는 사실 때문에 우리가 그렇게 착각할 뿐이다.

만일 우리가 사회주의자들의 다양한 사상에 대한 분석을 그 근본적인 원칙들로만 국한한다면, 이 연구는 매우 간단할 것이다.

사회 조직에 관한 현대 이론들은 겉보기엔 다양해 보일지라도 모두 2가지 상반되는 근본적인 원칙으로 거슬러 올라간다. 개인주의와 집단주의가 그것이다. 개인주의에 의해 사람은 자신의 책임 하에 행동하고, 독창력을 최대한 발휘하고, 국가의 간섭을 최소한으로 제한한다. 반면 집단주의에 의해 사람은 사소한 행동까지도 국가, 즉 집단의 지휘를 받고, 어떠한 독창력도 발휘하지 못하고, 삶의 모든 행동이 치밀하게 계획된다. 이 두 원칙은 언제나 다소 충돌을 빚어왔으며, 문명이 발달함에 따라 이 충돌이 더욱 강해졌다. 어느 원칙도 그 자체에 고유하거나 절대적인 가치를 갖고 있지 않으며, 원칙에 대한 평가도 언제나 그 시대와 특히 그것을 현실로 구현하는 민족에 따라 달라져야 한다. 이 판단을 우리는 이 책에서 보게 될 것이다.

2. 개인주의

문명을 위대하게 만든 모든 것들, 즉 과학과 예술, 철학, 종교, 군사력 등은 개인들의 업적이었지 집단의 업적이 아니었다. 모든 인간을 이롭게 하는 가장 중요한 발견과 발전을 이룬 것은 탁월한 개인들이었다. 개인주의가 가장 잘 발달한 민족이 문명의 첨단을 지키며 오늘날 세계를 지배하고 있는 것도 바로 이 같은 사실 때문이다.

개인주의가 라틴 민족 사이에 생겨난 것은 프랑스 혁명 이후의 일이다. 라틴 민족은 조상으로부터 물려받은 자질 때문에 불행하게도 스스로를 믿고 스스로를 다스리는 쪽으로 제도와 교육을 발달시키지 못했다. 평등에 대한 욕구가 극단적일 만큼 강한 라틴 민족은 자유에 대한 욕구를 좀처럼 보이지 않았다. 자유는 곧 경쟁이고 끊임없는 갈등이고 동시에 모든 발전의 어머니이다. 자유의 상태에서는 오직 가장 뛰어난 사람만이 승자가 되고, 약한 사람은 자연 상태에서와 마찬가지로 도태될 운명을 맞는다.

프랑스 혁명이 과도한 형태의 개인주의가 생겨나게 만들었다는 비난을 듣고 이다. 그러나 이 같은 비난은 정당하지 않은 것 같다. 프랑스 혁명이 퍼뜨린 개인주의와 다른 국민들, 예를 들어 앵글로색슨 족의 개인주의는 많이 다르다. 프랑스 혁명의 지도자들이 품은 이상은 계급과 단체를 깨뜨리고, 모든 개인을 평범한 존재로 끌어내리고, 그런 식으로 각자의 집단에서 빠져나온 개인들을 흡수하여 국가의 강력한 보호 아래에 놓는 것이었다.

이런 개인주의는 이름만 개인주의일 뿐 앵글로색슨 족의 개인주의와는 정반대이다. 앵글로색슨 족의 개인주의는 개인들의 단결을 선호하고, 그런 단결을 통해 모든 것을 얻고, 국가의 행위를 좁은 범위로 제한한다. 프랑스 혁명은 일반적으로 알려진 것보다 훨씬 덜 혁명적이었다. 국가의 흡수와 중앙 집권화를 과도하게 강조함으로써, 프랑스 혁명은 오랜 세기에 걸친 군주제를 통해 깊이 뿌리를 내린 라틴 민족의 한 전통을 계속 이어갔다. 산업적, 정치적, 종교적 단체들을 해체함으로써, 프랑스 혁명은 이 흡수와 중앙 집권화를 더욱 완벽하게 만들었고, 또 그렇게 함으로써 그 시기의 모든 프랑스 철학자들의 포부를 따랐다.

개인주의가 발달하면 당연히 개인들이 탐욕스런 경쟁의 장으로 내던져진다. 개인들 간의 정신적 불평등이 그다지 크지 않은 앵글로색슨 족과 같이 젊고 활기찬 민족은 그런 상황에 매우 잘 적응하고 있다. 앵글로색슨 족과 미국의 노동자들은 노동조합이라는 수단을 통해서 자본의 요구에 맞서 투쟁을 벌이며 자본의 전횡에 휘둘리지 않는다. 따라서 모든 당사자의 이해관계가 확립될 수 있다. 그러나 개인의 독창력이 교육제도와 전통에 의해 말살되어 버리는 라틴 민족 사이에서는, 개인주의의 결과가 지나치게 극단적인 쪽으로 나타나고 있다.

18세기와 프랑스 혁명 때의 철학자들은 프랑스 혁명이 그 동안 인간의 버팀목이자 교회와 가족, 계급, 길드나 단체의 튼튼한 바탕이 되어 주었던 종교적 및 사회적 끈을 모두 끊으려고 노력하면서 그렇게 하면 철저히 민주적인 결과물을 내놓을 수 있을 것이라고 생각했다. 그 철학자들이 실제로 촉진시켰던 것은 그들의 뜻과는 달리 막강한 권력을 가진 금융 귀족의 탄생이었다. 금융 귀족이 응집력과 방어력을 전혀 갖지 못하게 된 개인들을 지배하는 그런 사회를 만들어낸 것이다. 봉건시대의 영주가 농노들을 대한 태도는 오늘날 작업장의 왕으로 군림하는 산업 영주가 직원을 부리는 것에 비하면 덜 가혹했던 편이다. 이론적으로 보면 지금의 노동자들은 모든 자유를 누리고 있다. 또 다시 말하지만, 이론적으로는 노동자들도 고용주와 동등하다. 그러나 실제 현실을 보면 노동자들은 불행과 의존의 무거운 쇠사슬이 자신을 짓누르는 것을 느끼고 있다. 실제로 그런 쇠사슬이 누르고 있지는 않지만 쇠사슬이나 다름없는 고통에 시달리고 있는 것이다.

프랑스 혁명의 예상하지 않은 결과를 치유해야 한다는 사상이 생겨나게 되어 있었다. 개인주의의 적들은 개인주의를 공격할 구실을 많이 갖고 있었다. 개인주의의 적들이 개인보다 사회 조직이 훨씬 더 중요하고 개인이 사회 조직을 위해 희생해야 한다고 주장하기는 쉬웠다. 또 약하거나 무능한 개인에겐 보호받을 권리가 있으며, 자연이 만든 불평등을 사회가 부의 재분배를 통해 바로잡아야 한다고 주장하기도 쉬웠다. 이리하여 고대 사회주의의 후손인 현재의 사회주의가 탄생하게 되었으며, 이 사회주의도 고대의 것과 마찬가지로 가난한 사람을 위해 부자의 소유물을 빼앗음으로써 부의 분배에 변화를 주길 원하고 있다.

이론적으로 보면 사회적 불평등을 해소하는 방법은 매우 간단하다. 국가가 부의 분배에 개입하여 소수에게 유리한 쪽으로 파괴되었던 균형을 되찾기만 하면 되는 것이었다. 이런 생각으로부터, 그다지 신기할 것이 없으면서도 막강한 유혹의 힘을 발휘하는 사회주의 개념들이 비롯되었다. 이 개념들을 우리는 곧 살펴보게 될 것이다.

3. 집단주의

지금의 사회주의는 여러 형태를 보이고 있으며, 각 형태를 세부적으로 들여다보면 사회주의의 분파도 서로 크게 다르다는 사실이 확인된다. 일반적인 특징들을 기준으로 할 때, 사회주의의 각 분파들을 집단주의라는 이름으로 묶을 수 있을 것이다. 모든 형태의 사회주의는 예외 없이 개인들의 운명의 불공평을 바로잡고 부를 재분배하는 임무를 국가에 맡기고 있다. 다양한 사회주의의 기본적인 계획은 극단적일 만큼 단순하다. 국가가 자본과 광산과 재산을 몰수하고 거대한 공무원 집단이 이 공공의 부를 다시 분배한다는 것이다. 국가 혹은 공동체가 모든 것들을 생산할 것이며 따라서 어떠한 경쟁도 허용되지 않을 것이다. 독창력과 개인의 자유 또는 경쟁은 조금의 기미만 보여도 억눌러질 것이다. 국가는 엄격한 규율을 따르는 거대한 수도원에 지나지 않을 것이다. 재산의 상속이 폐지될 것이기 때문에, 재산의 축적은 절대로 불가능할 것이다.

개인이 필요로 하는 것들에 대해 말하자면, 집단주의는 영양분을 공급하는 외에 다른 일에는 거의 신경을 쓰지 않을 것이며 오직 그 필요를 충족시키는 일에 전념할 것이다. 프랑스 저널리스트 루아네(Gustave Rouanet)는 다음과 같이 썼다.

"마르크스주의자의 설명에 따르면, 영양의 필요성이 인간 발달의 바탕이자 정점이다. 인간성은 맨 마지막을 차지하고 위(胃)가 맨 앞을 차지할 것이다. 인간은 거대한 밥통에 지나지 않는다. 이 밥통이 필요로 하는 것이 모든 심리적 활동의 유일한 동기가 될 것이다. 밥통이 인간의 최고의 대의이자 목적일 것이다. 어느 마르크스주의자가 주장하는 바와 같이, 사회주의는 사실 밥통의 종교에 지나지 않는다."

이러한 체제는 부의 분배와 관련해서 국가 혹은 국가와 다를 바가 없는 공동체가 절대적 독재를 행함과 동시에 노동자들은 국가의 조치에 절대적으로 예속해야 한다는 점을 암시한다. 그런데도 노동자들은 이 논쟁에 이렇다 할 반응을 보이지 않는다. 노동자들은 자유를 전혀 갈망하지 않는다. 노동자들이 어떠한 독재자에게나 박수갈채를 보내는 것으로 확인되는 그대로이다. 노동자들은 문명의 위대함에 기여하는 것들에는, 말하자면 그런 사회에서 한꺼번에 사라지게 될 예술과 과학, 문학 등에는 별로 관심을 기울이지 않는다. 그래서 집단주의 원칙에는 노동자들의 비위를 건드릴 내용이 하나도 없다.

사회주의 이론가들이 약속하는 배급을 받는 대가로, "노동자들은 간수의 감시를 받는 죄수들처럼 국가 공무원들의 감독 아래에 작업을 수행하게 될 것이다. 모든 개인적 동기는 억눌러질 것이며, 모든 노동자는 식량과 일과 휴식과 완벽한 평등을 책임진 십장의 지시에 따라 휴식을 취하고 잠을 자고 먹게 될 것이다".

모든 자극제가 파괴될 것이기 때문에, 어느 누구도 자신의 위치에서 더 나아가려는 노력을 하지 않을 것이다. 이는 해방의 희망이 전혀 없는, 너무나 음울한 형태의 노예제도일 것이다. 자본가의 지배 아래에서는 그래도 노동자는 자본가가 될 수 있다는 꿈을 꿀 수 있고 간혹 자본가가 되기도 한다. 국가가 노동자가 필요로 할 것을 모두 예측하고 노동자의 의지를 이끌며 평준화를 추구하는 그런 잔인한 독재 하에서, 노동자는 과연 무엇을 꿈꿀 수 있을까? 프랑스 저술가 부르도(Jean Bourdeau)는 집단주의 조직이 파라과이의 예수회의 조직을 많이 닮을 것이라고 주장했다. 그렇다면 집단주의는 옛날의 노예 플랜테이션에서 일하던 흑인들의 조직과는 안 닮았을까?

사회주의자들은 자신들의 꿈에 눈이 어두워져 있으며 제도가 경제법칙보다 훨씬 더 우월하다고 확신하고 있다. 그럼에도 불구하고 사회주의자들 중에서 똑똑한 사람들은 자신들의 체제에 가장 큰 장애가 바로 자연적 불평등이라는 사실을 이해하지 않을 수 없었다. 그들로서도 이 자연적 불평등은 어떻게 하질 못했다. 세대마다 평균보다 우수한 사람들을 체계적으로 학살하지 않는 이상, 지적 불평등의 자손인 사회적 불평등은 금방 나타날 것이다.

이 같은 반대에 대해 이론가들은 인위적으로 창조된 새로운 사회적 환경 안에서 개인의 능력이 신속히 같아질 것이며, 또 지금까지 인간 본성의 중요한 동인이며 모든 진보의 원천이었던 개인적 이익은 더 이상 쓸모없게 되고 그 대신에 집단 이익에 이바지할 이타적인 본능이 형성될 것이라고 주장하고 있다. 종교의 경우에는 적어도 처음 생겨나 열렬한 신앙이 일어나는 짧은 기간에 이와 비슷한 결과를 끌어낼 수 있다는 점에 대해서는 부정하기 어려울 것이다. 그러나 종교는 신자들에게 보상으로 제시할 영생의 천국을 갖고 있다. 이에 반해 사회주의자들은 추종자들에게 자유를 희생하는 데 대한 대가로 지옥 같은 예속과 가망 없는 천박함만을 제시할 수 있을 뿐이다.

타고난 불평등의 효과를 해소시키는 것은 이론적으로는 쉬운 일이지만, 불평등 자체를 근절시키는 것은 언제나 불가능하다. 이 불평등은 죽음과 노쇠와 마찬가지로, 인간이 감내해야 하는 숙명이다.

그러나 우리가 유토피아 안에 머무는 한 무엇이든 쉽게 약속할 수 있다. 고대 그리스 작가 아이스킬로스의 작품 속 프로메테우스처럼, 반드시 죽게 되어 있는 인간의 영혼에 맹목적인 희망을 불어넣는 것은 쉬운 일이다. 그런 상황이라면 사람은 사회주의자들이 창조해낸 새로운 사회에 적응하며 스스로를 변화시킬 것이다. 개인을 서로 분열시키는 차이는 사라질 것이며, 우리 모두는 평균적인 유형의 사람이 될 것이다. 프랑스의 수학자 베르트랑(Joseph Louis François Bertrand)의 묘사를 빌리면, "열정도 없고 악덕도 없고, 바보스럽지도 않고 현명하지도 않은 가운데 평균적인 생각과 평균적인 의견을 가진 사람은 통계학자들이 발명해낸 평균적인 병으로 평균적인 나이에 죽을 것이다."

다양한 사회주의 분파들이 제시하는 실현 방법들은 모두 같은 목표를 추구하고 있음에도 그 형식에 있어서는 다 다르다. 이 분파들은 간단히 법령을 선포하거나 상속세를 크게 인상하여 가족의 재산을 몇 세대 안에 없애버림으로써 국가가 부를 독점하도록 만드는 것을 최종 목표로 잡고 있다.

이 다양한 분파들의 프로그램과 이론들을 낱낱이 열거하는 것은 그다지 의미가 없을 것이다. 왜냐하면 현재로선 집단주의만이 모든 분파를 지배하며 그나마 영향력을 발휘하고 있을 뿐 대부분의 이론들은 망각되었기 때문이다. 프랑스 경제학자 레옹 세(Léon Say)가 말했듯이, "1848년에 아주 널리 퍼졌던 기독교 사회주의가 지금은 맨 뒷줄에 서서 행진하고 있다". 국가 사회주의에 대해 말하자면, 이름만 바뀌었을 뿐이다. 국가 사회주의는 지금의 집단주의와 다를 바가 하나도 없다.

기독교 사회주의에 대해서는 많은 점에서 현대의 원칙들과 충돌한다는 평가가 있어왔다. 부르도는 다음과 같이 쓰고 있다. "사회주의처럼, 교회는 천재성과 소질, 미덕, 독창성 즉 개인적 재능과 관계있는 것에는 어떠한 이점도 허용하지 않는다. 교회의 입장에서 보면 개인주의는 이기주의의 동의어이다. 교회가 세상에 퍼뜨리려고 추구한 것은 바로 사회주의의 목적, 말하자면 권위 아래의 동포애이다. 교회와 사회주의는 세계적 조직을 갖고 있고 전쟁에 반대하고 고통과 사회적 빈곤에 대해 똑같은 감정을 품고 있다. 독일의 사회주의 사상가 베벨(Ferdinand August Bebel)에 따르면, 지평선 저 너머에서 폭풍우가 몰려오는 것을 바티칸의 높은 망루에서 가장 선명하게 보는 사람이 바로 교황이다. 만일 교황이 보편적 민주주의의 선두에 서고자 원한다면, 교황의 자리는 혁명적인 사회주의의 경쟁자가 될 위험에 처할 것이다."

지금 기독교 사회주의자들의 계획은 집단주의자들의 계획과 거의 같다. 그러나 다른 사회주의자들은 종교적 사상에 대해 품는 그런 증오로 기독교 사회주의자들을 거부하고 있다. 만일 혁명적인 사회주의가 승리를 거둔다면, 분명히 기독교 사회주의자들이 첫 희생자가 될 것이다. 또 확실한 것은 그럴 경우에 기독교 사회주의자들은 자신들의 운명에 동정심을 품을 사람을 하나도 발견하지 못할 것이다.

　매일 태어나고 죽는 다양한 분파들 중에서, 무정부주의에 대해서만은 설명을 하고 넘어갈 필요가 있다. 이론적으로 보면 무정부주의자들은 개인주의자의 범주에 드는 것처럼 보인다. 무정부주의자들이 개인에게 무제한적인 자유를 부여하길 바라기 때문이다. 그러나 실상을 들여다보면 그들은 사회주의 중에서 극좌로 분류된다. 왜냐하면 그들도 똑같이 현재의 사회체제의 파괴를 목표로 잡고 있기 때문이다. '사회는 무가치하다. 그러니 쇠망치와 불로 사회를 파괴하라!'는 구호로 요약되는 무정부주의자의 이론은 극도의 단순성이 그 특징으로 꼽힌다. 사람들의 타고난 본능 덕에, 무정부주의자들은 새로운 사회를, 물론 완벽한 사회를 이룩할 것이다. 하지만 어떤 놀라운 기적을 발휘할 것이기에 무정부주의자들의 새로운 사회가 그 전의 사회와 다를 수 있단 말인가? 이 물음에 대해 어떠한 무정부주의자도 대답을 내놓지 않았다. 정반대로, 현재의 문명이 완전히 파괴될 경우에 인간은 지금까지 극복해 온 것들, 말하자면 미개와 노예, 야만 등을 다시 거쳐야 할 것이다. 무정부주의자들이 이런 과정을 통해 무엇을 얻게 될 것인지 나는 잘 모르겠다. 무정부주의자들의 모든 꿈이 즉시 다 이뤄진다고 가정해보자. 즉 모든 부르주아를 한꺼번에 처형하고, 모든 자본을 누구나 마음대로 사용할 수 있도록 한 곳으로 모아 놓았다고 생각해보자.

그러면 이 자본을 다 소진할 경우에 그것을 어떻게 다시 마련할 것인가?

어쨌든, 지금 사회주의자들 중에서 조금의 영향력이라도 행사하는 분파는 무정부주의자들과 집단주의자들 뿐이다. 집단주의자들은 자신의 이론이 독일의 칼 마르크스(Karl Marx)에 의해 만들어졌다고 상상한다. 실은 그들의 이론은 고대의 저자들에게서 상세하게 발견된다. 그리 멀리 갈 것까지도 없다. 이미 토크빌은 자신의 글에서 모든 사회주의 이론들이 1755년에 발표된 프랑스 사상가 모렐리(Étienne-Gabriel Morelly)의 저서 『자연의 법전』(Code de la Nature)에 길게 설명되고 있다고 썼다.

"거길 보면 국가의 전능과 무제한적인 권리를 주장하는 모든 원칙들 외에도, 최근에 프랑스를 놀라게 만든 정치이론 몇 가지가 잘 나타나고 있는데, 프랑스인들은 이런 이론의 탄생을 목격했다고 우쭐해 했지만 알고 보면 그건 탄생이 아니다. 그 이론들을 꼽는다면 재화의 공유, 일할 권리, 절대적 평등, 모든 것들의 통일, 개인 행동의 기계적 규칙성, 규정 투성이의 전제정치, 그리고 사회 조직에 의한 시민의 개성의 철저한 흡수 등이 있다.

법전의 1조는 '이 사회에서는 어떠한 것도 개인의 재산이 될 수 없다'고 정하고 있다. 2조는 '모든 시민은 공공의 비용으로 먹고 살며 일하게 될 것이다'라고 말하고 있다. '모든 산물은 공공 창고에 저장될 것이며, 거기서 모든 시민들에게 분배될 것이다. 아이는 5세가 되면 가족과 떨어져 국가의 비용으로 공동으로 똑같은 방식으로 교육을 받게 될 것이다'라는 등의 내용이 포함되어 있다."

4. 사회주의 사상도 민족의 특성에 따라 다 다르다

몇 년 전까지만 해도 깊이 이해되지 않았던 민족이라는 개념이 점점 더 널리 퍼지면서 역사적, 정치적, 사회적 인식을 지배할 태세를 취하고 있다.

나는 두 번째 책에서 이민이나 정복에 의해 서로 섞이고 통합된 다양한 민족들이 어떻게 역사에 알려진 국민을 형성해 오늘날까지 존재하게 되었는지를 보여주었다. 인류학적으로 말하면, 순수한 민족은 미개인들을 제외하고는 거의 발견되지 않는다. 어느 민족이든 섞이지 않을 수 없다는 인식이 널리 받아들여짐에 따라, 나는 민족들 사이에 나타나는 성격의 변형에도 한계가 있을 것이라고 제안했다. 말하자면 유동적인 특징들이 고정된 기반 위에 어떤 식으로 더해지는지에 대한 이야기를 들려주었다. 그런 다음에 나는 어느 한 문명의 모든 요소들, 말하자면 언어와 예술, 관습, 제도, 신앙 등은 심리적 구성의 결과물이며, 따라서 그런 것들은 이 민족에게서 저 민족으로 넘어갈 때에는 중대한 변화를 겪지 않을 수 없다는 점을 보여주었다.

사회주의도 마찬가지이다. 이 변형의 법칙이 보편적이기 때문에, 사회주의도 이 법칙을 따르게 되어 있다. 정치에도 종교와 도덕의 경우처럼 서로 매우 다른 것들을 덮기 위한 기만적인 명칭이 더러 있음에도 불구하고, 똑같은 단어의 뒤에 매우 다른 사회적 또는 정치적 개념이 숨어 있는 경우도 종종 있다. 아주 다른 단어들의 뒤에 똑같은 개념이 숨어 있는 것과 똑같다. 라틴 민족들 중 일부는 군주제 하에서 살고 있고 또 일부는 공화국에서 살고 있다. 그러나 명목상으로만 따지면 정반대라 할 수 있는 이 체제들도 그 속을 들여다보면, 국가와 개인의 정치적 역할이 똑같으며 이 정치적 역할은 그 민족의 불변하는 이상을 표현하고 있다. 라틴 민족의 경우에는 명목상의 정부야 어떻든 국가의 행위는 언제나 많고 개인의 행위는 매우 작을 것이다. 앵글로색슨 족의 경우에는 공화제든 군주제든 불문하고 라틴 민족의 이상과 정반대의 이상을 현실로 구현해낸다. 국가의 역할이 최대한으로 확대되는 것이 아니라 최소한으로 줄어드는 반면, 개인이 주도권을 행사할 수 있도록 하는 개인의 정치적 혹은 사회적 역할은 극대화된다.

이 같은 사실에 비춰볼 때 제도가 국민의 삶에 미치는 영향은 매우 작다는 추론이 가능하다. 이런 인식이 대중의 생각을 파고들기까지는 아마 몇 세기가 걸릴 것이다. 그러나 그렇게 될 때에만 헌법과 혁명의 무용성이 분명히 드러난다. 역사가 낳은 모든 잘못 중에서 쓸데없이 많은 사람들의 피를 뿌리고 폐허를 부른 최악의 잘못은 국민이 원하는 대로 제도를 바꿀 수 있다는 인식이다. 국민이 할 수 있는 것은 기껏 제도의 이름을 바꾸고, 긴 과거의 자연스런 진화의 결과물인 낡은 개념을 새로운 단어들로 새롭게 포장하는 것뿐이다.

이 같은 주장들은 오직 예들을 통해서만 뒷받침될 수 있는데, 나는 이미 여러 권의 책을 통해서 그 예들을 제시했다. 앞으로 여러 장에 걸쳐서 살펴보게 될 다양한 민족들의 사회주의도 더 많은 예를 제시하게 될 것이다. 우선 나는 어떤 한 나라를 선택하여 그 나라에서 사회주의가 그 민족의 정신적 구조와 역사라는 바탕 위에 어떤 식으로 정착하게 되는지를 볼 것이다. 그런 다음에는 사회주의 원칙들이 일부 민족에게는 성공하지 못하는 이유를 돌아볼 것이다.

사회적 개념들이 어느 정도까지 그 민족의 결과물인지를 확인하기 위해, 우리는 다양한 민족의 사회주의 저자들의 저서들을 비교할 것이다. 영국 사회주의 저자들 중에서 가장 탁월한 사람들(예를 들면 허버트 스펜서(Herbert Spencer))은 국가의 역할을 제한하고 시민의 자유를 확대하자는 주장을 편다. 이와 반대로, 라틴 민족의 사회주의 저자들은 자유에 대한 철저한 경멸을 고백하고 하나같이 국가의 행위와 국가의 규제를 확대할 것을 요구한다. 자유에 대한 이런 혐오와 국가의 통치를 받고 싶어 하는 욕구가 어느 정도인지를 보려면, 라틴 민족의 이론가들, 예를 들면 오귀스트 콩트(Auguste Comte)를 포함한 모든 이론가들의 저작물을 다 읽어보아야 한다. 그러면 라틴 민족에겐 "중앙 권력의 지배"가 불가피한 것처럼 보인다. 국가가 모든 경제적, 산업적, 도덕적 문제에 개입해야 한다. 국민에겐 어떠한 권리도 없다, 의무만 있을 뿐이다. 국민은 과학자들로 구성된 독재 정부의 안내를 받아야 하는데, 이 과학자들은 자신의 머릿속에 '실증주의'라는 종교의 교황을 두고 있다. 스튜어트 밀(Stuart Mill)은 이런 인식에 대해 라틴 민족들이 인간의 뇌에서 창안된, 정신적이고 세속적인 전제정치 중에서 이그나시

우스 로욜라(Iganatius Loyola)의 것을 제외하고는 가장 완벽한 시스템을 창안해냈다고 말했다. 그럴 듯한 평가이다. 현대의 정복들 중에서 가장 소중한 것은 자유였다. 그런데 프랑스는 이 자유를 얼마나 더 누리게 될까?

사회주의의 사도들과
그들의 심리상태

1. 사회주의 사도들의 분류

사회주의는 서로 크게 다른 이론들을, 가끔은 서로 강하게 모순되는 이론까지 두루 아우르고 있다. 사회주의 사도들 사이엔 현재 상황에 대한 강한 반감과, 옛날의 이상을 대체하고 동시에 자신의 처지를 개선시킬 것으로 여겨지는 새로운 이상에 대한 막연한 기대를 제외하곤 공통점이 거의 없다. 이 군단의 모든 병사들이 과거 유산의 파괴를 위해 진군하고 있는 것처럼 보일지라도, 그 병사들은 서로 크게 다른 감정에 의해 고무되고 있다. 우리가 사회주의 사도들의 심리를, 그리고 새로운 원칙에 대한 그들의 인식을 명확히 이해하려면, 사회주의의 중요한 분파들을 별도로 검토하는 작업이 반드시 필요하다.

얼핏 보기에 사회주의는 민중계급, 특별히 노동계급의 사람들을 다수 끌어들이는 것처럼 보일 것이다. 사회주의의 새로운 이상은 민중계급에게 매우 초보적이고 알기 쉬운 형태로 제시된다. 일은 더 적게 하고 쾌락은 더 많이 즐기라는 식이다. 불확실한 월급과 종종 비참한 노후, 매우 힘든 작업장이나 공장의 노예제 대신에, 노동자들에게 새로 개조된 사회를 약속한다. 새로 건설될 이 사회에서는 국가 권력이 부를 재분배한 덕에 노동이 엄격히 나눠질 것이고 또한 가벼워질 것이다.

이처럼 매우 유혹적인 약속 앞에서 민중계급이 망설이지 않을 것처럼 보인다. 민중계급이 보통선거와 입법자들을 선택할 권리 덕에 모든 고삐를 잡고 있는 상황에서 특히 더 망설이지 않을 것 같다. 그럼에도 민중계급은 망설인다. 가장 놀라운 것은 이 새로운 원칙이 전파되는 빠른 속도가 아니라 그 느린 속도이다. 이 원칙의 영향력이 환경에 따라 서로 다른 현실을 이해하기 위해선 사회주의자들의 다양한 범주를 연구하는 작업이 반드시 필요하다. 앞으로 우리가 살필 것이 바로 이것이다.

이 같은 관점에서 우리는 여러 계층을, 말하자면 노동계층과 지도계층, 사이비 학자, 공론가들을 차례로 검토할 것이다.

2. 노동계층

노동계층의 심리는 업종과 지역, 환경에 따라 매우 많이 다르기 때문에 세부적으로 논하기가 지극히 어렵다. 그렇게 하려면 아주 길고 힘든 연구가 요구된다. 또한 이 연구엔 대단한 관찰력이 필요한데 바로 이런 이유 때문에 지금까지 그런 시도가 한 번도 이뤄지지 않았다.

그래서 이 장에서 나는 단지 노동자들 중에서 한 계층에만, 나 자신이 면밀히 연구할 수 있는 한 계층에만 관심을 쏟을 것이다. 바로 파리의 노동자 계층이다. 프랑스의 혁명이 언제나 파리에서 일어났고 또 혁명의 지도자들이 파리의 노동계층의 지지를 받는지 여부에 따라 성공이 좌우되었다는 점에 비춰보면, 이 계층은 특별한 관심을 불러일으킬 만하다.

이 흥미로운 계층에도 분명히 다양한 부류가 포함되어 있다. 그러나 어떤 속(屬)의 전반적인 특징을 그 속에 속한 모든 종(種)에 고유한 것으로 묘사하는 박물학자의 방법을 따르면서, 우리는 관찰 대상으로 잡은 다수에게 전반적으로 나타나는 특징만을 다룰 것이다.

그러나 이 분석을 시작하기 전에 매우 명료하게 정의해야 할 구분이 한 가지 있다. 각 부류의 요소들이 아주 많이 달라서 도저히 하나로 통합할 수 없기 때문이다. 우리는 노동계층 중에서도 매우 명료하게 구분되는 두 부류를 확인한다. 당연히 심리도 서로 다르다. 노동자와 기능공이 그 구분이다.

노동자 계급은 지적인 면에서 열등하지만 수적으로는 훨씬 더 많다. 이 계급은 기계화의 직접적 산물이며 날로 커지고 있다. 기계류의 발달은 작업을 더 많이 자동화하는 경향을 보이고 있으며, 따라서 일의 수행에 필요한 지적 수준을 더욱 떨어뜨리고 있다. 공장 혹은 작업장의 노동자의 의무는 실의 움직임을 관리하거나 다듬을 금속 조각을 기계에 집어넣는 일에서 크게 벗어나지 않는다. 어떤 일용품들, 예를 들어 5수(프랑스의 화폐 단위로는 프랑과 수, 상팀이 있다. 1프랑은 100상팀에 해당하고, 1수는 5상팀에 해당한다. 옛날엔 또 리브르라는 표현도 프랑 대신에 쓰였다/옮긴이)에 팔리는 싸구려 등(燈)은 50개의 부품으로 만들어졌으며, 각 부품은 그것만을 만드는 노동자에 의해 만들어지며, 이 노동자는 평생 동안 그 일 외에 다른 일은 거의 하지 않는다. 이 노동자는 쉬운 일을 하기 때문에 당연히 임금이 낮다. 그가 그 일을 똑같이 수행할 수 있는 여자와 아이들과도 경쟁을 해야 하기 때문에 임금이 낮아지는 현상은 더욱 심화될 것이다. 그는 그 일 외에 다른 일을 하는 방법을 모르기 때문에 자신을 고용한 제조업자에게 전적으로 의존하지 않을 수 없다.

노동자 계층은 사회주의가 가장 확실히 의존할 수 있는 계층이다. 첫째 이유는 이 계층이 지적으로 가장 떨어지기 때문이고, 둘째는 가장 행복하지 않은 계층이어서 보다 나은 처지를 약속하는 모든 원칙에 현혹되지 않을 수 없기 때문이다. 이 계층은 절대로 주도권을 잡지 않은 채 모든 혁명을 유순하게 따를 것이다.

이 노동자 계층 옆에, 아니 노동자들보다 훨씬 더 높은 곳에 기능공 계층이 있다. 이 계층은 건설과 엔지니어링, 공예와 다른 소규모 산업에 종사하는 노동자들로 이뤄져 있다. 예를 들면 목수, 가구 제작자, 정비공, 도금 전문가, 주물공, 전기기술자, 도장공, 도배 전문가, 석공 등이 있다. 그들에겐 매일 해야 할 새로운 일이 있다. 그들은 그렇게 어려움을 극복하면서 자신의 지적 능력을 반성하며 키워가게 된다.

파리에서 가장 흔하게 보이는 노동자들은 바로 이런 부류이다. 나도 다음 글을 쓰면서 특별히 이 부류를 염두에 두었다. 이 부류의 심리가 특별히 흥미로운 이유는 이 특별한 계층의 특징들이 매우 명쾌하게 정의되고, 또 그 특징들이 다른 사회적 계층의 특징과 매우 다르기 때문이다.

파리의 기능공은 하나의 계급을 형성하고 있으며, 그 계급에서 벗어나려는 노력을 좀처럼 하지 않는다. 기능공의 아들인 그는 자기 아들도 똑같이 기능공이 되기를 바란다. 반면에 농부와 사무원의 경우에는 주로 아들을 부르주아로 키우려는 꿈을 꾼다.

사무원은 기능공을 경멸한다. 그러나 기능공은 사무원을 게으르고 무능한 인간이라고 여기며 훨씬 더 경멸한다. 기능공은 자신이 옷을 제대로 차려 입지 않고 예절이 덜 세련되었을지라도 활력과 활동, 지적인 면에서 보면 사무원들보다 훨씬 더 낫다고 생각한다. 실제로 보면 종종 그들의 생각이 맞다.

기능공은 오직 능력을 근거로 승진하고, 사무원은 연공서열에 의해 승진한다. 사무원은 자신이 속한 집단을 통해서만 의미를 지닐 뿐이다. 기능공은 그 자체로 가치를 지니는 하나의 단위이다. 만일 기능공이 자신의 일을 완벽하게 안다면, 그는 어딜 가든 일자리를 찾을 수 있다는 믿음을 가질 것이다. 그러나 사무원은 그렇지 않다. 자신의 일자리를 빼앗을 수 있는 고용주 앞에서 언제나 벌벌 떨고 있다. 기능공은 품위와 독립을 훨씬 더 많이 누린다. 직원은 규정의 좁은 한계를 벗어날 수 없으며, 그 한계를 준수하는 것이 곧 그의 일이다. 반대로 기능공은 매일 새로운 어려움에 직면하며, 이 어려움이 기능공의 모험심과 지능을 자극한다. 마지막으로, 기능공은 사무원보다 돈을 더 많이 벌면서도 외적 치장에 별로 신경을 쓰지 않아도 되기 때문에 훨씬 더 충만한 삶을 살 수 있다. 25세 된 능력 있는 기능공이라면 사무실 직원이나 공무원이 20년 이상 근무한 뒤에도 받기 어려운 돈을 별 어려움 없이 벌고 있다.

내가 여기서 상세하게 다루려 하는 심리적 특징들은 파리에서 활동하는 기능공 대다수의 특징으로 돌릴 수 있을 만큼 충분히 일반적이다. 그러나 다른 민족의 기능공에겐 그 특징이 그대로 적용되지 않는다. 이는 민족의 영향이 환경의 영향보다 훨씬 더 강하기 때문이다. 다시 말하지만, 우리는 파리에서 파리의 노동자와 똑같은 조건에서, 말하자면 똑같은 환경에 노출된 상태에서 일을 하는 이탈리아 또는 독일 노동자들을 서로 비교할 수 있을 뿐이다. 이 주제를 계속 파고들지는 않을 것이지만 프랑스의 다른 지방, 예를 들면 리무쟁 출신으로 파리에서 일을 하는 노동자들 사이에도 이런 민족적 영향이 나타난다는 점을 짚고 넘어갈 것이다. 앞으로 열거할 심리적 특징 몇 가지는 리무쟁 출신 노동자들에게는 적용되지 않는다. 리무쟁 출신 노동자는 조용하고, 술을 즐기지 않고, 인내심이 있다. 그에게는 평판이나 사치는 필요하지 않다. 그는 술집에도 자주 가지 않고 극장에도 자주 가지 않는다. 그는 파리에 살면서도 고향의 관습을 그대로 지킨다. 그의 유일한 꿈은 돈을 모아 고향으로 돌아가는 것이다. 그는 어렵긴 하지만 보수가 괜찮은 몇 가지 일에만 국한한다. 예를 들면 철저한 시간관념과 술을 즐기지 않는 습관이 유리하게 작용할 석공이 될 것이다.

일반적 원칙과 구분에 대한 정의를 내렸으니, 이제는 특별히 기능공 계급을 염두에 두면서 파리 노동자들의 심리를 고려하도록 하자. 파리의 노동자들의 심리상태를 이루는 두드러진 요소들을 보면 다음과 같다.

파리의 노동자는 충동적인 본능, 통찰력의 결여, 자제력의 부족, 순간의 본능에 휘둘리는 버릇 등에서는 거의 야만인 수준이다. 그러나 파리의 노동자에겐 예술적이고 또 가끔 비평적이기도 한 세련된 감각이 있다. 매우 우수하게 처리할 수 있는 자신의 일을 벗어나기만 하면, 파리의 노동자는 추론도 잘 하지 못하고 토론도 제대로 하지 못한다.

그는 불평하고 험담을 하는 경향이 있지만 그 불평은 능동적이지 못하고 수동적이다. 그는 진정한 보수주의자이고 또 외출을 싫어하며 변화의 욕구를 거의 느끼지 않는다. 정치적 원칙에 극도로 무관심한 그는 언제나 모든 통치 방식을 받아들일 준비가 되어 있다. 그런 노동자에게 정부는 위엄 있는 사람들을 내세우기만 하면 된다. 장군의 견장을 보면 노동자의 마음에선 언제나 존경의 감정이 일어나며, 그는 이 감정에 좀처럼 저항하지 못한다. 사람들은 말과 위엄으로 쉽게 그를 조종할 수 있다. 이성 같은 것은 필요하지도 않다.

그는 매우 사교적이고, 동료들의 집단을 좋아한다. 그래서 술집과 클럽, 살롱을 찾아다니는 버릇이 있다. 그가 그곳을 찾는 것은 일반적인 인식과 달리 알코올에 대한 욕망 때문이 아니다. 술은 버릇이 될 수 있는 하나의 구실일 뿐이다. 그를 카바레로 끌어들이는 것은 알코올에 대한 갈증이 아니다.

부르주아가 클럽을 통해서 가정에서 벗어나듯, 만일 노동자가 술집을 이용하여 가정을 탈출한다면, 그것은 그의 가정엔 매력적인 것이 전혀 없기 때문이다. 그의 아내는 검약과 통찰의 자질을 갖고 있지만 자식과 물건 값을 깎는 외에는 어떤 일에도 관심이 없다. 사회적인 이슈와 토론 같은 것에는 무관심한 그녀는 지갑이나 찬장이 비었을 때에만 논쟁을 벌인다. 그러나 그녀는 적어도 어떤 원칙을 지키기 위해 교수대를 선택할 사람은 아니다.

파리의 노동자가 술집과 극장, 공적인 만남의 공간을 자주 찾는 것은 자극과 감정 표현을 추구한 결과이며, 또 열띤 토론과 말에 취하고 싶어 하는 욕구의 결과이기도 하다. 두말할 필요도 없이 그가 맑은 정신으로 자신의 집에 머무는 것이 도덕주의자들에게 더 바람직할 것이다. 그러나 그렇게 되기 위해선 그는 노동자의 정신 대신에 도덕주의자의 뇌를 가져야 한다.

정치사상이 간혹 노동자를 이끌기도 한다. 그러나 정치사상이 노동자를 흡수하는 경우는 무척 드물다. 노동자는 언제든 반란자가 되고 광란자가 될 수 있지만 파벌의 신봉자가 되는 경우는 절대로 없을 것이다. 노동자는 아주 충동적이기 때문에 어떠한 사상도 그 자체로는 그에게 영원히 강한 영향을 미치지 못한다. 부르주아에 대한 그의 혐오는 습관이 아니며 피상적인 감정일 뿐이다.

노동자가 사회주의든 아니면 다른 것이든 어떤 이상의 실현을 진지하게 추구할 수 있다고 말하는 것은 노동자에 대해 너무 모르고 하는 소리이다. 노동자가 어쩌다 이상을 갖고 있다면, 그 이상은 절대로 혁명적인 것도 아니고 사회주의적인 것도 아니다. 노동자에게 이상이 있다면 그것은 중산층의 이상이다. 노동자의 이상은 언제나 초원의 작은 집이다. 이 아담한 집도 포도주 가게에서 멀리 떨어져 있지 않아야 한다.

노동자의 아량과 믿음은 대단하다. 노동자는 절망에 빠진 동료에게 언제든 자기 집에 머물게 할 준비가 진정으로 되어 있을 것이다. 동료에게 아량을 베푸는 것이 엄청난 불편을 야기할지라도 노동자는 그렇게 할 것이다. 그러면서 세상 사람들이 똑같은 상황에 처했다면 좀처럼 제공하지 않을 편의를 동료에게 제공할 것이다. 이런 노동자에겐 이기적인 구석이 하나도 없다. 이 점에서 보면 노동자는 이기심이 대단히 강한 부르주아보다 도덕적으로 우월하다. 또 노동자는 부르주아와 달리 호감을 살 자격이 충분하다. 게다가, 상류층에 이기심이 팽배하게 된 것은 상류층이 부와 문화를 누리게 된 결과이며, 이기심의 정도도 부와 문화 수준에 비례하는 것이 분명하다. 오직 가난한 사람만이 인간적이다. 왜냐하면 가난한 사람만이 불행이란 것이 무엇인지를 진정으로 알기 때문이다.

노동자에게 이기심이 없다는 사실과 자기 마음에 드는 사람이 있으면 곧잘 열광하는 노동자의 특성이 서로 맞물려 작용함에 따라, 파리의 노동자는 어떤 사상의 승리에는 기여하지 않더라도 적어도 자신의 마음을 사로잡는 지도자에겐 쉽게 헌신한다. 불랑제(Georges Ernest Boulanger: 1839-1871) 장군을 지지한 사람들이 대표적인 예이다.

파리의 노동자는 겉으로는 종교를 조롱하지만 마음속으로는 무의식적으로 종교에 대해 존경심을 품고 있다. 노동자의 조롱은 절대로 종교를 향한 것이 아니다. 그 조롱은 파리의 노동자가 정부의 끄나풀 정도로 여기는 성직자들을 향한 것이다. 파리의 노동계급 사이에 교회의 의식 없이 치러지는 결혼식이나 장례식은 드물다. 시청에서 교회 의식 없이 결혼식을 올린 노동자는 언제나 자신의 결혼에 대해 찜찜하게 생각할 것이다. 노동자의 종교적 본능, 즉 자기 자신을 정치적이거나 사회적이거나 종교적인 어떤 신념에 맡기려는 성향은 매우 질기다. 이 같은 본능이 언젠가 사회주의의 성공에 기여하게 될 것이다. 사회주의도 따지고 보면 하나의 새로운 신념에 지나지 않는다. 만일 사회주의가 노동자들 사이에 퍼져나가는 데 성공한다면, 그 성공은 이론가들이 주장하는 것처럼 사회주의가 노동자들에게 약속하는 그 만족 때문이 아니라 사회주의의 사도들이 일깨우는 노동자들의 사심 없는 헌신 때문일 것이다.

노동자의 정치적 인식은 아주 초보적인 수준이며 극도로 단순하다. 그런 노동자에게 정부는 임금 인상이나 인하를 마음대로 하면서 대체로 고용주에게 호의적이고 노동자들에게 적대적인, 이상한 절대 권력으로 비친다. 노동자에게 일어나는 불쾌한 모든 일은 무엇이든 필히 정부의 잘못으로 여겨진다. 노동자가 정부를 바꾸자는 제안을 아주 쉽게 받아들이는 이유도 거기에 있다. 그런데 노동자는 자신을 통치할 정부의 성격에 대해서는 거의 신경을 쓰지 않으며 어떤 정부든 있기만 하면 된다는 식의 태도를 보인다. 훌륭한 정부는 노동자들을 보호하고, 임금을 올려주고, 고용주들을 괴롭히는 정부이다. 만일 노동자가 사회주의에 동조적이라면, 그 이유는 사회주의가 임금을 올리고 노동시간을 줄일 체제처럼 보이기 때문이다. 만일 노동자가 사회주의가 이상으로 생각하는 사회에서 자신이 처하게 될 통제와 감시 시스템이 어떤 것인지를 알게 된다면, 노동자는 당장 사회주의의 지독한 적으로 돌변할 것이다.

사회주의 이론가들은 자신들이 노동계급의 마음을 잘 안다고 생각하고 있다. 그러나 실제로 보면 사회주의 이론가들은 노동계급의 마음을 잘 모르고 있다. 사회주의 이론가들은 토론과 논쟁을 통해서 노동자들을 설득하고 있다고 상상한다. 그러나 실제로 보면 설득은 다른 길로 이뤄지고 있다. 사회주의 이론가들의 그 많은 연설들이 노동자들의 마음에 무엇을 남기고 있는가? 거의 아무것도 남기지 못하고 있다. 스스로 사회주의자라고 자처하는 노동자에게 질문을 던져보라. 이때 그 노동자가 기계처럼 되풀이하는, 자본에 대한 저주의 말과 진부한 인도주의적인 구호 몇 개를 무시한다면, 그 노동자의 사회주의에 대한 인식이 막연한 몽상에 지나지 않는다는 사실이, 초기 기독교인들의 생각을 매우 많이 닮았다는 사실이 확인될 것이다. 노동자는 아주 먼 미래에, 강한 인상을 주지 못할 만큼 먼 미래에 물질적으로도 가난하고 정신적으로도 가난한 그런 빈민의 왕국의 도래를 어렴풋이 예감하고 있다. 이 왕국에서는 돈도 많고 머리도 좋은 그런 부자들은 노동자들의 시기심 때문에 추방될 것이다.

이 아득한 이상을 실현할 수단에 대해 말하자면, 노동자는 그런 수단에 대해서는 생각조차 하지 않는다. 이론가들은 노동자의 진짜 본성에 대해 모르고 있기 때문에 사회주의가 언젠가 최대의 적을 만날 곳이 바로 이 민중계급이라는 생각은 조금도 하지 않는다. 여기서 말하는 언젠가란 사회주의가 이론을 현실로 옮기려 할 때를 뜻한다. 노동계급과 농민의 소유 본능은 적어도 중산층만큼은 강하다. 노동계급과 농민들은 소유물을 늘리기를 원한다. 그들은 자신의 노동의 결실을 집단을 위해 포기하기보다는 자기 뜻대로 쓰는 쪽을 택할 것이다. 집단이 노동자와 농민의 욕구를 전부 충족시켜줄 것처럼 보일지라도, 노동계급과 농민들은 집단을 택하지 않을 것이다. 이런 정서는 세속적 기원을 갖고 있으며, 집단주의의 모든 시도에 완강하게 버티는 장벽이 될 것이다.

노동자는 완고하고 난폭하고 또 혁명이 일어날 때면 선동자의 편에 설 준비가 언제나 되어 있다. 그럼에도 불구하고, 노동자는 구(舊)질서에 애착을 강하게 느끼고, 대단히 독단적이고, 뼛속까지 보수주의자이고, 대단히 권위적이다. 노동자는 제단과 왕권을 깨뜨린 사람들에게 환호성을 보냈으면서도 제단과 왕권을 다시 확립한 사람들을 더 열렬히 환영했다. 어쩌다 고용주가 되면, 노동자는 절대 군주처럼 행세하며 자신의 옛 동료들을 중산층 고용주보다 훨씬 더 악독하게 대한다. 뒤 바라이(François Charles du Barrail) 장군은 식민지 개척을 위해 알제리로 이주한 노동자의 심리를 다음과 같이 묘사하고 있다. 식민지 개척자라 불리지만, 하는 일은 식민지 주민들을 몽둥이로 때려 일을 시키는 것밖에 없다. "이주 노동자는 영혼은 민주주의자이면서도 봉건시대의 모든 성향을 유감없이 발휘하였다. 이주 노동자는 산업도시의 공장에서 탈출해 왔으면서도 마치 샤를마뉴의 가신처럼, 아니면 점령지 중 거대한 땅을 떼어준 윌리엄 정복왕의 기사들처럼 말하고 생각했다."

　언제나 어릿광대처럼 구는 노동자는 어떤 일에서든 우스꽝스러운 역을 맡는 데 명수이며 특히 정치적인 사건에서 난폭한 역을 즐겨 맡는다. 어떤 장관이 국회의원이나 저널리스트로부터 비난을 받으면, 노동자는 거기서 엄청난 희열을 느낀다. 그러나 이 장관이나 그의 반대자들의 의견 따위는 노동자의 관심을 끌지 못한다. 욕설이 오가는 토론은 노동자에게 카드놀이만큼 재미있다. 반면에 주장이 오가는 토론 앞에서는 노동자는 완전히 무관심해진다.

　노동자의 이런 정신 상태는 노동자가 토론을 벌이는 방식에 그대로 반영된다. 노동자는 어떤 의견의 가치에 대해서는 절대로 논하지 않는다. 그 의견을 표현하는 인물의 가치에 대해서만 논하는 것이다. 노동자는 웅변가의 개인적 명성에 넘어가지 웅변가의 이론에 넘어가지 않는다. 노동자는 자기 마음에 들지 않는 연사의 의견을 공격하지 않고 그 연사의 인격을 공격한다. 그 즉시 노동자가 적으로 여기는 인물의 성실성이 문제가 되며, 그러면 노동자의 적은 단순히 바보 취급만 당하는 선에서 끝나면 다행으로 생각해야 할 것이다. 모두가 잘 알듯이, 공개적인 토론에는 반드시 야만적인 욕설과 상대방의 아픈 데를 찌르는 언사가 오가게 되어 있다. 그러나 이 같은 성향은 노동자에게만 특별히 있는 것이 아니고 프랑스인 모두의 악덕이다. 자신의 의견과 다른 의견을 개진하는 사람이 아주 어리석은 바보가 아니거나 악명 높은 불량배가 아닌 이상, 많은 프랑스인들은 자신의 의견과 다른 의견을 들어주지 못한다. 다른 사람의 생각을 포용하는 것은 언제나 라틴계 사람들의 능력 밖의 일이었다.

파리 노동계급의 부주의하고, 충동적이고, 변덕스럽고, 혼란스런 성격은 언제나 프랑스의 노동계급이 영국 노동자들과 달리 중요한 임무를 맡지 못하도록 막았다. 고치지 못하는 이 무능력 때문에 노동계급은 명령을 받지 않은 상태에서는 아무것도 할 수 없게 되었으며 아울러 영원히 감독을 받는 처지에 남게 되었다. 노동자들은 자기보다 나은 사람이 자신들을 통치할 필요가 있다고 느낀다. 그러면 노동자들은 자신에게 닥치는 모든 것을 이 통치자에게 떠넘길 수 있다. 여기서 다시 어떤 민족적 특성이 발견된다.

노동계급 사이에 퍼진 사회주의의 선전이 거둔 유일한 결과는 고용주들에게 착취를 당하고 있다는 인식을 노동자들에게 심어준 것이다. 또 정부를 바꾸면 노동자들이 임금을 더 많이 받으면서도 일은 더 적게 하게 될 것이라는 믿음을 노동자들에게 심은 것도 그런 결과에 속한다. 그러나 노동자들의 보수적인 본능 때문에 노동자의 과반이 사회주의를 지지하지 않았다. 1893년의 선거에서, 유권자 1,000만 명 중에서 55만6천 명만 사회주의 의원들에게 표를 주었다. 그 결과 사회주의 의원들의 숫자는 49명에 지나지 않았다. 이처럼 낮은 득표율은 1898년의 선거에서도 거의 나아지지 않았는데, 이는 노동계급의 보수적인 성향이 매우 강하다는 사실을 입증한다.

사회주의 사상의 선전을 방해하는 근본적인 원인이 한 가지 더 있다. 노동자들 중에서 소규모 재산가와 소액 주주들의 숫자가 어디서든 증가하고 있다는 사실이다. 아주 작은 집과 아주 작은 몫의 주식이 갑자기 노동자를 이해타산적인 자본가로 바꿔놓고 노동자의 소유 본능을 최대한으로 키워놓는다. 노동자는 가정을 꾸리고 주택과 약간의 저축을 갖게 되자마자 완강한 보수주의자가 된다. 사회주의자, 그중에서도 특히 아나키스트 사회주의자는 대체로 가정이나 재산 또는 집이 없는 총각이다. 말하자면 유목민이나 다름없는 존재라는 뜻이다. 유목민의 경우 시대를 막론하고 다루기 힘들고 야만적이었다. 경제적 발전이 이뤄짐에 따라 노동자가 자신이 일하는 공장의 아주 작은 몫을 소유하게 될 때, 노동과 자본의 관계에 대한 노동자의 인식에 중대한 변화가 일어날 것이다. 그런 변화가 이미 일어난 몇 곳의 작업장이 그 증거가 될 것이다. 또한 농민의 심리상태에서도 그 증거를 확인할 수 있다. 대체로 농민들은 도시의 노동자들보다 훨씬 더 힘든 삶을 살고 있다. 그러나 농민은 대체로 경작할 논밭을 갖고 있다. 논밭을 갖고 있다는 아주 단순한 이유 때문에 농민은 좀처럼 사회주의자가 되지 않는다. 농민의 원시적인 뇌 안에서 자신의 논밭을 포기하지 않고도 남의 논밭을 빼앗을 수 있다는 생각이 떠오르지 않는 한, 사회주의자 농민을 기대하기 어렵다.

지금까지의 내용은 이렇게 요약된다. 사회주의에 가장 거세게 저항할 계급이 바로 사회주의자들이 절대적으로 의지하고 있는 그 노동계급이 될 것이라고 말이다. 사회주의자들의 선전이 노동계급 사이에 탐욕과 증오를 낳았다. 그러나 새로운 원칙들은 민중의 마음에 영향을 그다지 강하게 미치지 못했다. 노동계급이 언제나 정부의 탓으로 돌리는 일들, 예를 들면 외국과의 경제적 경쟁의 결과 나타난 임금 하락이나 실업 사태가 벌어진다면, 사회주의자들이 민중들로부터 혁명 군대를 끌어 모으는 것이 가능할 것이다. 그러나 이 혁명을 진압할 카이사르 주변으로 가장 발 빠르게 모여들 사람들 또한 바로 이 민중일 것이다.

3. 지도계층

"사회주의의 전진을 크게 돕고 있는 한 가지 사실은 사회주의가 교육 수준이 높은 상류계층을 점진적으로 침투하고 있다는 점이다."라고 벨기에 경제학자 드 라블레이(Émile Louis Victor de Laveleye)는 쓰고 있다.

이 침투의 요인으로는 몇 가지가 꼽힌다. 현재 유행처럼 번지고 있는 신념의 전염과 두려움, 무관심이 그 요인들이다.

이탈리아 범죄학자 가로팔로(Raffaele Garofalo)는 이렇게 쓰고 있다. "중산층 중 상당 부분이 사회주의 운동을 두려운 맘으로 지켜보는 한편으로 오늘날 이런 운동이 불가피하다는 믿음을 갖고 있다. 이들 중에는 사회주의의 이상을 그야말로 순수한 마음으로 받아들이는 순박한 사람들이 포함되어 있다. 이들은 정의와 보편적 행복의 시대로 나아갈 영감을 사회주의에서 발견한다."

이 인용은 단지 전염을 통해 받아들여진, 피상적이고 불합리한 어떤 정서를 표현하고 있다. 충분히 심사숙고한 끝에 어떤 정치적 혹은 사회적 견해를 받아들이는 것은 평균적인 라틴 민족의 마음에는 불가능한 것 같다. 만일 정치적, 사회적 혹은 종교적 견해를 채택하는 일에 식료품 가게의 점원들이 물건을 사고팔 때 쏟는 생각과 정신의 일부만이라도 쏟는다면, 우리가 지금 정치적 혹은 종교적 문제에서 겪고 있는 것처럼 환경이나 정서, 유행에 심하게 휘둘리지는 않을 것이다. 그때그때의 의견이나 사건의 힘에 지금처럼 끌려다니는 모습을 보여서는 안 된다.

오늘날 사회주의적 성향은 민중보다 중산계층에 훨씬 더 널리 퍼져 있다. 사회주의적 성향은 전염만으로도 놀라운 속도로 퍼져나가고 있다. 철학자와 문인, 예술가들은 고분고분 이 운동을 따르면서 사회주의의 전파에 적극적으로 기여하고 있다. 연극과 서적, 심지어 그림까지도 정서에 호소하는 사회주의에 더욱더 깊이 빠져들고 있는데, 이는 프랑스 혁명 당시 지도계급이 품었던 인도주의를 떠올리게 한다. 그러나 프랑스 혁명의 단두대는 지도계층에게 자기방어를 놓아버리는 순간 자신의 목숨을 잃게 된다는 무서운 교훈을 가르쳐주었다. 지금 상류계층이 얌전히 자신들의 무장해제를 점진적으로 허용하고 있는 것을 되돌아보면서, 미래의 역사가는 상류계층의 통찰력 결여를 경멸할 것이지만 상류계층의 운명에 대해서는 그리 애석해 하지 않을 것이다.

공포도 중산계층 사이에 사회주의의 전파를 용이하게 만드는 한 요소이다. 앞에서 인용한 가로팔로는 이렇게 쓰고 있다. "중산계층은 겁을 먹고 있다. 중산계층은 우유부단하게 휘둘리면서 양보를 통해 스스로를 구할 수 있기를 바라고 있다. 그러면서 이런 태도가 가장 터무니없는 대책이라는 사실을 까마득히 망각하고 있다. 우유부단, 타협, 그리고 모두를 만족시키려는 욕구는 이 세상이 언제나 잔인하게 처벌한 성격적 결함이다. 이 세상은 이런 특성들을 범죄보다 더 잔인하게 처벌해왔다."

내가 제시한 요인들 중 마지막 요인, 즉 무관심은 사회주의의 전파를 직접적으로 돕지는 않아도 사람들이 사회주의에 맞서 싸우지 않도록 함으로써 적어도 사회주의의 전파를 용이하게 하고 있다. 회의주의적 무관심은 현대 중산계층의 심각한 병이다. 어떤 이상을 실현시키기 위해 열정적으로 노력하고 있는 소수의 열변과 공격에 모두가 무관심하게 반응하며 반대의견을 제시하지 않을 때, 이 소수파의 승리가 매우 가까이 와 있을 것이다. 사회의 최악의 적은 사회를 공격하는 사람들일까 아니면 사회를 방어하려는 노력을 전혀 기울이지 않는 사람들일까?

4. 얼치기 학자들과 공론가들

여기서 말하는 얼치기 학자들은 책에 담긴 지식 외에는 아무런 지식이 없는 사람을 말한다. 따라서 얼치기 학자들은 삶의 현실에 대해서는 아는 것이 하나도 없다. 얼치기 학자들은 프랑스의 학교와 대학의 산물이다. 프랑스의 학교와 대학은 개탄할 '퇴화의 공장'이지 않는가. 학교와 대학의 부정적인 영향력은 프랑스 비평가 테느(Hippolyte Taine)와 폴 부르제(Paul Bourget)를 비롯한 많은 사람들에 의해 지적되었다. 프랑스의 훌륭한 대학의 졸업생이나 학자 또는 교수는 여러 해 동안, 아니면 평생 동안 얼치기 학자로만 지낸다.

사회주의의 가장 위험한 사도들이나 최악의 아나키스트들도 바로 얼치기 학자들 사이에서 나온다. 특히 대학의 학사학위를 받고 자격을 갖추었으나 자리를 얻지 못한 사람들과 자신의 운명에 불만이 많은 교사, 자신의 가치가 무시당하고 있다고 느끼는 교수들 중에서 사회주의자들이 많이 나온다. 파리에서 처형된 최후의 아나키스트는 에콜 폴리테크니크에 지원했다가 낙방한 사람이었다. 이 사람은 쓸모없고 피상적인 학문밖에 갖추지 못해 일자리를 얻을 수 없었으며 따라서 자신의 실력을 알아줄 만큼 똑똑하지 않은 사회의 적이 되어 그 사회를 새로운 세상으로 바꾸기를 간절히 바랐다. 그가 바라는 사회는 자신이 엄청난 능력을 발휘할 기회를 누릴 수 있는 그런 사회였다. 이처럼 불만을 품은 얼치기 학자는 최악의 불평분자이다. 사회주의자가 특정한 부류에서 자주 나타나는 현상을 설명해주는 것이 바로 이 불만이다. 예를 들면 교사들이 있다. 교사들은 언제나 자신들이 제대로 평가 받지 못하고 있다고 생각한다.

사회주의 추종자들이 많이 나오는 집단은 아마 대학 강사와 교수일 것이다. 프랑스 사회주의자들의 최고 지도자는 전직 대학교수이다. 이 교수가 소르본 대학에서 집단주의에 관한 강의를 할 수 있도록 해달라고 요청했고, 이 대학의 교수 37명 중 16명이 그의 요청을 지지했다는 놀라운 사실이 유력 잡지에 최근에 공개되어 많은 주목을 받았다.

오늘날 라틴 민족 국가들에서 대학교 교수들이 하는 역할은 자신들이 몸담고 살고 있는 사회를 위협하는 것이다. 통찰력이 예리한 사상가인 모리스 바레(Maurice Barrés)가 정확히 지적하듯이, "현실과 유리되어 있는 이론가들은 언제나 공적인 일들을 방해하기만 한다". 대학교 교수들은 자신의 전공 분야에서는 탁월할 수 있지만 세상의 현실에는 완전히 이방인이며 바로 이런 이유 때문에 사회의 존속을 가능하게 하는 조건에 대해 이해조차 하지 못하고 있다. 오귀스트 콩트가 꿈꾸었던 것과 같은, 교수들의 집단이 이끄는 사회는 6개월도 가지 못할 것이다. 일반적인 문제라면, 학문이나 과학 분야의 전문가들의 의견도 무지한 사람들의 의견보다 하나도 더 나을 게 없다. 만일 이 무지한 사람들이 직업상 삶의 현실을 항상 접하는 농민이거나 노동자라면, 전문가들의 의견은 무지한 사람들의 의견보다 훨씬 더 못하다. 나는 보통선거를 옹호하는 다른 곳에서 이 같은 주장을 이미 편 바 있다. 우리가 정치적 재능과 애국심, 그리고 사회적 이익을 옹호하는 정서를 발견하는 곳은 군중이다. 전문가들 사이에서 그런 것들이 발견되는 예는 극히 드물다.

실제로 군중이 민족정신과 민족의 이익을 가장 잘 드러낸다. 군중은 틀림없이 본능에 이끌리지 이성에 이끌리지 않는다. 그렇지만 본능적으로 결정한 행위가 이성적으로 결정한 행위보다 더 나은 경우가 자주 있지 않는가?

우리의 지적인 삶의 행위 중 절대 다수와 비지적인 삶의 행위 모두를 지배하는 본능과 우리의 의식적 삶의 관계는 대양의 깊은 속과 수면에 일렁이는 파도의 관계와 비슷하다. 만일 무의식의 끊임없는 활동이 멈추게 된다면, 사람은 단 하루도 살아가지 못할 것이다. 무의식이란 간단히 말해 우리의 조상들이 대대로 이룩한 모든 적응의 유산이다. 민족정서가 자리 잡고 있는 곳이 바로 이 무의식이다.

본능적인 직관이 사회문제에 개입하여 해로운 결과를 종종 낳는 이유는 얼치기 학자들의 사이비 과학이 사람들의 직관을 흐려놓기 때문이다.

사회적 낙오자, 자신의 진가를 평가받지 못하고 있다고 생각하는 천재들, 고객이 없는 변호사들, 독자가 없는 작가들, 환자가 없는 의사들, 월급이 형편없는 교수들, 직장을 잡지 못한 대학졸업자들, 고용주로부터 무능하다고 낙인 찍힌 직원들, 헛바람이 든 대학강사들 …. 자연히 이런 사람들이 사회주의의 지지자들이다. 실제로 보면 그들은 사회주의의 원칙에 대해서는 거의 신경을 쓰지 않는다. 그들의 꿈은 폭력적인 수단을 빌려서 자신들이 주인이 될 수 있는 그런 사회를 창조하는 것이다. 그들은 평등을 큰 소리로 외친다. 그러나 그렇게 한다고 해서 그들이 그들과 달리 책을 통해 많은 것을 배우지 못한 하층민들로부터 경멸을 사지 않는 것은 아니다. 앞에 열거한 사람들은 자신들이 노동자보다 월등히 우수하다고 믿지만 실용적인 감각의 결여와 과도한 이기심을 따진다면 노동자보다 훨씬 더 열등하다. 만일 이 사람들이 사회의 주인이 된다면, 이들의 독재는 얼치기 학자의 대표적인 예인 마라(Jean-Paul Marat)나 생쥐스트(Saint Just), 로베스피에르(Maximilien de Robespierre)보다 조금도 덜하지 않을 것이다. 어떤 사람이 언제나 무시 당하고 수치를 느끼며 빛을 보지 못하는 상황에서 언젠가 기회가 오기만 하면 한번 멋지게 권력을 휘둘러보겠다고 품는 그런 희망이 사회주의의 추종자를 많이 만들어냈음에 틀림없다.

얼치기 학자의 범주에 공론가들도 포함된다. 이 공론가들이 불온한 매체에 이론을 제시하면, 순진한 추종자들은 당장 그 이론을 퍼뜨리기 시작한다. 이 공론가들은 병사들을 지휘하는 장군처럼 보이지만 실제로 보면 오히려 공론가들이 병사들을 따르고 있

는 것으로 확인된다. 공론가들은 소수이지만 그 영향력은 겉으로
보이는 것보다 훨씬 더 크다. 실제로 공론가들은 자신들이 불러일
으키지도 않은 포부를 왁자지껄한 독설로 표현하고 동시에 선동
자에게 매체에 등장할 기회를 부여하는 역할에서 그친다. 공론가들
의 책은 일종의 복음서이다. 모두가 이 책들을 읽지 않으면서도 토
론을 벌이기라도 하면 제목이나 특별한 문장을 즐겨 인용한다. '성
경'이 프로테스탄트 성직자들에게 많은 영감을 불러일으키듯, 이 책
들은 사회주의 추종자들에게 일종의 예언서가 된다. 사회주의 추종
자들은 세상의 문제에 대한 해결책을 찾길 원한다면 그저 이 책들
을 들춰보기만 하면 된다.

그렇다면 공론가는 교육수준이 높을 것이다. 그러나 그렇다고
해서 공론가가 우둔하거나 순진하거나 야망에 넘치는 불평분자가
아니라는 뜻은 아니다. 공론가는 어떤 문제의 한쪽 면에만 집착하
다가 사건의 전체적인 흐름을 보지 못한다. 공론가는 사회 현상의
복잡성이나 경제적 필연, 먼 훗날에 나타날 영향, 인간을 진정으로
지배하는 열정에 대해서는 아무것도 이해하지 못한다. 책에서 얻은
기본적인 논리 외에는 아무런 나침반을 갖고 있지 않기 때문에, 공
상가는 자신의 생각이 인류의 진화를 바꿔놓고 운명을 극복할 수
있을 것이라고 곧잘 믿어버린다.

떠들썩한 공론가들이 쓴 글들은 아주 모호하다. 미래 사회에
대한 공론가들의 이상은 아주 터무니없다. 그러나 한 가지만은 절
대로 모호하지 않다. 사회의 현재 상태에 대한 분노와 그 사회를
파괴하려는 뜨거운 욕망만은 아주 분명하다.

모든 시대의 혁명가들은 뭔가를 구상하는 데는 무력한 모습을 보였다. 그럼에도 혁명가들은 파괴하는 데는 절대로 어려움을 겪지 않았다. 아이의 손으로도 수 세기 동안 수집해서 박물관에 전시해놓은 보물들에 불을 지를 수 있는 법이다. 그렇듯 공론가들의 영향은 파괴적인 혁명을 성공적으로 일으킬 수 있다. 그러나 공론가들의 영향력은 거기까지이다. 군중이 언제나 드러내게 되어 있는, 지배 당하길 원하는 그 뿌리 깊은 욕구가 이 개혁자들을 어느 독재자의 칼 아래에 굴복하게 만들 것이다. 이 독재자가 누구인가 하는 문제는 중요하지 않다. 역사가 증명하듯, 이 개혁자들이 가장 먼저 이 독재자에게 박수갈채를 보낼 것이다. 혁명은 사람들의 마음을 바꿔놓지 못한다. 혁명은 용어들을 바꿔놓고 겉모양을 바꿔놓는 그 이상을 성취하지 못한다. 그럼에도 불구하고, 무의미한 이런 변화를 위해 세상이 자주 뒤집어졌으며 앞으로도 틀림없이 그럴 것이다.

만일 라틴 민족들의 사회 안에서 다양한 계급들이 사회의 와해를 재촉하면서 하는 역할을 검토한다면, 대학이 배출한 공론가들과 불평분자들이 특별히 사상을 공격하여 지적 무질서를 야기함으로써 가장 강력한 파괴의 요소가 되고 있다는 사실이 확인될 것이다. 또 중산계급은 무관심과 이기심, 허약한 의지, 독창력 혹은 정치적 이해의 결여 등으로 인해 그 붕괴를 지원하고 있다. 하층계급은 사회의 기반이 충분히 약해지기를 기다렸다가 이미 흔들거리는 건물을 파괴하기 위해 프랑스 혁명 때처럼 폭력적으로 행동하고 나설 것이다.

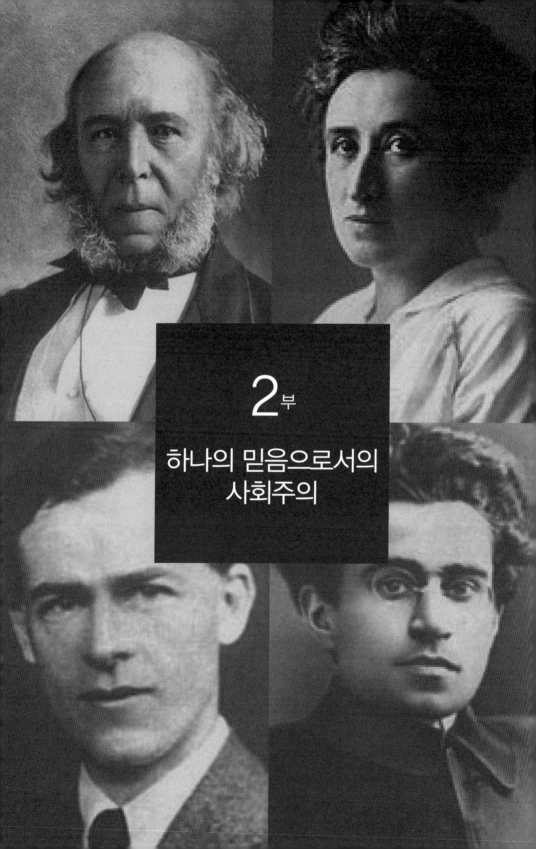

2부

하나의 믿음으로서의 사회주의

믿음의 바탕들

1. 믿음의 뿌리

세월을 내려오면서 이어져온 모든 문명은 상당수의 믿음에 그 바탕을 두었다. 이 믿음들이 언제나 그 민족의 삶에 근본적인 역할을 맡았다. 이 믿음들은 어떻게 생겨나며 또 어떻게 발달하는 것일까? 이 문제를『민족 진화의 심리법칙』에서 다뤘다. 이 문제로 되돌아가보는 것도 도움이 될 것이다. 사회주의는 원칙보다는 신앙에 훨씬 더 가깝다. 그렇기 때문에 믿음들이 생겨나는 과정을 완벽하게 알아야만 사회주의의 역할에 대한 이해가 가능해질 것이다.

사람은 자신을 지배하는 정서와 믿음을 마음대로 바꾸지 못한다. 정서와 믿음을 바꾸려는 개인의 공허한 노력 뒤에는 반드시 격세(隔歲)로 나타나는, '옛날로 돌아가려는 성향'이 숨어 있다. 이 성향이 바로 군중이 편협한 보수주의를 갖게 하는 바로 그 영향인

데, 이 같은 군중의 보수주의는 군중의 일시적 반란에 가려 잘 보이지 않는다. 사람들이 좀처럼 성취하지 못하는 것이 유전적으로 물려받은 생각과 버릇을 장기간에 걸쳐 바꾸는 것이다.

조상 대대로 내려오는 매우 오래된 이런 영향들이 바로 이미 아주 오래된 문명을 여전히 지켜나가고 있는 영향들이다. 우리가 지키고 있는 이 문명은 지금도 많은 파괴 요소들로부터 협박을 받고 있다.

믿음들이 진화하는 속도가 아주 느리다는 사실은 역사의 가장 근본적인 사실 중 하나이며 동시에 역사학자들이 거의 설명하지 않은 사실 중 하나이기도 하다. 심리학을 통해야만 믿음의 진화 속도가 느린 이유들을 밝혀내는 것이 가능해진다.

인간은 삶을 살면서 어쩔 수 없이 노출되는 변덕스런 외적 조건 외에도 두 가지 종류의 개념의 안내를 받는다. 한 종류는 조상 대대로 전해오는, 즉 정서적인 개념들이고, 다른 한 종류는 습득된, 즉 지적으로 얻어진 개념들이다.

조상 대대로 내려오는 개념들은 민족의 유산, 즉 가깝거나 먼 조상들의 유산, 말하자면 타고나는 무의식적 유산을 일컫는다. 이 개념들에 따라 행동의 중요한 동기들이 결정된다.

습득된 지적 개념들은 사람이 환경과 교육의 영향을 받아 습득하는 개념들이다. 이 개념들은 사람이 추론하고, 설명하고, 이야기하는 것을 도와준다. 그러나 이 개념들이 행동의 원인이 되는 경우는 극히 드물다. 이 개념들이 반복적으로 사용되고 축적됨으로써 그 사람의 잠재의식에 침투하여 정서로 자리 잡을 때까지, 지적 개념들이 그 사람의 행동에 미치는 영향은 사실상 제로이다. 만일 습득된 개념이 간혹 조상 대대로 내려오는 개념과의 경쟁에서 성공을 거둔다면, 조상 대대로 내려오는 개념이 반대되는 특성에 의해 무효화될 것이다. 예를 들면 서로 다른 인종 사이의 결합에 그런 현상이 나타난다. 서로 다른 인종 사이에 태어나는 개인은 일종의 '빈 서판'이다. 이 사람은 조상 대대로 내려오던 정서적 개념들을 상실한다. 모든 충동에 휘둘리는, 도덕도 없고 개성도 없는 혼혈이 된다.

사회적 유전을 매우 중요하게 여기는 한 가지 이유는 매일 나타나는 수많은 믿음과 의견들 중에서 세월이 흘러도 보편적으로 통용되는 것들은 아주 적기 때문이다. 이런 식으로 말할 수도 있을 것이다. 이미 역사가 아주 깊은 인간 세상에서 어떠한 새로운 믿음도 그 전의 믿음과 밀접히 연결되지 않고는 스스로 보편적인 믿음으로 성장할 수 없다고 말이다. 불교와 기독교, 이슬람교 같은, 진화의 최근 단계를 보면 독창적인 것처럼 보이는 종교들도 실제로 보면 그 전의 믿음들의 개화(開花)에 지나지 않는다. 각 종교는 그 종교가 대체한 믿음들이 세월의 흐름 속에서 영향력을 상실하게 될 때에야 비로소 발전할 수 있었다. 종교는 그 종교를 실천하는 민족에 따라 다 다르며 또 그 종교의 교의 안에서만 보편적일 뿐이다. 다른 책에서, 우리는 종교가 이 민족에서 다른 민족으로 옮겨가면서 다른 민족에게 있던 기존의 종교와 접목하기 위해 근본적으로 변화한다는 것을 이미 살펴보았다. 따라서 새로운 신앙은 그 앞에 있던 신앙의 재생에 지나지 않는다. 기독교에는 유대교의 요소만 있는 것이 아니다. 유럽과 아시아 민족들이 갖고 있던 오래된 종교들의 요소도 들어 있다. 갈릴리 호수에서 흘러나오던 가느다란 물줄기가 맹렬히 흐르는 강이 될 수 있었던 것은 모든 이교도들이 물줄기를 그쪽으로 바꿨기 때문이다. 프랑스 시인 루이 메나르(Louis Ménard)는 매우 적절하게 "유대인들이 기독교 신화에 기여한 것은 이집트인과 페르시아인들이 기독교 신화에 기여한 것과 거의 비슷하다."고 말한다.

신앙의 이런 변화는 간단하고 사소할 수 있다. 그럼에도 이 변화가 한 민족의 영혼에 고착되기까지는 길고 긴 세월이 필요하다. 신앙은 사람들이 토론의 대상으로 삼는 의견과는 크게 다르다. 신앙은 행동의 한 요인이다. 따라서 신앙은 무의식을 통해서 후대로 물려질 때에만 진정으로 힘을 발휘한다. 이때 정서라 불리는 견고한 응결이 이뤄진다. 그러면 신앙은 강제적인 원칙에 필요한 성격을 두루 갖추고 토론과 분석의 영향으로부터 멀찍이 떨어져 있게 된다. 믿음은 아직 굳지 않고 유동적인 상태인 초기에 한해서만 지성에 어느 정도 뿌리를 내릴 수 있다. 그러나 믿음의 승리를 보장하기 위해선 그 믿음이 정서의 영역으로 깊숙이 파고들 필요가 있다. 그렇게 함으로써 믿음은 의식의 영역에서 무의식 즉 직관의 영역으로 넘어간다.

믿음이 정교하게 다듬어지는 과정에 과거가 큰 영향력을 발휘하며 또 새로운 믿음은 그 전의 믿음과 결합될 수 있을 때에만 확고히 뿌리를 내릴 수 있다는 점을 강조해야 한다. 이런 식으로 믿음을 확립하는 것이 아마 문명의 진화에 가장 중요한 단계일 것이다. 확립된 믿음이 누릴 수 있는 최대의 혜택 중 하나는 민족에게 똑같은 정서를 주고, 똑같은 생각을 품게 하고, 따라서 똑같은 언어를 창조하게 한다. 말하자면 민족이 생각의 일치를 이룰 수 있다는 뜻이다. 확립된 믿음은 최종적으로 공통의 정신 상태를 창조한다. 믿음이 문명의 모든 요소 중에서 가장 중요한 이유가 바로 거기에있다. 공통의 믿음은 아마 민족혼의 창조에, 따라서 민족의 정서와 생각의 방향을 일치시키는 데 가장 강력한 요소일 것이다. 위대한 문명은 언제나 소수의 믿음들을 개화시키는 것이었으며, 공통의 믿음이 해체될 때면 언제나 그 민족의 쇠퇴가 가까워지고 있다.

어떤 집단적인 믿음은 다양한 개인의 욕구를 단 하나로 묶고 또 어느 한 민족이 단 한 사람의 개인처럼 행동하도록 하는 엄청난 영향력을 발휘한다. 역사의 위대한 시기는 곧 보편적 믿음이 확립되었던 시기였다고 말하는 데도 그만한 이유가 있는 것이다.

보편적인 믿음이 민족의 삶에서 한 역할은 너무도 근본적이기 때문에 그 믿음의 중요성은 아무리 강조해도 지나치지 않다. 역사를 보면 한 민족 혹은 적어도 한 도시의 모든 개인들을 하나로 묶어주는 공통의 믿음을 갖지 않은 가운데서 번영을 구가했던 문명이 전혀 보이지 않는다. 이 믿음의 공동체는 그런 공동체를 가진 국가에 엄청난 힘을 부여한다. 그 믿음이 일시적인 것일 때조차도 그런 현상이 나타난다. 프랑스 혁명 당시에 프랑스가 그 약속을 지키지 못해 절대로 오래 지속될 수 없었던 어떤 새로운 신앙에 고무되어 이미 무장을 잘 갖추고 있던 유럽 전체를 상대로 용감하게 맞설 수 있었다는 사실을 우리는 이미 잘 알고 있다.

2. 믿음이 사상과 추론에 미치는 영향-몰이해의 심리학

어떤 믿음이 이해력 안에 확고히 자리를 잡게 되면, 그 믿음은 삶의 표준이 되고, 판단의 기준이 되고, 지성의 지휘자가 된다. 마음은 이제 새로운 신앙과 부합하지 않는 것은 절대로 받아들이지 못한다. 중세의 기독교와 아랍 민족의 이슬람교처럼, 사회를 지배하는 신앙은 문명의 모든 요소에 각인을 뚜렷이 남긴다. 철학과 문학, 예술에 특히 더 강한 흔적을 남긴다.

무식한 사람뿐만 아니라 현인에게도 모든 지식의 근본적인 원리는 미지의 것을 이미 알고 있는 것, 즉 우리가 안다고 믿고 있는 것에 비춰보는 것에 지나지 않는다. 이해는 어떤 사실을 관찰하고 그런 다음에 관찰한 내용을 그 사람이 이미 갖고 있는 소수의 사상과 연결시키는 것을 말한다. 이런 식으로 우리는 미지의 사실을 우리가 이해하고 있다고 믿는 사실들과 연결시키며, 이때 우리의 뇌는 잠재의식을 지배하고 있는 개념들에 따라 움직인다. 아주 열등한 정신에서부터 아주 고매한 정신에 이르기까지, 설명의 메커니즘은 언제나 똑같다. 설명은 곧 새로운 개념을 이미 습득한 개념들 속에 집어넣는 것이다.

개인들이 어느 민족이냐에 따라 저마다 다 다른 판단을 내리는 이유는 다른 데 있는 것이 아니다. 세상에 대해 지각한 것을 각자 조상 대대로 내려온 구체적인 개념들에 비춰본다는 데 있다. 우리는 사물을 지각할 때 그냥 있는 그대로를 보는 것이 아니라 그것을 변형시켜 본다. 이때 변형의 기준이 되는 것이 바로 우리의 믿음들이다.

정서로 변한 믿음은 우리의 일상의 행동에만 영향을 미치는 것이 아니다. 그런 믿음은 우리가 말에 부여하는 의미에도 마찬가지로 영향을 미친다. 인간을 분열시키는 불화와 갈등의 원인을 파고들면 대부분 같은 현상에 닿는다. 당사자들이 똑같은 일을 놓고도 서로 다른 정신적 구조와 사상들 때문에 서로 달리 해석하는 것이다. 똑같은 단어가 불러일으키는 생각들이 시대에 따라서, 민족에 따라서, 남녀에 따라서 얼마나 다른지를 한번 추적해보라. 예를 들어 종교와 자유, 공화국, 중산계급, 재산, 자본, 노동 같은 단어들이 출신 성분이 서로 다른 사람들에게 어떤 의미로 받아들여지는지 살펴보라. 그러면 이 단어들의 의미 차이가 사람들의 집단에 따라서 엄청나다는 사실이 확인될 것이다. 같은 사회 안의 각 계급과 남녀는 똑같은 언어로 말을 하는 것 같지만 그것은 어디까지나 외양일 뿐이다. 언어의 의미가 풍기는 뉘앙스는 그 언어를 사용하는 사람의 사회적, 정신적 범주만큼이나 다양하다. 간혹 이 뉘앙스가 서로 너무 많이 달라서 당사자들이 서로를 절대로 이해하지 못하는 경우도 있다.

같은 사회 안에서도 각 계층은 이해관계와 인식의 차이 때문에 크게 분열되어 있다. 그러니 다른 국가나 민족 사이의 분열에 대해서는 말할 필요조차 없다. 계급들과 민족들 간에는 언제나 일치보다 갈등의 역사가 더 긴 이유가 거기에 있다. 이 불화는 미래에도 커져만 갈 것이다. 문명은 사람들을 평등하게 만들기는커녕 오히려 더욱더 차별화시키는 경향이 있다. 봉건시대의 막강한 영주와 가장 미천한 신하 사이의 정신적 차이는 오늘날 엔지니어와 이 엔지니어가 감독하는 노동자들의 정신적 차이보다 훨씬 더 적었다.

다른 민족들과 다른 계급들, 다른 성별 사이에 의견의 일치는 기술적인 주제, 말하자면 본능적인 정서가 개입되지 않는 주제에서만 가능하다. 반대로 도덕과 종교, 정치에서는 당사자들이 똑같은 뿌리를 갖고 있을 때에만 의견의 일치가 가능할 뿐이며 그렇지 않은 경우에는 의견일치가 불가능하다. 도덕과 종교, 정치 분야에서 사람들은 추론을 통해 동의하는 것이 아니라 자신의 개념과 일치하는지 여부를 따져 동의한다. 설득은 절대로 이성에 근거하지 않는다. 사람들이 정치나 종교, 도덕의 문제를 고려하기 위해 함께 모일 때, 그들은 죽은 사람들이지 살아 있는 사람들이 아니다. 그들은 조상들의 영혼에게 입을 빌려주고 있으며, 그들의 말은 산 자들이 언제나 따르는, 죽은 자의 목소리의 메아리일 뿐이다.

그렇다면 단어들은 우리의 믿음에 따라서 매우 다양한 의미를 지니며 또 바로 이런 이유로 우리의 마음에 매우 다른 정서와 생각을 불러일으킨다. 아마 생각이 성취하기 가장 힘든 것은 우리와 유형이 다른 개인들의 마음에 침투하는 일일 것이다. 우리는 나이와 성별, 교육 수준만 다른 동포들을 상대로 해서도 그런 성공을 거두려면 무척 많은 어려움을 겪는다. 그렇다면 우리와 민족이 다른 사람들의 경우에, 특히 우리와 그들 사이에 몇 세기의 거리가 있을 때, 우리가 어떻게 우리의 생각을 그들의 마음에 침투시킬 수 있겠는가? 다른 사람을 이해시키기 위해서, 우리는 그 사람의 언어로, 그 사람의 개인적 개념을 바탕으로 말을 해야 한다. 사람들은 서로를 이해하지 않고도 몇 년 동안 함께 어울려 살 수 있을 것이다. 부모와 자식이 그런 예이다. 평소 우리의 심리는 모든 사람들이 비슷한 영향 아래에서 똑같은 정서를 경험한다는 가설을 바탕으로 작동하고 있다. 이보다 더 잘못된 전제는 없다.

우리는 사물을 실제 모습 그대로를 볼 수 있을 것이라고 기대해서는 절대로 안 된다. 왜냐하면 우리가 인식하는 것은 우리의 감각들이 만들어낸 의식의 상태일 뿐이기 때문이다. 마찬가지로 우리는 사물을 볼 때 일어나는 그 변형이 모든 사람들에게 똑같이 일어날 것이라고 기대해서도 안 된다. 왜냐하면 이 변형도 물려받았거나 습득한 개념들에 따라서 다 다르게 일어나기 때문이다. 말하자면 민족이나 성별, 환경 등에 따라서 변형이 달라진다는 뜻이다. 이런 이유 때문에 민족이나 성별 또는 환경이 서로 다른 개인들 사이의 관계는 기본적으로 몰이해의 관계라고 봐도 무방하다. 이 개인들은 똑같은 단어들을 사용할 것이다. 그러나 그들은 절대로 그 단어들을 똑같은 뜻으로 쓰지 않는다.

그러므로 사물을 보는 우리의 시선은 언제나 뒤틀린 시선이다. 그런데도 우리는 이 변형에 대해 조금도 의심하지 않는다. 심지어 우리는 이런 변형이 존재하지 않는다고 설득을 당하기까지 한다. 다른 사람들은 우리가 생각하고 행동하는 것과 달리 생각하고 행동할 수 있다는 점을 인정하는 것이 거의 불가능해 보인다. 이 몰이해가 결과적으로 불관용을 낳는다. 전적으로 정서에 의존하는 믿음과 의견의 경우에는 이 불관용이 절대적인 수준으로까지 악화될 수 있다.

종교와 도덕, 예술 혹은 정치에서 우리의 의견과 다른 의견을 고

백하는 사람들은 그 즉시 우리 눈에는 예외 없이 의문스런 인물이
되거나 아니면 적어도 바보가 되어 버린다. 우리는 또한 권력을 잡
는 순간 그런 위험스런 괴물들을 박해하는 것을 의무로 여긴다. 만
일 우리가 그들을 더 이상 불에 태우지 않거나 단두대로 목을 자르
지 않는다면, 그것은 쇠퇴한 예절과 순화된 법이 그런 행위에 반대
하기 때문일 뿐이다.

민족이 아주 다른 개인들에 대해 말하자면, 적어도 이론상으로
는 그 사람들이 우리가 생각하는 것과 똑같이 생각할 수 없다고 인
정해도 무방하다. 그러나 거기에는 그 사람들의 맹목성을 개탄하
는 마음이 반드시 따르게 되어 있다. 우리는 또한 어쩌다 그 사람
들의 지배자가 되면 매우 강력한 수단을 동원하여 그들이 우리의
예절과 관습과 법을 받아들이도록 하는 것이 그들에게도 이롭다
고 생각한다. 아랍인들과 흑인들, 베트남 사람, 마다가스카르 사
람 등. 이들은 프랑스인이 프랑스의 예절과 법과 관습을 강요하려
고 애를 쓰고 있는 사람들이다. 정치인의 표현을 빌린다면, 프랑스
인이 동화시키길 원하는 사람들인 것이다. 이 사람들은 경험을 통
해서 자신이 정복자들과 달리 생각할 경우에 어떤 대가를 치르게
되는지를 배웠다. 이 사람들은 자신들이 조상 대대로 물려받은 개
념들을 그대로 간직하고 있으면서도 자신들의 생각을 숨기는 것을
배움과 동시에 새로운 주인에 대한 깊은 증오를 습득했다.

몰이해의 정도는 민족에 따라 다 다르다. 여행을 조금 하거나
전혀 하지 않은 사람들 사이, 예를 들어 라틴계 민족들 사이에는
몰이해가 기본이며 불관용이 지배적이다. 개화되었거나 되지 않은

다른 민족의 생각을 이해하지 못하는 라틴 민족의 무능력은 정말로 놀라울 정도이다. 라틴 민족의 식민지들에서 개탄스런 상황이 벌어지는 중요한 원인이 바로 이 무능력이다. 가장 탁월한 라틴 민족, 심지어 나폴레옹과 같은 천재적인 남자들까지도 이 점에 있어서는 보통사람과 하나도 다르지 않다. 나폴레옹은 스페인 사람이나 영국 사람의 심리는 프랑스 사람의 심리와 다르다고 생각해본 적이 한 번도 없었다. 스페인 사람이나 영국 사람에 대한 나폴레옹의 판단은 어느 유명한 정치잡지에서 읽은, 영국이 아프리카 원주민들에게 한 행동에 관한 글의 수준을 벗어나지 못했다. 이 잡지의 편집자는 분개하여 이렇게 말했다. "영국은 원주민 부족들이 왕들을 제거하고 공화국을 세우지 못하도록 막기 위해 언제나 간섭하고 있다." 이보다 더 터무니없는 말은 없을 것이다.

역사학자의 책들을 보면 이와 비슷한 인식이 많이 보인다. 역사학자들의 이런 인식 때문에 나는 역사 책은 현실이 철저히 배제된 소설에 지나지 않는다고 생각한다. 사람들이 역사 책을 통해 배우는 것은 절대로 역사의 영혼이 아니고 역사학자의 영혼이다.

여기서 다시 말하지만, 민족들이 갖고 있는 개념들에 공통분모가 전혀 없고 또 똑같은 단어들이 민족에 따라 아주 다른 생각을 떠올리게 하기 때문에, 나는 또 다른 결론에 도달했다. 글로 쓴 책은 다른 언어로 번역하는 것이 불가능하다는 것이다. 현대 언어에도 똑같이 적용되는 결론이다. 그러니 이미 세상에 존재하지 않는 민족의 생각을 표현한 언어인 경우에 번역이 얼마나 더 어렵겠는가? 여러 예들이 있지만, 여기서 나는 한 가지 예만 제시할 것이다.

입센의 희곡을 번역한 작품이 파리에서 공연되었을 때, 비평가들은 즉시 그 작품에서 신비하고 심오한 상징들을 발견했다. 그러다 어느 날 스칸디나비아의 한 비평가가 프랑스의 비평가들에게 신비하고 심오하다는 상징들은 프랑스 비평가들이 지어낸 것일 뿐이며 입센은 스칸디나비아의 사람들에게는 매우 단순하고 직설적인 극작가이며 입센의 작품에 등장하는 인물들이 하는 말의 의미는 말 그 자체로 받아들이면 된다고 설명했다. 예를 들어 입센의 연극 중 한 편에서 일부 등장인물이 스칸디나비아에 많은 늑대들을 사냥하라는 조언을 들을 때, 그것이 의미하는 바는 단순히 그들이 사냥꾼의 삶을 열심히 살아야 한다는 뜻일 뿐 거기에 절대로 사회주의적인 의미가 담겨 있지 않다는 것이었다. 그런데도 스칸디나비아 비평가와 똑같이 예민하면서도 이해력이 부족한 프랑스 비평가들은 매우 평범한 대사에서 사회주의적 의미를 읽어냈다.

호혜적인 관계에서도 어느 정도의 이해가 가능한 것은 오직 똑같은 삶의 조건과 환경의 지배를 오랫동안 받은 같은 민족의 개인들 사이뿐이다. 이 개인들의 생각을 다듬어온 유전의 거푸집 덕에, 그들이 주고받는 말들은 거의 똑같은 생각들을 불러일으킨다.

3. 대대로 내려오며 형성되는 도덕적 감각

도덕적 자질이 민족의 운명에 미치는 영향은 가히 압도적이다. 다양한 민족들의 심리를 서로 비교 연구할 때, 이 점을 보여줄 것이다. 그러나 여기서는 믿음과 도덕적 자질은 유전에 의해 내려오는 것이며 따라서 민족혼의 일부를 형성한다는 사실만을 짚고 넘어가고 싶다. 우리의 행동의 동기들이 생겨나고, 우리가 의식적 활동의 결실을 확인하는 곳이 바로 선조들이 우리에게 물려준 이 영역이다. 우리의 행동은 유전으로 습득되어 이성의 영향을 거의 받지 않는 정서를 그 지침으로 삼고 있다.

이 정서는 매우 느리게 습득된다. 도덕적 감각은 유전으로 고착되어 무의식적인 것으로 바뀔 때까지는 늘 유동적이다. 말하자면 늘 이기적이어서 민족의 이익에 반하기 쉬운 이성의 영향에서 벗어날 때까지는 도덕적 감각은 늘 흔들리게 되어 있다는 뜻이다. 그래서 교육을 통해 주입시키는 도덕의 원칙이 발휘하는 영향력은 매우 약하다. 이 도덕의 원칙은 법과 경찰이 금지시킨 것들을 하지 않도록 자제시키긴 하지만 보다 높은 수준의 도덕체계로까지 성숙하지는 못한다.

오늘날 교육기관에서 하는 모든 철학 강의의 바탕인 칸트 (Immanuel Kant)의 학설은 심지어 어린이들을 위한 책자에서도 발견되고 있으며 또 충분히 확산되고 있는 것처럼 보인다. 그러나 모리스 바레가 잘 관찰하듯이 칸트의 가르침엔 실용적 가치가 거의 없다. 왜냐하면 칸트의 가르침이 추상적이고 이상적인 인물, 말하자면 그 자신처럼 언제 어딜 가나 늘 한결같은 사람을 대상으로 한 것이기 때문이다. 반면에 현실 속의 사람들은, 말하자면 우리가 더불어 살아야 하는 사람들은 시대와 또 어떤 민족이냐에 따라 다 다르다.

이성이 개입하지 않는 한, 우리의 도덕적 감각은 본능적이며 우리의 행동의 동기들도 생각 없는 군중의 행동의 동기들과 별로 다르지 않다. 이 동기들은 본능적이라는 점에서 보면 이성의 산물도 아니고 깊은 생각의 산물도 아니다. 이 동기들이 느린 적응의 결과라는 점에서 보면 또한 비이성적이지도 않다. 이 동기들이 가장 강력하게 표현되는 곳은 대중의 마음속이다. 군중의 본능이 매우 보수적이고, 또 이론가들이나 웅변가들이 방해하고 나서지 않는 한 군중이 민족의 집단이익을 보호하려 드는 이유가 바로 거기에 있다.

2장

문명의 한 요소으로서의 전통

1. 전통이 민족의 삶에 미치는 영향

우리는 자신을 묶고 있는 전통의 족쇄를 벗어던질 수도 있다. 그러나 시대를 막론하고 그 굴레를 풀 능력이 있는 사람은 아주 드물었다. 예술가와 사상가 혹은 철학자가 대체로 그럴 수 있는 사람들인데, 그들 중에서도 전통에서 벗어날 수 있었던 사람은 과연 얼마나 되었을까? 과거의 끈으로부터 어느 정도라도 풀려날 수 있는 능력은 극소수의 사람들에게만 주어졌다. 자유사상가를 자처하는 사람은 아마 수백 만 명에 달할 것이다. 그러나 실제로 보면 각 시대에 그런 이름으로 불릴 만한 사람은 몇 십 명에 불과하다. 아주 명백한 과학적 진리까지도 제대로 인정을 받기까지 종종 대단히 큰 어려움을 겪는다. 심지어 과학적 진리가 확립될 때조차도, 과학적 진리 자체 때문이 아니라 그 진리를 지지하는 사람들의 명성 때문인 경우가 자주 있다. 어딜 가나 자기(磁氣) 현상이 보이는데도 어느 명망 있는 과학자가 이 현상이 사실이라고 확인하고 나설 때까지 의학은 한 세기 동안이나 그것을 부정하기도 했다.

일상적 언어에서 자유사상가라는 단어는 단지 교권(教權)반대의 동의어로 쓰이고 있다. 미사에 참석하지 않고 또 교구 성직자의 독단적 주장을 비웃음으로써 성직자를 골려준다는 이유로 자유사상가로 통하는 시골의 약사는 그 바탕을 따지고 보면 그 성직자만큼이나 자유사상가가 아니다. 심리적으로 보면 시골 약사와 교구 성직자는 한 가족이나 마찬가지이며 똑같이 죽은 자들의 사상의 영향을 받고 있다.

이 이론이 어느 정도 진실인지를 보여주려면, 우리가 모든 일에 대해 제시하는 의견이 어떤 식으로 형성되는지를 세세하게 연구할 필요가 있다.

아주 자유롭게 형성된다고 여겨지는 이 의견들은 실은 우리의 환경과 책, 잡지들이 우리에게 강요하는 것들이다. 우리는 유전적으로 내려오는 전통에 따라 이 의견들을 받아들이거나 거부한다. 이때 이성은 거의 아무런 역할을 하지 않는다. 자주 이성을 들먹이지만, 실제로 보면 이성은 우리의 의견 형성에도 행동을 결정할 때나 마찬가지로 작은 역할밖에 하지 않는다. 우리의 생각이 나오는 원천을 발견하고자 할 때, 우리는 근본적인 의견의 뿌리를 찾기 위해서는 심리적 유전을 살펴야 하고 부차적인 의견의 뿌리를 찾기 위해서는 사회적 암시를 살펴야 한다. 사회적 계급은 서로 달라도 직업이 똑같은 사람들끼리 서로 매우 비슷한 이유가 바로 거기에 있다. 똑같은 환경에서 살면서 똑같은 말과 똑같은 표현과 똑같은 생각을 끊임없이 하다 보면, 사람들은 마침내 진부할 만큼 똑같은 사상을 갖게 될 것이다.

제도와 믿음과 예술, 즉 문명의 요소에 대해 말하자면, 이 요소들은 언제나 환경과 과거의 영향을 강하게 받는다. 그런데도 우리가 이 같은 사실을 제대로 인식하지 않고 있다면, 그것은 다음과 같은 이유 때문이다. 인간에겐 낡은 것에 새로운 이름을 쉽게 붙이는 재능이 있다. 그런 식으로 낡은 것의 이름만 바꿔놓고도 우리는 그 이름이 가리키는 그 대상까지 바꿔놓았다고 쉽게 착각한다.

조상 대대로 내려오는 전통의 영향이 얼마나 강력한지를 확실히 알려면, 문명의 뚜렷한 요소, 예를 들어 예술 같은 것을 고려해야 한다. 예술에서 과거의 무게가 아주 분명하게 나타난다. 거기선 전통과 현대적 사상 사이의 갈등도 나타난다. 어떤 예술가가 자신이 과거의 부담을 벗어던지고 있다고 상상할 때, 그는 단지 더욱 옛날의 형태로 돌아가고 있거나 자신의 예술의 중요한 요소들을 변화시키고 있거나 아니면 자신을 온갖 공상에 내맡기고 있다. 그러나 이 예술가는 일관성이 없는 그 일탈에서조차도 단지 전통의 굴레를 벗어던지지 못하는 자신의 무능을 확인할 뿐이다.

2. 민족정신이 변화할 수 있는 한계

앞에 말한 것이 곧 과거의 영향이며, 문명의 모든 요소의 진화를 이해하길 원한다면 우리는 반드시 과거의 영향을 알아야 한다. 우리의 제도와 믿음, 예술이 형성되고 발전하는 과정, 그리고 지난 세기들이 이 제도와 믿음, 예술의 성장에 행사하는 엄청난 영향력을 알아야 하는 것이다. 현대인은 과거에서 벗어나려는 노력을 진지하게 폈다. 프랑스 혁명이 과거를 영원히 벗어던진 것으로 여겨졌다. 그러나 그런 시도들이 얼마나 허망한가! 어느 한 민족을 정복하여 노예로 만들고 절멸시킬 수는 있다. 그렇지만 그 민족의 영혼을 변화시킬 힘은 어디에 있는가?

우리가 벗어나려 발버둥을 쳐도 좀처럼 그 영향에서 벗어나지 못하는 이 민족정신은 수세기에 걸쳐서 형성되었다. 민족정신에는 수많은 요소가 담겨 있다. 이 요소들 중 일부를 자극할 원인이 나타나기만 하면, 민족정신 깊은 곳에 숨어 있던 요소들까지도 표면으로 나타난다. 환경이 완전히 변화하면, 우리의 내면에서 그때까지 잠자고 있던 씨앗들이 싹을 틔운다. 그렇게 되면, 다른 책에서 논의했듯이, 사람들의 내면에 숨어 있던 성격이 겉으로 나타나게 된다. 이를테면 사무실의 책임자나 행정장관, 가게주인의 얌전한 본성도 로베스피에르나 마라, 푸키에-탱빌(Fouquier de Tinville) 같은 인간으로 돌변할 수 있는 성격을 갖고 있으며, 이 성격을 자극하는 요소가 사람들의 내면에 잠자고 있던 본능을 깨워 겉으로 드러나게 만든다. 그런 잠재된 성격이 나타나면, 공무원이 인질을 향해 총을 쏘고, 예술가가 기념물을 파괴할 것을 명령하게 된다. 그러다 위기가 끝나고 나면 공무원이나 예술가는 다시 예전의 모습으로 돌아가 자신이 어쩌다 그런 탈선을 하게 되었는지 의아하게 생각한다. 국민의회의 중산계급은 혁명 뒤에 공증인과 교수, 행정관 혹은 변호사 등 평소의 직업으로 돌아가면서 자신들이 어떻게 그런 잔혹한 본능을 따르면서 그렇게 많은 사람들을 괴롭힐 수 있었는지, 크게 놀랐다. 누군가가 조상들이 우리의 존재 깊은 곳에 켜켜이 쌓아놓은 그 침전물을 휘저어 분란을 일으킬 때, 거기엔 반드시 위험이 따르게 되어 있다. 그 침전물에서 무엇이 올라올 것인지 우리는 잘 모른다. 어떤 영웅의 영혼이 일어날 것인지 아니면 강도의 영혼이 일어날 것인지 알기 힘든 것이다.

3. 전통적 믿음과 현대적 필연 사이의 갈등 - 의견의 불안정성

어느 시대나 있게 마련인 소수의 독창적인 사람들 덕에, 문명은 조금씩 전통의 굴레에서 벗어난다. 그런 정신을 가진 사람이 아주 드물기 때문에 그 속도는 정말로 더디다.

불변성과 변화성은 사회의 탄생과 발달의 근본적인 조건이다. 어떤 문명이 확고히 안정을 누릴 수 있는 때는 그 문명이 어떤 전통을 창조할 때뿐이다. 그리고 어떤 문명이 발전을 이룰 수 있는 때는 그 문명이 이 전통을 세대마다 조금씩 변화시킬 수 있을 때뿐이다. 만일 문명이 전통을 그런 식으로 적절히 변화시키지 못한다면, 그 문명은 발전을 꾀하지 못할 것이다. 정체된 모습을 보이고 있는 중국처럼 될 것이다. 만일 문명이 전통을 아주 빨리 바꾸려 시도한다면, 그 문명은 불변성을 완전히 잃고 말 것이다. 그렇게 되면 그 문명은 해체되고 곧 사라지는 운명을 맞게 될 것이다. 앵글로색슨 족의 힘은 다음과 같은 사실에 있다. 앵글로색슨 족은 과거의 영향을 받아들이는 한편으로 과거의 전횡으로부터 필요한 만큼 도피하는 방법을 잘 이해하고 있다. 반대로 라틴계 민족의 약점은 과거의 영향을 전적으로 거부하면서 제도와 믿음과 법을 완전히 다시 세우기를 바란다는 점이다. 이 한 가지 이유 때문에 라틴계 민족은 1세기 동안이나 혁명과 끝없는 소요의 상태에 살았으면서도 아직 거기서 빠져나올 수 있을 것 같지 않다.

현재의 중대한 위험은 사람이 공통의 믿음을 갖고 있지 못하다는 점이다. 집단적이고 공통적인 이해관계 대신에 서로 다르고 특별한 이해관계가 점점 더 뚜렷하게 자리 잡고 있다. 우리의 제도와 법, 예술과 교육은 오늘날 하루가 다르게 허물어지고 있는 그 믿음들 위에 세워진 것들이다. 지금은 과학과 철학도 무너져 내리고 있는 믿음을 대체하지 못할 것이다.

분명히 우리는 과거의 영향으로부터 벗어나지 못했다. 왜냐하면 사람은 과거의 영향력을 결코 피하지 못하기 때문이다. 그러나 우리는 사회체제가 그 바탕으로 삼았던 원칙들을 더 이상 믿지 않는다. 조상들로부터 물려받은 우리의 정서와 현재의 사상 사이에 불화가 일어나고 있다. 도덕과 종교, 정치 분야에 옛날과 달리 널리 인정받는 권위 같은 것이 전혀 없다. 오늘날에는 어느 누구도 이런 근본적인 영역에서 하나의 목표를 강요하지 못한다. 따라서 정부도 의견을 주도하지 못하고 오히려 여론의 변덕에 이리저리 끌려 다니는 현상이 나타나고 있다.

현대인, 특히 라틴 민족을 보면 이성은 끊임없이 과거의 굴레로부터 벗어날 길을 찾으려 하는데도 무의식적으로는 과거에 집착하려는 욕망이 느껴진다. 확고한 믿음이 나타나기를 기다리면서, 현대인은 단지 옛날로부터 내려오는 것이 아니라는 한 가지 이유만으로 일시적인 믿음을 갖는다. 이런 믿음은 당시의 사건들로 인해 저절로 생겨나는 믿음이다. 폭풍우 때문에 일어나는 파도와 비슷하다. 이 믿음은 종종 격렬하지만 일시적이다. 믿음을 일으키는 상황을 불문하고, 이 믿음은 전파와 모방에 의해 퍼져나간다. 오늘날 일부 사람들의 신경이 매우 날카로워져 있기 때문에, 아주 하찮은 원인마저도 사람들의 정서를 과도하게 자극할 수 있다. 아주 사소한 사건에서도 증오와 격분, 분개, 열광의 폭발이 일어날 수 있는 것이다. 베트남의 랑선에서 몇몇 군인들이 중국인들 때문에 놀라고 있다. 격분이 폭발하여 몇 시간 안에 정부를 전복시키기도 한다. 유럽의 구석에 숨어 있는 어떤 마을이 홍수로 엉망이 된다. 그러면 사람들의 동정심이 폭발한다. 기부금과 자선 바자회 등에서 그 같은 현상이 확인된다. 본인의 불행을 해결하기도 힘든 상황에서 먼 곳까지 돈을 보내기도 한다. 여론은 극단적인 정서 아니면 철저한 무관심밖에 모른다. 여론은 지나치게 여리며 또 외부 환경의 바람에 따라 끊임없이 이리저리 방향을 바꾸고 있다.

이처럼 정서가 극단적일 만큼 유동적이다. 정서가 더 이상 근본적인 믿음의 지배를 받지 않는 가운데 나타나고 있는 이 현상은 정서를 매우 위험한 요소로 만들고 있다. 권위가 사라지고 없는 상황에서, 여론이 모든 것을 좌지우지하는 경향이 더욱 강해지고 있다. 여론이 막강한 매체를 이용할 수 있기 때문에, 정부의 역할은 갈수록 힘들어지고 정치인의 정책도 더욱 심하게 흔들리게 되었다. 우리는 대중의 마음에서 활용 가능한 자질을 많이 발견할 수 있다. 그러나 리슐리외(Richelieu) 추기경 같은 사람의 생각이나 평범한 외교관의 일관성 있는 생각과 행동 같은 것은 대중의 마음에서 발견되지 않는다.

너무나 강하고 또 너무나 변덕스런 여론의 힘은 정치에만 아니라 문명의 모든 요소에까지 미치고 있다. 여론이 예술가들의 작품을, 판사들의 판결을, 정부의 정책을 이끌고 있다.

여론의 위험성은 여론의 물결이 우리가 전혀 의심하지 않는 가운데 무의식적으로 우리의 사상을 바꿔놓을 수 있다는 사실에 있다. 어떤 인물을 기소하거나 죄를 면해주는 법관의 경우에도 자신은 전혀 의식하지 못하는 가운데서 여론을 따르고 있을 수 있다. 법관의 잠재의식이 여론을 따르는 쪽으로 변할 수 있으며, 법관의 이성도 판결을 정당화하는 쪽으로 움직일 수 있다.

지금 크게 두드러지고 있는 이 같은 대중운동 때문에 모든 정부가 정책에 일관성을 보이지 못하고 있다. 국가 간의 동맹을 결정하는 것도 여론이다. 예를 들면 국민적 열광의 폭발로 인해 결성된 프랑스와 러시아의 동맹이 있다. 여론은 또한 전쟁을 선포하기도 한다. 예를 들면 저널리스트와 금융가들이 주도한 어떤 운동에서 비롯된 스페인과 미국의 전쟁이 있다.

미국 저널리스트 고드킨(Edwin Lawrence Godkin)은 저서 『민주주의의 뜻하지 않은 경향들』(Unforeseen Tendencies of Democracy)에서 미국 언론이 광고주와 투기꾼의 돈을 바탕으로 여론에 미치는 부정적인 영향을 공격하고 있다. 언론은 언제나 전쟁 가능성을 선호할 것이라고 그는 말한다. 이유는 간단하다. 승리하는 쪽이든 패배하는 쪽이든 새로운 군인들이 매체의 판매고를 크게 높여줄 것이기 때문이다. 이 책이 발표되고 난 뒤에 쿠바에서 일어난 전쟁은 이 저자의 선견지명을 뒷받침해주었다. 언론매체들이 미국의 여론을 주도하고 있고, 극소수의 금융가가 사무실에 앉아서 이 매체들을 지휘하고 있다. 매체들의 권력은 최악의 독재자들보다 더 사악하다. 왜냐하면 그 권력이 익명이고 국가의 이해관계가 아니라 개인의 이해관계에 좌지우지되기 때문이다. 미래의 중대한 임무 중 하나는 세계적으로 활동하는 금융가들의 비도덕적인 권력에서 벗어날 수단을 발견하는 것이 될 것이다. 이 금융가들은 많은 국가에서 간접적으로 여론을 지배하고 있으며 따라서 정부의 주인이 되고 있다. 미국 신문 '이브닝 포스트'는 최근 다른 영향들은 대중운동에 거의 또는 전혀 영향을 미치지 못하는데 반해 일간지의 권력은 상상을 초월할 정도로 커졌다고 주장했다. 일간지의 권력이 더욱더 두려운 이유는 권력에 제한도 없고 책임도 없고 통제도 없고 또 익명의 개인들에 의해 행사되기 때문이다. 미국에서 영향력이 가장 센 잡지 2개는 정부가 전쟁을 선포하도록 유도하기도 했는데, 그 중 하나는 택시 운전수 출신이 주도하고 있고 다른 하나는 많은 돈을 물려받은 젊은이가 주도하고 있다. 이 잡지들의 견해는 미국 정부가 육군과 해군, 예산과 전통 등에 관한 정책을 마련하는 데 미국의 다른 정치가와 철학자, 교수들보다 훨씬 더 강한 영향력을 행사하고 있다.

여기서 다시 우리는 해결해야 할 문제 하나를 목격하고 있다. 지금까지 세상을 지배해왔던 믿음들을 대체할, 보편적인 어떤 믿음을 발견할 필요성이 제기되고 있는 것이다.

이 장과 앞 장의 내용을 요약하면, 문명은 언제나 소수의 믿음을 그 바탕에 두고 있으며, 또 이 믿음은 확고히 다져지기까지도 오랜 시간이 걸리고 사라지기까지도 오랜 시간이 걸린다. 또 어떤 믿음이 그 전의 믿음과 어느 정도 결부될 때까지, 그 믿음은 받아들여지지 않거나 행동의 한 요소가 될 만큼 사람들의 본성에 충분히 스며들지 못한다. 현대인은 여전히 자신의 제도와 도덕 개념의 바탕이 되고 있는 믿음들을 물려받았으나, 이 믿음들이 오늘날 현대인의 이성과 끊임없이 충돌을 일으키고 있다. 이 때문에 현대인은 새로운 교의를 찾고 있으며, 이 교의는 과거의 믿음과도 충분히 연결되어 있으면서도 현재의 사상과 양립할 수 있어야 한다. 과거와 현재의 갈등에서, 즉 우리의 잠재의식적 본성과 우리의 의식적 이성 사이의 갈등에서 현재 우리의 정신에 일어나고 있는 혼란의 원인이 발견될 것이다.

사회주의는 낡은 믿음들을 대체할 새로운 종교가 될 수 있을까? 사회주의는 성공에 필요한 한 가지 요소를 결여하고 있다. 미래의 삶을 창조하는 마법의 힘이 없는 것이다. 지금까지 세상을 정복하고 지켜온 위대한 종교들의 가장 중요한 힘이 바로 그것이 아니었던가. 사회주의가 제시하는 행복의 모든 약속은 이 땅 위에서 실현되어야 한다. 지금 그런 약속의 실현이 인간으로서는 아무런 힘을 발휘하지 못하는 심리적 및 경제적 필연과 치명적으로 충돌할 것이다. 따라서 사회주의가 강림하는 시간은 틀림없이 사회주의가 쇠퇴의 길로 접어드는 시간이 될 것이다. 프랑스 혁명의 인도주의 사상이 승리를 거둔 것과 마찬가지로, 사회주의도 한 동안 승리를 거둘 것이다. 그러나 사회주의는 금방 피 뒤기는 격변 속에서 사라지고 말 것이다. 왜냐하면 한 국민의 영혼이 그저 휘저어지는 경우는 절대로 없기 때문이다. 사회주의는 같은 세기에 생겨났다가 사라져간 그 많은 종교들 중 하나가 될 것이며, 이 부질없는 종교들은 인간의 본성에 더 잘 어울리는 다른 종교를 준비하거나 새롭게 가꾸는 데에만 유용할 것이다. 사회주의를 새로운 교의들이 강림할 터를 닦는 데 필요한 붕괴의 한 동인으로 여기면서, 미래는 그래도 사회주의의 역할이 전적으로 헛되지만은 않았다고 판단할 것이다.

종교적 형태로 나아가는
사회주의의 진화

1. 옛 믿음을 대체하는 사회주의

지금까지 우리는 믿음의 역할과 아득히 멀리까지 거슬러 올라가는 그 믿음의 바탕을 고려했다. 그렇기 때문에 이제는 지금의 사회주의가 종교적 형태로 진화하는 과정을 이해할 준비가 되어 있다. 물론 이 종교적 형태가 사회주의의 성공에 가장 큰 요인이 될 것이다. 나는 이미 『군중의 심리학』에서 대중의 확신은 언제나 종교적인 형태를 띠는 경향이 있다는 점을 보여주었다. 대중은 회의적 태도와 비판정신을 결여하고 있다. 대중이 받아들이는 정치적, 사회적 혹은 종교적 신념은 언제나 토론을 거치지 않고 채택되어 열렬히 숭배를 받는다.

그렇기 때문에 이 장에서 우리는 새로운 원칙의 철학적 또는 경제적 가치가 아니라 그 원칙이 대중의 마음에 남기는 인상만을 고려해야 한다. 어떤 믿음의 성공은 그 믿음에 담긴 진리나 잘못된 사상과는 전혀 무관하며 그 믿음이 불러일으키는 정서와 헌신에 좌우된다. 믿음의 역사는 이 같은 사실을 명확히 보여주었다.

종교적 믿음으로서 사회주의의 미래를 고려한다면, 사회주의의 개념에는 성공의 요소들이 분명히 있다. 우선, 사회주의의 개념들과 옛 믿음들 사이에 심각한 갈등이 전혀 없다. 왜냐하면 옛 믿음이 지금 사라지고 있는 중이기 때문이다. 둘째, 사회주의의 개념들이 지극히 단순하여 모든 사람들의 가슴에 가 닿을 수 있다. 셋째, 사회주의의 개념들은 그 앞에 있었던 믿음들과 언제든 조화를 이룰 수 있고 따라서 별 어려움 없이 옛 믿음들을 대체할 수 있다. 사실 기독교 사회주의자들의 원칙이 사회주의자의 다른 분파들과 거의 일치한다는 점을 우리는 이미 보여주었다.

첫 번째 요소가 가장 중요하다. 지금까지 인간은 믿음 없이 존재할 수 없었다. 낡은 믿음이 사라질 때가 되면, 새로운 믿음이 즉각 나타나 그것을 대체한다. 종교적 정서, 즉 스스로를 종교적이거나 정치적이거나 사회적인 어떤 믿음에 종속시키려는 욕구는 인간의 가장 중요한 본능의 하나이다. 인간은 삶을 기계적으로 영위하기 위해 어떤 믿음을 필요로 한다. 믿음을 갖게 될 때, 인간은 매사에 이성을 동원하지 않아도 된다. 인간이 바라는 것은 사고의 자유가 아니고 사고의 노예이다. 인간은 간혹 자신을 억압하는 독재자들의 굴레를 벗어던진다. 하지만 그보다 훨씬 더 중대한 믿음들로부터는 어떻게 해방될 수 있을까? 먼저 어떤 욕구, 특히 희망을 표현한다. 그러면 믿음들이 그 욕구 즉 희망을 변화시키고 마침내 그

같은 포부가 일어나는 본능의 영역을 다시 지배할 것이다.

사회주의는 현재의 욕구와 희망과 완벽하게 맞아떨어지고 있다. 사회주의는 우리의 아버지들이 지키며 살았던 사회적 및 종교적 믿음이 최종적으로 사라지는 바로 그 시점에 등장해 지금 옛 믿음들이 한 약속을 새롭게 다듬을 준비가 되어 있다. 사회주의라는 이름 자체가 마법의 단어이다. 과거의 파라다이스라는 용어처럼, 사회주의라는 단어는 우리의 꿈과 희망을 요약하고 있다. 사회주의의 가치가 아무리 얄팍하더라도, 또 사회주의의 실현이 아무리 많은 문제를 안고 있더라도, 사회주의는 적어도 신들이 우리 인간에게 더 이상 주지 않는 희망을 품게 하고 과학이 금지한 환상도 품게 하는 어떤 새로운 이상을 제시하고 있다. 아직도 인간의 행복이 신성(神性)을 창조하고 믿는 그 신비한 능력에 달린 것이 사실이라면, 우리는 이 새로운 신앙의 중요성을 절대로 오해해서는 안 될 것이다.

사회주의는 갈수록 세력을 키우고 있고, 그 파워도 더욱더 커지고 있다. 옛 신앙들은 그 힘을 잃었으며, 옛날 신들을 모신 제단은 버려지고 있고, 가족은 분열되고 있고, 제도는 무너지고 있고, 계급 조직은 사라지고 있다. 이런 것들이 무너져 쌓인 폐허 위로 오직 사회주의의 신기루만 일어나고 있다. 사회주의는 심각한 방해에 봉착하지 않은 가운데 퍼져나가고 있다. 사회주의의 사도들은 예수 그리스도의 사도처럼 열정적인 사도들이고 또 자신들이 새로운 이상의 소유자라고 생각하고 있는 반면, 옛 질서를 옹호하는 소심한 사람들은 자신들이 지지하는 명분의 가치에 대해 아주 조금만 믿고 있을 뿐이다. 옛 질서를 옹호하는 사람들의 유일한 방어책이라곤 오래 전에 노쇠했지만 아직 그 미덕을 완전히 잃지 않은 옛날의 경제적 또는 신학적 법칙들을 중얼거리듯 내뱉는 것뿐이다. 옛 질서의 옹호자들은 마치 미라들이 붕대에 칭칭 감긴 상태에서 꿈틀거려 보려고 애를 쓰고 있는 모습이다. 프랑스 경제학자 레옹 세(Léon Say)는 어느 학술 모임에서 사회주의에 반대하는 책들을 통해 얻을 수 있는 효과가 아주 클 것임에도 불구하고 그 책들의 내용이 놀랄 정도로 진부하다는 점에 주목할 것을 요구했다. 갈릴리의 광야에서 새로운 신이 나타나 비틀거리고 있던 옛날 신들에게 결정타를 날리고 그 신들의 유산을 긁어모았을 때, 당시 이교도 신앙의 옹호자들도 이보다 더 나약한 모습을 보이지 않았다.

분명히 새로운 믿음들은 논리에 근거를 두고 있지 않다. 그러나 세상이 시작된 이래로, 논리에 근거를 둔 믿음들이 있기는 했는가? 그럼에도 불구하고 아주 많은 믿음들이 찬란한 문명의 꽃을 피웠다. 비이성적인 것도 오랫동안 이어지면 이성적인 것이 되고, 인간은 언제나 믿음에 스스로를 적응시켜왔다. 사회는 욕망과 믿음, 욕구 등을, 말하자면 정서를 바탕으로 건설되는 것이지 이성 위에 건설되는 것이 아니다. 정서는 분명 숨겨진 논리에 따라 진화할 것이지만, 아직까지 그 어떤 사상가도 그 법칙을 발견하지 못했다.

인간을 지배한 위대한 믿음들 중에서 이성에서 생겨난 것은 하나도 없다. 각각의 믿음이 신들과 제국들을 지배하는 어떤 공통의 법칙 앞에 굴복하며 쇠퇴하다 사라졌지만, 믿음의 종말을 부른 것은 결코 이성이 아니었다. 믿음은 이성은 결코 갖지 못하는 한 가지 특징을 갖고 있다. 아무런 관련이 없는 것들을 서로 결합시키고, 너무도 터무니없는 실수를 휘황찬란한 진리로 바꿔놓고, 사람들의 마음을 유혹하고, 그러다 마침내 문명과 제국을 변화시키는 놀라운 힘이 믿음에 있는 것이다. 믿음은 논리의 노예가 아니다. 믿음은 역사의 여왕이다.

새로운 교의의 이런 유혹적인 면을, 말하자면 누구의 마음에나가 닿을 수 있는 극도의 단순성과 그릇된 부와 권력의 소유에 대한 대중의 증오, 민중이 보통선거 덕분에 누리고 있는, 정치제도까지 바꿀 수 있는 힘을 고려한다면, 다시 말해 사회주의의 전파에 특별히 호의적인 조건을 고려한다면, 우리는 오히려 새로운 원칙들의 전진이 상대적으로 왜 그렇게 느린지에 대해 의문을 제기하지 않을 수 없다. 사회주의 원칙들의 행진을 억제하고 있는 그 신비한 힘들이 오히려 궁금해지는 것이다. 믿음의 기원과 믿음의 느린 변형에 관한 우리의 설명이 이 질문에 대한 대답이 될 것이다.

2. 사회주의의 전파와 그 사도들

지금 우리 앞에 사회주의가 종교로 다듬어지는 과정이 세세하게 펼쳐지고 있다. 또한 우리는 사회주의 사도들의 행위도 연구할 수 있다. 동시에 내가 다른 곳에서 그 역할을 보여준 중요한 요소들, 즉 공상과 상투적 문구, 단언, 반복, 명성, 전염 등의 실상도 훤히 들여다볼 수 있다.

사회주의가 당분간 승리를 거두는 것은 아마 무엇보다도 사도들을 통해서일 것이다. 이 열광자들만이 어떤 신앙을 창조해내는

데 반드시 필요한 열성을 갖고 있다. 바로 이 열성이 몇 차례 세상을 바꿔놓은 그 마법의 힘이다. 이 열광자들은 단순하기도 하고 미묘하기도 한 설득의 기술에 탁월하다. 이 미묘한 설득이 작동하는 법칙에 대해서는 아직 어떠한 책도 가르쳐주지 않았다. 열광자들은 군중이 의심을 받지 않을까 하고 공포를 느낀다는 사실을 잘 알고 있다. 또 열광자들은 군중의 경우에는 극단적인 정서밖에 모른다는 것을 알고 있다. 군중은 강력한 단언과 강력한 부정, 열렬한 사랑 혹은 맹렬한 증오 같은 것만을 알고 있다는 말이다. 열광자들은 이 정서를 자극하고 불러일으키는 방법을 알고 있다.

그 임무의 성취를 위해 반드시 열광자들의 숫자가 많아야 하는 것은 아니다. 십자군 운동 같은 어마어마한 사건을 일으키는 데도 소수의 열광자로 충분했다는 사실을 기억하라. 수백 만 명의 남자들이 자신이 가진 모든 것을 버리고 동양을 향하도록 만들고 그 후에도 실패와 엄청난 희생에도 불구하고 거듭 그 임무를 다시 시작하도록 만들었다. 이만하면 어떤 종교를 창설하는 것보다도 더 신비로운 일일 것이다.

기독교든 불교든 이슬람교든, 아니면 단순히 프랑스 혁명 당시에 사회를 지배한 정치이론이든 불문하고, 한때 세상에 널리 퍼졌던 믿음들은 우리가 사도라고 부르는 개종자들의 노력에 의해서만 전파되었다. 자신을 지배하고 있는 믿음에 최면이 걸린 상태에서, 개종자들은 자신의 믿음을 전파하기 위해서라면 어떤 희생도 감수할 준비가 되어 있고 그 믿음의 제국을 건설하는 것 외에는 어떠한 목표도 갖지 않게 된다. 개종자들은 반쯤 환상에 사로잡힌 사람들이다. 개종자들에 대한 연구는 정신병리학의 특별한 영역에 속한다. 그러나 이 개종자들은 언제나 세계사에서 굉장한 역할을 수행했다.

개종자들은 대체로 종교적 본능을 가진 사람들 중에서 나온다. 그리고 종교적 본능의 두드러진 특징은 어떠한 존재 혹은 신념의 지배를 기꺼이 받아들이려 하고 또 그 존재나 신념의 승리를 위해서라면 무엇이든 희생하려 드는 욕망을 보인다는 점이다.

종교적 본능은 잠재의식적인 정서이기 때문에 자연히 본능을 일깨웠던 믿음이 사라지더라도 그대로 남는다. 기독교의 낡은 교의를 저주하거나 부정하는 사회주의의 사도들은 그럼에도 불구하고 아주 종교적인 사람들이다. 그들의 신앙의 본질은 바뀌었지만 그래도 그들은 자기 민족에 대대로 내려오는 본능의 영향을 여전히 받고 있다. 그들이 꿈꾸는 낙원 같은 사회는 우리 아버지들이 믿었던 천상의 낙원과 매우 비슷하다. 옛날로 회귀하려는 성향에 휘둘릴 게 틀림없는 이 순진한 마음들 안에서, 옛날의 이신론(理神論: 18세기 계몽주의시대에 나타난 신학이론이다. 신이 세계를 창조했다는 것은 인정하지만 그 후 세상의 움직임은 신과는 아무런 관계가 없다는 입장을 보였다/옮긴이)이 막강한 권능을 가진 국가라는 세속적인 형태로 구체화되고 있으며, 이 국가는 모든 불공정을 바로잡고 또 고대의 신들이 누렸던 무한한 권력을 소유하게 된다. 인간은 간혹 우상을 바꾼다. 하지만 인간이 우상을 창조하는 그 사고의 유전적 틀을 어떻게 깨뜨릴 수 있겠는가?

사도는 언제나 자신의 신앙을 전파하길 갈망하는 종교적인 사람이다. 그러나 사도는 무엇보다도 이성의 영향에 순종하지 않는, 지극히 단순한 사람이다. 사도의 논리는 초보적이다. 사건들의 필연이나 상호관계는 사도의 이해력을 크게 벗어나 있다. 호전적인 사회주의자 170명의 전기를 담은 프랑스 아나키스트 아몽(Augustin Hamon)의 책을 들여다보면 사도가 어떤 사람들인지가 명확히 그려질 것이다. 이 사회주의자들 중에서 서로 매우 다른 원칙을 고백하는 사람들이 많다. 왜냐하면 아나키즘의 경우에는 과도한 개인주의에 지나지 않기 때문이다. 아나키즘은 모든 정부를 억누르고 개인에게 각자 알아서 할 권리를 주는 것인 반면, 집단주의는 개인을 국가에 엄격히 종속시키는 것을 의미한다. 그러나 실천의 문제로 들어가면 사도들에게 거우 인식되던 이 차이마저도 완전히 사라져버린다. 사회주의의 다양한 분파의 구성원들은 똑같이 사회와 자본과 중산계층을 증오하며 그것들을 억누를 똑같은 수단을 제안한다. 조금 온순한 분파는 단순히 부자들로부터 소유물을 빼앗으려 들 것이고, 더 호전적인 분파는 피정복자를 절멸시킴으로써 약탈을 종결시킬 것을 주장할 것이다.

사도들의 연설은 무엇보다도 그들의 마음이 아주 단순하다는 사실을 보여준다. 사도들은 어떠한 어려움 앞에서도 당황하지 않는다. 그들에게는 사회를 다시 건설하는 일보다 더 쉬운 일은 없다. 어떤 사도의 말을 들어 보자. "혁명을 통해서 정부를 쫓아버리면 그만이고, 사회적 부의 그릇된 소유자들로부터 그 부를 몰수하여 모두가 쓸 수 있도록 하면 그만이다. … 자본가와 노동자 사이의 차이가 사라지는 사회에는 정부가 필요하지 않다."

끊임없이 되풀이되는 두 세 개의 신념에 더욱 심하게 최면이 걸린 상태에서, 사도는 자신의 내면에서 신앙을 전파하고 싶은 뜨거운 욕구를 경험하고 또 인간의 발목을 잡고 있는 실수로부터 인간을 구해낼 복음서를 세상을 향해 발표할 것이다. 그의 횃불은 이제 누구에게나 보여야 하고, 또 냉혹한 인간이나 죄인이 아니라면 누구나 개종되어야 하는 것이 아닌가? 아몽은 이렇게 쓰고 있다.

> "개종시키고자 하는 열기에 들뜬 상태에서, 사도들은 박해를 받을지 모른다는 두려움에는 전혀 신경을 쓰지 않고 신앙을 퍼뜨린다. 신앙을 위해 사도들은 가족과 친구들과의 연을 끊는다. 신앙을 위해 사도들은 생계수단인 일자리를 잃는다. 그들은 자신의 열정을 추구하면서 투옥과 죽음을 무릅쓴다. 사도들은 자신의 이상을 실현시키고 민중을 구원하기로 결심한다. 그들은 인류에 대한 사랑을 위해 인간들을 살육한 1793년의 테러리스트들과 비슷하다."

사회주의자들의 파괴 본능은 모든 종교의 사도들에게서 발견되는 현상이다. 아몽이 소개한 사도들 중 어느 한 사람은 모든 기념물을, 특히 교회를 파괴하려 안달이었다. 그 기념물들을 파괴하는 것이 "모든 영적인 종교들의 파괴를 초래할 것"이라는 확신에서였다. 이처럼 순진한 영혼도 유명한 사람들의 예들을 따르고 있었을 뿐이다. 기독교 황제 테오도시우스의 예도 있다. 테오도시우스가 389년에 이집트인이 6,000년 동안이나 나일 강변에 세운 종교적 기념물을 모조리 파괴할 때, 그의 생각도 이와 다르지 않았다. 당시에 남은 벽들과 기둥들은 너무 견고해 파괴하지 못한 것들이었다.

그렇다면 사람들을 살해하거나 무엇인가를 부숴버리고 싶은 욕망을 치열하게 느끼지 않고는 사도가 될 수 없다는 것이 거의 모든 시대에 있었던 심리법칙처럼 보인다.

기념물에만 관심이 있었던 사도는 상대적으로 해가 덜한 사람이긴 하지만 분명히 냉정한 사람의 부류에 속한다. 완벽한 사도는 이처럼 어정쩡한 태도에 만족하지 않는다. 완벽한 사도는 거짓된 신의 신전을 파괴하고 나면 그 다음에는 그 신의 숭배자들을 억압해야 한다는 것을 잘 알고 있다. 인간을 개선시키고 진리를 확립하고 잘못을 혁파하는 문제인데, 도대체 대학살은 뭐란 말인가? 이단자를 억압하는 최선의 방법이 마치 사도와 추종자들을 제외하고는 모조리 다 죽여버리는 것인 것처럼 보이지 않는가? 이것이 순수주의자들, 말하자면 이단과의 위선적이고 비겁한 거래에 따를 타협을 혐오하는 사람들의 계획이다.

불행하게도 이교도들은 여전히 새로운 믿음에 조금은 저항한다. 그렇기 때문에 사도는 이교도들을 절멸시킬 가능성을 기다리면서 개별적 살해와 협박으로 만족해야 한다. 그런데 사도들의 협박이 아주 분명하기 때문에 미래의 희생자는 어떠한 환상도 품지 않게 된다. 가로팔로가 인용한 내용에 따르면, 이탈리아 사회주의자들의 선봉에 선 어떤 사람은 자신의 계획을 이렇게 요약하고 있다. "무기를 든 사람이면 누구나 목을 따버릴 것이다. 늙은이와 여자와 아이들까지도 발코니에서 바다로 던져버릴 것이다."

새로운 종파들의 이런 태도에는 신기할 게 하나도 없다. 그런 일은 역사 속의 여러 시기에 똑같은 형태로 일어났다. 모든 사도들은 이와 똑같은 말로 적의 불경(不敬)을 공격했다. 그러다 그것을 행동으로 옮길 권력을 쥐기만 하면, 사도들은 신속하고 효과적인 파괴의 전술을 동원했다. 무함마드는 칼로, 종교재판관들은 장작으로, 국민의회 지도자들은 단두대로, 지금의 사회주의자들은 다이너마이트로 개종시켰다. 이렇듯 종파들의 사도들 사이에선 그 방법만 약간 변했을 뿐이다.

사회들이 정기적으로 겪어야 하는 이 같은 광기의 폭발과 관련해서 가장 개탄스런 점은 개종자들 중에서도 가장 지적인 사람이 신앙의 유혹에 가장 무력하다는 사실이다. 지금의 사회주의자들은 프랑스 가톨릭 신학자 보쉬에(Jacques-Bénigne Bossuet)가 이단들의 대량학살과 추방을 낳은 그 운동을 시작할 때 한 것과 똑같이 말하고 행동하고 있다. 고위 성직자였던 보쉬에는 자신의 신앙의 적들을 향해 얼마나 격한 단어를 썼던가! 그는 이단자들에 대해 "자신의 무지를 인정하기보다는 그 무지 속에서 썩어가기를 더 좋아하고, 신의 권능을 따르기보다는 완고한 영혼 속에 자기 좋을 대로 생각할 자유를 키우기를 더 좋아하는" 인간이라고 비난했다. 당시의 글들에서 사람들은 이 성직자가 '용기병의 박해'(루이 14세가 1681년에서 1685년 사이에 신교도들을 박해한 것을 일컫는다/옮긴이)와 '낭트칙령'(앙리 4세가 1598년 프랑스 내에서 칼뱅주의 프로테스탄트인 위그노에 대한 종교의 권리를 인정한 칙령/옮긴이)의 폐지를 열광적으로 환영했다는 사실을 읽을 수 있어야 한다. 주교들과 신앙심이 독실했던 보쉬에는 낭트칙령의 폐지에 기뻐하며 날뛰었다. 보쉬에는 루이 14세에게 "폐하께서 이단자들을 다 절멸시켰습니다. 이건 폐하의 위대한 치적입니다."라고 말했다.

그 절멸은 정말로 철저했다. 이 "위대한 치적"의 결과 프랑스의 엘리트 40만 명이 다른 나라로 이주했다. 화형에 처해지거나 교수형에 처해지거나 사지가 찢겨 죽거나 왕실 선박의 노꾼으로 넘겨진 다수의 사람은 말할 필요도 없다. 종교재판이 스페인 인구의 10분의 1을 죽이고, 국민의회가 프랑스 인구의 10분의 1을 죽인 것에 비해 조금도 덜하지 않다. 국민의회도 절대 권력을 소유했다고 생각하면서 실수를 근절시키기를 바랐다. 국민의회는 언제나 정치적 회의이기보다는 성직자의 회의 같은 분위기를 풍겼다.

같은 인간을 무자비하게 죽인 인간들의 영혼을 읽는 방법을 알게 될 때, 우리는 그들이 자행한 야만을 더 쉽게 설명할 수 있다. 15세기 스페인의 종교재판장 토르케마다(Tomás de Torquemada)와 보쉬에, 마라, 로베스피에르는 스스로를 오직 인류의 행복만을 꿈꾸는 점잖은 박애주의자라고 여겼다. 사회적이든 종교적이든 아니면 정치적이든 박애주의자는 모두 똑같은 부류에 속한다. 박애주의자는 선한 신앙으로 무장한 자신을 인류의 친구로 여기면서도 언제나 인류의 지독한 적이 되었다. 그들은 야생의 짐승들보다도 더 위험하다.

오늘날 정신 병리학자들은 대체로 사회주의의 선봉에 서고 있는 분파들은 범죄자의 유형에 속한다는 의견을 보이고 있다. 그러나 이 같은 설명은 지나치게 간단하며 종종 부정확하다. 왜냐하면 사회주의 분파들은 서로 매우 다른 계층에 속하는 사람들로 구성되어 있으며 대부분이 진짜 범죄자와는 아무런 관계가 없기 때문이다. 새로운 신앙의 선전자들 중에 범죄자가 어느 정도 있는 것은 확실하다. 그러나 아나키스트 사회주의자라 불릴 만한 범죄자들 중 상당수는 정치적인 뜻을 펴기 위해서만 범죄를 저지른다. 진정한 사도도 법이 정한 범죄를 저지를 것이지만, 심리학적 관점에서 보면 사도에겐 이 같은 행위가 전혀 범죄가 아니다. 사도들의 행위는 진정한 범죄의 특징인 개인적 이익을 추구하기 위한 것이기는커녕 오히려 그들 자신의 이익과 충돌을 빚는다. 사도들은 순진무구한 신비주의자들이다. 말하자면 추론도 할 줄 모르고, 또 자신의 심리를 침투한 종교적 정서에 사로잡혀 지내는 사람들인 것이다. 사도들은 확실히 위험한 존재들이다. 그래서 사도들에게 파괴당하기를 원하지 않는 사회는 그 중심부에서 사도들을 제거해야 한다. 그러나 사도들의 심리상태는 범죄학자들의 연구 대상이 아니고 병리학자들의 연구 대상이다.

역사는 사도들의 경솔한 짓으로 가득하다. 왜냐하면 사도들이 어느 시대에나 존재한, 심리학적으로 뚜렷이 구분되는 부류이기 때문이다. 이탈리아 범죄학자 롬브로조(Cesare Lombroso)는 다음과 같이 쓰고 있다.

"이타적인 성향을 가진 광인과 열광자는 어느 시대에나 나타났다. 야만의 시대도 예외가 아니었다. 그러나 야만의 시대에는 광인과 열광자가 종교에서 자양분을 얻었다. 훗날의 광인과 열광자는 그 시대의 정파와 반(反)군주 음모에 가담했다. 처음에 십자군이 되었다가 이어서 반란군, 무사 수행자(修行者), 신앙 혹은 무신론의 순교자가 되었다.

우리 시대에 그리고 보다 구체적으로 라틴 민족 사이에 이런 이타적인 열광자 중 한 사람이 나타날 때, 그 사람은 오직 사회적 및 경제적 영역에서 자신의 열정에 필요한 양식을 발견한다.

열광자들의 열정을 무한히 키워놓는 것은 거의 언제나 확실한 구석이라곤 거의 없는 사상들이다. 신학자나 형이상학의 문제 하나에 백 명의 열광자가 매달리고 있을 것이다. 기하학의 공식에는 열광자가 한 사람도 보이지 않을 것이다. 어떤 사상이 기묘하고 부조리할수록, 그 사상의 뒤로 소외되고 이성을 잃은 사람들이 더 많이 따른다. 특히 정치의 세계에서 이런 현상이 더욱 두드러진다. 그 사상은 종종 열광자들이 죽음까지 맞도록 하고 또 그들이 살아서 당하는 고통이나 잃게 될 생명에 대한 보상이 되어줄 것이다."

지금까지 묘사한, 모든 종교들에 반드시 필요한 선전자들인 사도 계급 외에도, 이들보다 덜 중요한 부류가 다양하게 있다. 이 부류 역시 최면 상태에 빠져 있기 때문에 이해의 폭이 상당히 좁다. 우리는 일상의 삶에서 매우 지적인데도 일부 주제에 접근할 때면 추리력을 제대로 발휘하지 못하는 사람들을 끊임없이 만난다. 이런 사람들은 정치적 또는 종교적 열정에 휩싸일 때 무서울 정도의 불관용 또는 몰이해를 보인다. 이들은 광신이 충분히 자극을 받기만 하면 금방 위험해지는 열광자들이다. 이들은 자신을 지배하는 열정과 관계없는 모든 문제에서는 명쾌하고 적절하게 추론한다. 그러다가도 열정의 지배를 받는 좁은 영역 안의 문제라면, 이들은 진짜 사도의 모습을 보이며 온갖 박해도 서슴지 않으려 한다.

마지막으로 또 다른 범주의 사회주의자들이 있다. 사상만으로는 사회주의에 끌리지 않는 사람들이다. 그렇기 때문에 이 사람들의 믿음은 약하다. 이런 사회주의자들은 퇴락한 사람들의 집단에 속한다. 벗어날 수 없는 열등한 지위에 있거나 육체적 혹은 정신적 결함 같은 유전적 요소로 인해 힘들어 하는 사람들은 자연히 무능력이나 병적인 유전 때문에 진입이 막힌 사회의 적이 된다. 이들은 자신들에게 보다 행복한 미래와 일종의 갱생을 약속하는 원칙을 자발적으로 옹호하게 된다. 사회에서 배척된 이 사람들은 사도 집단의 규모를 크게 키워준다. 현대문명의 특징은 사회적 실패자를 창조해내고 그런 다음에는 자꾸만 늘어나는 이 실패자들을 괴상한 인도주의를 내세워 보호한다는 점이다.

사회주의라는 새로운 종교는 지금 사도들이 선전 활동을 펴는 단계로 들어가고 있다. 이미 몇 명의 순교자가 이 사도들과 연결되기 시작했다. 이 순교자들이 사회주의의 새로운 성공의 요소가 될 것이다. 파리에서 아나키스트들의 마지막 처형이 있은 뒤, 그 희생자들의 무덤까지 벌어진 경건한 순례를 막기 위해 경찰이 개입해야 했다. 이 희생자들의 이미지에는 온갖 종교적 성격을 지닌 부속물들이 다 내걸렸다. 페티시즘(주물(呪物)숭배)이야말로 가장 오래된 숭배의 형식이며 또한 결코 사라지지 않을 것이다. 민족은 언

제나 자신들의 꿈과 욕망과 증오를 구현할 몇 개의 주물을 가져야
한다.

　따라서 교의들은 저절로 퍼져나가고, 어떠한 논리도 교의에 맞
서지 못하게 된다. 교의의 힘은 결코 정복되지 않는다. 왜냐하면
교의가 군중의 세속적 열등과 행복이라는 영원한 환상을 바탕으로
하고 있기 때문이다. 이 행복의 신기루는 언제나 사람들을 유혹하
며 사람들이 현실과 꿈을 가르고 있는 장벽을 보지 못하도록 막고
있다.

3. 군중을 파고드는 믿음

　앞서 발표한 2권의 저서에서 믿음이 전파되는 과정에 대해 길게
논했기 때문에, 여기서는 그 책들에 대해 간단히 언급하고 넘어갈
것이다. 그 책을 보면, 여러분은 모든 문명이 소수의 근본적인 믿음
에 바탕을 두고 있으며 이 믿음들은 일련의 변형을 거친 뒤 민중의
마음에 최종적으로 종교의 형태로 정착한다는 사실을 알게 될 것이
다. 이 고착화의 과정이 대단히 중요하다. 왜냐하면 사상이 군중의
마음속으로 스며들기 전까지는 사회에서 좋든 나쁘든 아무런 역할
을 하지 못하기 때문이다. 사상은 군중의 마음으로 파고든 다음에
야 일반적인 의견이 되고 이어서 공격 불가능한 믿음이 된다. 말하
자면 사상이 종교와 혁명의 기본적인 요소가 되고 동시에 문명을
변화시키는 요소가 된다는 뜻이다.

　형이상학적, 정치적, 사회적, 종교적 개념들이 마침내 뿌리를 내
리는 곳은 이 깊디깊은 영역, 즉 군중의 영혼이다. 이것을 이해하는

것이 중요하다. 이런 이유 때문에 민족이 정신적으로 진화하는 과정과 군중의 심리에 관한 연구가 반드시 필요한 것처럼 보였다. 이러한 중요한 주제들, 특히 군중의 심리가 거의 알려져 있지 않았기 때문에, 이 연구는 더욱 불가피했다. 군중을 연구한 소수의 저자들은 현실과 정반대의 결론에 도달했다. 이 저자들은 군중 속에서 "피와 약탈에 굶주린, 절대로 충족되지 않는 야수성" 외에 다른 것은 거의 인지하지 못했다. 이 주제를 조금만 파고들어도, 우리는 이와 달리 군중의 난폭함은 극도로 관대하고 사심 없는 사상에서 비롯되고 또 군중은 살인자가 되는 것 못지않게 희생자가 되기도 한다는 사실을 깨달을 것이다. '고결한 군중'이라는 제목이 있다면 그것을 '한심한 군중'으로 바꿔도 무방할 것이다. 나는 다른 곳에서 이 점에 대해 길게 논했다. 그러나 고립된 개인과 군중을 가장 분명하게 가르는 근본적인 특징 하나는 개인은 거의 언제나 자신의 개인적 이익에 좌우되는 반면에 군중은 이기적인 동기에 흔들리는 경우가 극히 드물고 거의 대부분 집단적이고 사심 없는 이해관계의 영향을 받는다는 사실이다. 영웅주의와 헌신은 개인보다 군중 속에서 더 자주 발견된다. 집단적 잔인성 뒤에는 종종 어떤 신념이 있다. 정의의 사상, 도덕적 만족에 대한 욕구, 개인적 이해관계의 철저한 망각 혹은 집단의 이익을 위해 희생하려는 마음 등 이기주의와 정반대인 어떤 신념이 있는 것이다.

군중은 잔인해질 수 있다. 그러나 군중은 무엇보다 이타적이며 또 다른 사람들을 파괴하는 행위만큼이나 쉽게 스스로를 희생시키기도 한다. 잠재의식의 지배를 받는 군중은 도덕성과 관대함을 갖고 있으며 그 도덕성과 관대함을 언제나 행동으로 표현하려 든다. 반면 개인의 도덕성과 관대함은 대체로 생각의 차원에서 그치며 대부분 말로만 한정된다. 깊은 생각과 추론은 대체로 이기심을 낳으며, 개인의 내면에 깊이 박힌 이기심을 군중은 잘 모른다. 왜냐하면 군중은 논리적으로 생각하지도 못하고 깊이 생각하지도 못하기 때문이다. 만일 종교의 사도들이 추론을 하고 깊이 생각했다면, 어떠한 종교도, 어떠한 제국도 건설되지 못했을 것이다. 추론하고 깊이 생각하는 군대라면 아마 어떠한 명분의 승리를 위해서도 자신의 목숨을 희생시키려 들지 않았을 것이다.

개별적인 인간의 도덕이나 행동은 그 사람이 집단에 속할 때 보이는 도덕이나 행동과 매우 다르다는 사실을 깊이 명심한다면, 역사가 명쾌하게 이해될 것이다. 어느 한 민족의 집단이익, 즉 언제나 개인적 이해관계의 망각을 다소 요구하게 되어 있는 집단이익은 군중에 의해 지켜진다. 깊은 이타심, 즉 말의 이타심이 아닌 행동의 이타심은 집단의 미덕이다. 전체에게 중요한 모든 일, 그러니까 성취를 위해서는 최소한의 이기심과 최대한의 맹목적 헌신과 자기희생을 요구하는 일들은 군중에 의해서가 아니고는 좀처럼 성취되지 못한다.

일시적으로 폭력을 폭발시킴에도 불구하고, 군중은 언제나 모든 것을 감수할 준비가 되어 있다는 사실을 보여주었다. 모든 시대의 압제자들과 광신자들은 어떠한 명분이든 자신을 제물로 바쳐 지킬 준비가 되어 있는 군중을 쉽게 발견할 수 있었다. 종교적 및 정치적 압제에, 말하자면 산 자와 죽은 자의 압제에 군중은 절대로 반항하는 모습을 보이지 않았다. 군중의 지배자가 되려는 사람은 힘보다는 명성을 통해서 사랑의 대상이 되거나 두려움의 대상이 되어야 한다.

이따금 폭발하는 순간적인 폭력과 빈번하게 일어나는 맹목적인 복종은 서로 상반되는 특징들이다. 그러나 군중의 마음을 이해하길 원한다면, 우리는 폭력의 폭발과 맹목적 복종을 분리시키지 말아야 한다. 폭력의 폭발은 폭풍우가 바다 표면에 일으키는 파도와 비슷하다. 이때 파도가 아무리 요란하게 일어난다 해도 바다 속 깊은 곳의 평온을 깨뜨리지 못한다. 군중의 동요 그 아래에는 불변의 깊은 속이 있으며, 이 깊이까지는 표면의 움직임이 닿지 못한다. 군중의 깊은 속은 한마디로 민족의 영혼이랄 수 있는, 대대로 내려오는 본능들로 이뤄져 있다. 역사가 깊은 민족일수록, 본능으로 이뤄진 이 토대는 더욱 단단하고 따라서 영속성도 더욱 강하다. 군중은 잠깐 폭력을 보였을지라도 곧 대대로 내려오는 이 본능으로 언제나 다시 돌아간다. 이 본능은 지금까지 모든 문명의 바탕이 되었을 정도로 단단한 요소이다.

사회주의자들은 자신이 군중을 쉽게 이끌 것이라고 상상한다. 사회주의자들의 판단이 틀렸다. 사회주의자들은 자신들이 군중 속에서 동맹군이 아니라 가장 달래기 힘든 적을 발견하고 있다는 사실을 금방 깨닫게 될 것이다. 틀림없이 군중은 어느 날 갑자기 화를 폭발시키며 사회체제를 깨뜨릴 것이다. 그러나 이튿날이면 군중은 자신들이 파괴한 것을 다시 복구하겠다고 가장 먼저 약속하는 카이사르 같은 인물을 떠들썩하게 맞이할 것이다. 긴 역사를 가진 민족들 사이에서 군중을 실제로 지배하는 원칙은 유동성이나 변덕이 아니고 고착성이다. 군중의 파괴적이고 혁명적인 본능은 일시적이지만 군중의 보수적인 본능은 대단히 질기다. 군중의 파괴적인 본능이 당분간 사회주의에 승리를 안겨줄 것이다. 그러나 군중의 보수적인 본능이 사회주의의 승리를 길게 허용하지 않을 것이다. 적어도 현재와 같은 형태의 사회주의는 용인하지 않을 것이다. 사회주의의 승리에도, 사회주의의 몰락에서처럼, 이론가들의 무거운 주장은 아무런 역할을 하지 못할 것이다. 논리와 이성이 역사의 흐름을 지배하도록 부름을 받을 시간은 아직 되지 않았다.

3부

민족성의 영향을
받는 사회주의

1장

독일 사회주의

1. 독일 사회주의의 이론적 바탕

사회주의가 오늘날 특히 중산계층과 상류계층을 가장 깊이 파고들고 있는 곳은 독일이다. 독일 사회주의의 역사는 이 책의 범위 밖이다. 그럼에도 내가 독일 사회주의의 역사에 몇 페이지를 할애하는 것은 단지 독일 사회주의의 진화가 얼핏 보기에 나의 이론과, 말하자면 어떤 민족의 사회적 개념들과 그 민족의 정신 사이에 명백한 관계가 존재한다는 나의 주장과 모순되는 것처럼 보이기 때문이다. 프랑스의 정신과 독일의 정신 사이에는 분명히 깊은 차이가 있다. 그럼에도 두 나라의 사회주의자들은 똑같은 개념에 도달하고 있다.

서로 아주 다른 두 민족의 이론가들이 비슷한 결론에 도달하게 된 이유를 파고들기 전에 먼저, 독일 이론가들이 추론하는 방식이 라틴 민족 이론가들이 추론하는 방식과 어떻게 다른지 그것부터 관찰하자.

독일인들은 오랫동안 프랑스의 사상에 영감을 받아온 끝에 지금 자신들의 사상에 고취되고 있다. 독일인들은 자신들의 '교황'을 자주 바꿨는데, 오늘날 그들의 교황은 칼 마르크스이다. 칼 마르크스의 임무는, 프랑스의 탁월한 정치인 폴 데샤넬(Paul Deschanel)이 잘 보여주었듯이, 주로 프랑스와 영국 저자들로부터 차용한 매우 낡고 흔한 사상에 과학의 옷을 입히는 것이었다. 이처럼 과학적인 마음으로 경도된 것이 독일 사회주의자들의 두드러진 특징이며 그것이 또한 민족의 정신이기도 하다. 독일 사회주의자들은 라틴 민족의 사회주의자들과 달리 사회주의를 이곳저곳 아무 곳에서나 일으킬 수 있는 자의적인 조직으로 보지 않았다. 독일 사회주의자들은 사회주의를 경제적 발전의 불가피한 전개로 보고 있다. 독일 사회주의자들은 프랑스의 혁명적 이성론이 추구하는, 사회를 기하학적으로 구축한다는 생각에 대해 강한 혐오를 고백하고 있다. 독일 사회주의자들은 영원한 경제법칙이 없는 것은 영원한 자연법칙이 없는 것과 마찬가지라고 가르친다. 오직 일시적인 형태의 법칙만 있을 뿐이라는 것이다. "경제 사상은 결코 논리적인 사상이 아니고 역사에 따라 변화하는 사상이다." 사회제도의 가치는 전적으로 상대적이지 절대로 절대적이지 않고, 집단주의는 모든 사회들이 경제발전이라는 단순한 사실 때문에 반드시 거치는 진화의 한 단계라는 인식이다.

세상을 이처럼 진화론의 입장에서 보는 인식은 라틴 민족의 이성론과는 거리가 아주 멀다. 라틴 민족의 이성론은 우리 아버지들이 프랑스 혁명 때 보여준 예를 따라서 사회를 완전히 파괴하고 다시 세우기를 바라고 있다.

독일 사회주의자와 라틴 민족 사회주의자들은 이렇듯 두 민족의 근본적 특성이 발견되는 서로 다른 원칙에서 출발했음에도 불구하고 똑같은 결론에 도달했다. 국가가 사회를 흡수하게 하여 국가를 다시 건설한다는 것이 양국 사회주의자들의 결론이다. 독일 사회주의자들은 이 재건을 진화의 이름으로 실현하기를 원하고 있다. 말하자면 독일 사회주의자들은 진화의 결과가 곧 사회의 재건이라는 인식을 갖고 있는 것이다. 라틴 민족 사회주의자들은 이성의 이름으로 파괴를 실현하길 원한다. 그러나 미래의 사회는 독일 사회주의자들에게나 라틴 민족 사회주의자들에게나 똑같은 모습으로 나타난다. 두 집단은 똑같이 개인 기업과 자본을 증오하고, 자유에 대해 무관심하며, 사람들을 집단으로 나눠 엄격한 규율로 통치하길 바라고 있다. 둘 다 현대 국가의 파괴를 요구하고 있다. 그러나 독일 사회주의자들과 라틴 민족 사회주의자들은 그 즉시 다른 이름으로 국가를 재건할 것이다. 새로 재건될 국가는 행정부가 훨씬 더 강해진다는 점에서만 지금의 국가와 다를 것이다.

2. 독일 사회주의의 진화

곧 보여주게 되겠지만, 라틴 민족 사이에 퍼지고 있는 국가 사회주의는 과거의 결과물이다. 몇 세기에 걸친 중앙 집중화와 중앙 권력의 점진적 발달의 결과가 국가 사회주의로 나타난 것이다. 그러나 독일인들의 국가 사회주의는 이와 다르다. 독일인들이 라틴 민족들과 똑같이 국가의 의무라는 개념을 얻게 된 것은 인위적인 방법을 통해서였다. 독일인들에게 있어서 국가의 의무라는 개념은 1세기 동안 군사통치의 확장으로 인해 삶의 성격과 조건에 변화가 일어난 결과 나타난 것이다. 이 같은 사실은 독일 저자들, 특히 지글러(Ziegler)에 의해 완벽하게 이해되었다. 한 민족의 정신 혹은 관습과 행동을 변화시킬 수 있는 유일한 수단은 엄격한 군사적 규율이다. 엄격한 군사적 규율은 개인이 맞서지 못하는 유일한 수단이다. 군사적 규율은 개인을 계급조직의 일부로 만들고 모험적이고 독립적인 모든 정서를 금지한다. 그러면 개인은 독단적인 군사적 규율을 강력하게 비판할 것이다. 그러나 그렇다고 개인이 부하의 생사여탈권을 쥔 상관의 명령에 어떻게 불복할 수 있겠는가? 여차하면 상관이 구금하고 나설 텐데 말이다.

군사제도는 보편적이지 않은 한 억압과 정복의 훌륭한 수단이 될 수 있다. 군사제도는 그 같은 제도를 개발하는 데 성공한 모든 국가들의 힘이 되어왔다. 이런 국가들 중 어느 국가도 군사제도 없이는 생존하지 못했을 것이다. 그러나 현대로 들어서면서 의무적인 복무제도가 도입되었다. 이제 군사제도는 국민 중 극히 일부에게만 영향을 미쳤던 과거와 달리 모든 국민의 정신에 영향을 미치게 되었다. 군사제도의 영향을 연구하려면 독일 같이 군사제도가 극에 달한 국가에서 그 영향을 가장 쉽게 확인할 수 있을 것이다. 어떠한 규율도, 심지어 수도원의 규율까지도 군사제도만큼 철저히 개인을 공동체에 희생시키지 않는다. 또 군사제도만큼 사회주의자들이 꿈꾸는 사회적 유형과 가까운 것도 없다. 프러시아 군국주의는 한 세기 만에 독일을 바꿔놓으면서 국가 사회주의에 잘 적응하도록 만들었다. 나는 참신한 주제를 찾는 젊은 교수들에게 19세기 동안에 의무적인 복무제도의 도입으로 인해 독일의 사회적 및 정치적 이상에 나타난 변화를 연구할 것을 권한다.

프러시아 군주제의 지배를 받은 현대의 독일은 역사가 느리게 진화한 결과물이 아니다. 독일 통합은 프러시아가 프랑스와 오스트리아에 승리를 거둔 뒤 그 군사력으로 이룬 것이다. 그 전에 크게 번창했던 다수의 작은 왕국들이 갑자기 프러시아에 의해 절대 권력으로 통합되었다. 이 절대 권력은 지방의 삶의 폐허 위에 강력한 중앙집권을 이룩했다. 루이 14세와 나폴레옹 통치 하의 프랑스에서 일어났던 현상을 떠올리게 만든다. 중앙으로 집중된 권력은 오래지 않아서 곳곳에 그 결과를 낳게 마련이다. 지방의 삶의 파괴, 무엇보다도 지적인 삶의 파괴와 개인 기업의 파괴, 모든 기능이 점진적으로 국가에 흡수되는 현상 등이 나타나게 되어 있다. 역사는 군사력을 앞세운 군주정치는 지휘부에 탁월한 사람이 있을 때에만 번창한다는 사실을 보여주고 있다. 탁월한 사람이 원래 드문 존재이기 때문에, 군사력을 바탕으로 한 군주정치는 절대로 오랫동안 번창하지 못한다.

프러시아의 군주정치가 성공적인 전쟁으로 명성을 얻으며 거의 절대적인 권력을 행사할 수 있었다는 점에서 본다면, 독일에서 국가가 기능을 흡수하는 과정이 훨씬 더 쉬울 것이다. 반면에 잦은 혁명으로 정부가 수시로 전복된 국가들의 경우에는 국가가 권력을 행사하는 데 있어서 많은 장애에 봉착한다. 현재의 독일은 권위주의의 중심이지만 오랫동안 자유의 안식처는 되지 못할 것이다.

이쯤 되면 국가의 간섭을 더욱더 확대할 것을 요구하는 사회주의가 독일에서 비옥한 토양을 발견하는 것은 당연한 일로 여겨질 것이다. 지금의 독일처럼 계급조직으로 되어 있고 또 집단으로 구분되어 있는 국가의 정부에겐 사회주의의 전개가 별로 불쾌한 일이 아닐 수도 있었다. 따라서 사회주의자들은 오랫동안 호의적인 시선을 받았다. 사회주의자들은 처음엔 비스마르크(Otto von Bismarck)의 피보호자가 되었으며, 아주 엉뚱한 대립으로 정부에 문제가 되지 않았더라면 그 후에도 계속 그런 대접을 받을 수 있었을 것이다.

그 이후로 사회주의자들은 호의적인 대접을 받지 못했다. 독일 제국이 군사적 군주제이고 또 입헌주의 형태임에도 쉽게 절대적 군주제가 될 수 있기 때문에, 사회주의자들은 아주 쉽게 다뤄졌다. 잡지 '포어배르츠'(Vorwartz)에 따르면, 1894년부터 1896년까지 2년 동안에만 법원이 사회주의자들에게 출판 혹은 정치적 소송과 관련해 내린 형량이 총 226년의 실형과 280만 프랑의 벌금이었다.

이런 급진적인 변화가 사회주의자들로 하여금 깊이 생각하게 만들어서 그렇든 아니면 엄격한 군사제도에 의한 정신의 노예화가 이미 실용적이고 규율이 잘 잡혀 있던 독일인들의 정신에 더욱 강한 인상을 남겨서 그렇든, 지금 독일 사회주의가 매우 온화한 모습을 보이기 시작하고 있다. 독일인들 사이에서 사회주의는 기회주의자가 되고 있고, 또 전적으로 의회제도 안에서 자리를 잡으려고 노력하고 있으며, 사회주의 원칙의 즉각적 승리를 부정하고 있다.

자본계급의 멸종과 독점의 억제는 이제 이론적인 이상으로만 남게 되었다. 이 이상의 실현은 아주 먼 훗날의 이야기임에 틀림없다. 독일 사회주의는 오늘날 "부르주아 사회가 하룻밤 사이에 창조된 것이 아니듯이 파괴도 하룻밤 사이에 이뤄질 수 없다."고 가르친다. 독일 사회주의는 노동계급의 처우 개선을 주장하는 민주운동과 동맹을 맺는 쪽으로 점점 더 가까이 다가가고 있다.

따라서 나는 다른 곳에서 표현했던 희망을, 말하자면 독일인들이 사회주의를 처음으로 경험하면서 교훈을 얻는 민족이 될 것이라는 희망을 버려야 하는 것이 아닌가 하고 생각한다. 분명히 독일 사회주의자들은 사회주의를 아프게 경험하는 것을 라틴 민족의 몫으로 남겨두려 하고 있다.

게다가 독일 사회주의자들이 실천의 면에서만 온순해지고 있는 것이 아니다. 예전에 매우 난폭했던 독일 사회주의 이론가들은 자신의 원칙 중 근본적인 것까지 점점 포기하고 있다. 아주 오랫동안 막강했던 집단주의마저도 지금은 다소 약하고 시대에 뒤진 유토피아 정도로 여겨지고 있다. 분명 독일인들의 정신은 매우 과학적이고 또 매우 실용적이기 때문에 프랑스 사회주의자들이 종교에 버금가는 존경을 보이고 있는 그 원칙의 허점을 보지 않을 수 없었을 것이다.

독일 사회주의가 세부사항뿐만 아니라 그 근본적인 부분에서까지 쉽고 신속하게 진화를 이루고 있다는 사실은 참으로 흥미롭다. 예를 들어 한때 막강한 영향력을 행사했던 독일 경제학자 슐츠

델리취(Schultze Delitsch)는 협동조합 운동에 엄청난 중요성을 부여했다. 그는 이 운동에 대해 "사람들이 스스로 주도적으로 처지를 개선하도록 버릇을 들이게 한다"는 식으로 의미를 부여했다. 반대로 독일 사회주의자 라살레(Ferdinand Lassalle)와 그의 추종자들은 언제나 "사람들에게 필요한 것은 무엇보다도 국가의 지원 확대"라고 주장했다.

2장

영국과 미국의 사회주의

1. 앵글로색슨 족의 국가 및 교육 개념

제도가 각 민족의 산물이며 또한 비슷한 이름도 아주 다른 내용물을 숨기고 있다는 사실을 확인할 좋은 기회는 영국인과 라틴 민족이 국가를 어떤 식으로 인식하고 있는지를 비교해보는 것이다. 몽테스키외(Montesquieu)와 다른 많은 저자들이 그랬듯이, 우리도 공화정과 군주정의 이점을 놓고 서로 비교해가면서 논할 수 있을 것이다. 그러나 만약에 서로 다른 체제 하에서도 똑같은 사회적 개념이나 아주 비슷한 제도를 가진 국가들이 있다면, 우리는 이 정치제도들이 이름만 서로 다를 뿐 그 통치를 받는 국민의 정신에는 실제로 아무런 차이가 없다고 결론을 내려야 한다.

나는 앞서 발표한 책들에서 이미 이 같은 주장을 폈다. 민족의 진화에 관한 심리법칙을 논한 책에서, 우리는 인접한 민족인 미국의 영국인들과 남미의 스페인 계통 공화국들의 국민을 이야기하면서 두 민족의 정치제도가 매우 비슷함에도 불구하고, 말하자면 남미의 스페인 계통 공화국들이 미국 내 영국인들의 정치제도를 모방했음에도 불구하고, 두 민족의 진화는 같지 않다는 사실을 보여주었다. 미국은 번영을 누리고 있는 한편, 남미의 스페인계 공화국들은 비옥한 토양과 풍부한 자원에도 불구하고 쇠퇴의 늪에 빠져 있다. 남미의 스페인계 공화국들은 예술도 없고 상업도 없고 산업도 없는 상태에서 하나같이 쇠퇴와 파산, 혼란을 면하지 못하고 있다. 이 공화국들에도 지도자들은 많으나 능력 있는 사람은 소수에 지나지 않는다. 이 지도자들 중 어느 누구도 국가의 운명의 방향을 바꿔놓지 못했다.

어느 민족이 어떤 정치제도를 택하는가 하는 문제는 그다지 중요하지 않다. 화려한 겉옷이나 다름없는 정치제도는 의상과 마찬가지로 그것이 가리고 있는 사람들의 정신에 아무런 영향을 미치지 않는다. 한 민족의 진화를 이해하기 위해 알아야 할 중요한 것은 그 민족이 국가와 개인의 의무에 대해 어떤 인식을 갖고 있는가 하는 점이다. 군주정으로 불리든 공화정으로 불리든, 사회체제에 붙여진 이름은 그 자체로는 아무런 미덕을 지니지 않는다.

영국과 미국에서 국가가 어떤 식으로 인식되는가 하는 문제와 관련해 내가 말하게 될 내용은 앞의 주장을 뒷받침할 것이다. 앞에 언급한 책에서 앵글로색슨 족의 정신적 특징을 이미 설명했기 때문에, 여기서는 그것을 간단히 요약하는 선에서 그칠 생각이다.

앵글로색슨 족의 정신의 가장 근본적인 특징은 몇 개의 단어로 요약될 것이다. 모험심과 활력, 의지력 그리고 무엇보다도 자제력이 그 특징이다. 말하자면 내면의 수양이 잘 되어 있기 때문에 각 개인은 자신 외의 다른 지침을 찾을 필요가 없다고 할 수 있다.

영국의 군주제에서든 아니면 미국의 공화제에서든, 앵글로색슨 족의 사회적 이상은 매우 명쾌하게 정의되고 있다. 앵글로색슨 족의 사회적 이상은 국가의 역할을 최소화하고 개인의 역할을 최대화하는 것이다. 라틴 민족의 이상과 정반대이다. 철도와 항구, 대학, 학교 등은 사기업에 의해서만 운영된다. 국가는 이런 분야에서 전혀 목소리를 내지 않는다. 특히 미국에서 이런 현상이 더 두드러진다.

다른 민족들이 영국 민족의 성격을 제대로 이해하지 못하는 이유는 영국인의 개인적 행동과 집단적 행동 사이에 경계가 매우 뚜렷하다는 사실을 망각하기 때문이다. 영국인의 개인적 도덕성은 대체로 매우 엄격하다. 개인적 차원에서 행동할 때, 영국인은 극도로 양심적이고 극도로 정직하며 대체로 약속을 잘 지킨다. 그러나 영국의 집단이익이라는 이름으로 행동하는 정치인들은 완전히 다른 태도를 보인다. 영국 정치인들은 종종 양심의 가책을 전혀 느끼지 않는다. 만일 어떤 사람이 영국의 어느 목사에게 늙은 여자 백만장자의 목을 졸라 죽임으로써 부자가 될 수 있는 기회를 알려준다면, 그 사람은 당장 감옥에 갇힐 것이다. 그러나 어떤 모험가가 어느 영국 정치가에게 약탈자들을 모집하여 무장을 시킨 다음에 아프리카 남부의 어느 작은 공화국의 허술한 영토를 침공하여 주민들을 죽이고 그 국가의 소유물을 탈취하여 영국의 부를 늘려야 한다고 제안한다면, 이 모험가는 열렬한 환영을 받을 게 틀림없고 그의 제안은 금방 채택될 것이다. 만일 이 모험가가 성공을 거둔다면, 여론은 그에게 유리하게 돌아갈 것이다. 영국 정치인들이 인도에서 다수의 작은 왕국들을 정복하는 데 성공한 과정을 설명하자면 이와 비슷하다. 다른 국가들도 식민지화 문제에서 이와 똑같은 전술을 이용한 것이 사실이다. 영국의 전략이 더 탁월해 보인다면, 그 이유는 영국인들이 보다 유능하고 보다 대담하기 때문에 모험에 성공하는 빈도가 높기 때문이다.

영국인은 같은 영국인에 대해 동포의식을 느낀다. 다른 어느 민족도 영국인들만큼 동포의식을 강하게 느끼지 않는다. 이 같은 정서는 곧 생각을 함께 나누는 공동체나 마찬가지이다. 영국인의 민족정신은 매우 단단하다. 세계 어디를 가든 영국인은 스스로를 영국의 대표자로 여기며 자기 나라의 이익을 위해 행동하는 것을 엄격한 의무로 받아들인다. 그에게 있어서 영국은 이 우주에서 최고의 권력이며 실제로 유일하게 중요한 권력이다. 프랑스 신문 '르 탕'(Le Temps)의 트란스발 특파원은 다음과 같이 쓰고 있다.

"영국인은 자신이 이미 유명해진 국가들에서, 특히 자신이 탁월한 존재가 되기를 원하는 국가들에서, 무슨 경구처럼 세상의 다른 어떤 민족보다 자신들이 우수하다는 점을 언급하기 시작한다. 인내와 끈기, 일관성과 의지력을 발휘하며, 영국인은 자신의 예절과 오락과 언어와 신문을 소개하고 심지어 자신의 요리를 전파하는 데도 성공한다. 영국인은 다른 민족들을 경멸의 시선으로 보며 심지어 적대감을 품을 때도 간혹 있다. 다른 민족의 대표들이 식민지의 일부 지역에 대한 권리를 놓고 그와 논쟁을 벌이려 할 때, 영국인은 다른 민족에게 적대감을 품는다. 트란스발에서 우리는 이를 뒷받침하는 증거를 매일 보고 있다. 영국인에게 영국은 그저 최고의 권력이 아니다. 영국은 세계에서 최초이며 동시에 유일한 권력이다."

라틴 민족들 사이에 매우 드문 민족적 단결은 영국에 대단한 힘을 부여한다. 영국인들의 외교가 어디서나 그렇게 막강하게 전개되도록 만드는 것이 바로 이 단결력이다. 영국인의 민족정신이 오랜 세월에 걸쳐 굳어졌기 때문에, 영국 외교관들은 기본적인 주제에 대해 똑같이 생각한다. 영국 외교관들은 다른 국가의 외교관들보다 지침을 더 적게 받으면서도 행동의 통일을 더 강하게 보이고 있다. 영국 외교관들은 서로 맞바꿀 수 있는 조각들로 여겨질 수 있다. 자국 외교관으로부터 임무를 인계받는 영국 외교관들은 전임자가 한 것과 똑같이 행동할 것이다. 라틴 민족의 외교관들 사이에서는 이와 정반대의 현상이 나타난다. 통킹에서, 마다가스카르에서, 그리고 다른 식민지들에서 프랑스는 총독의 숫자만큼 다양한 정치제도를 채택하고 있다. 프랑스 외교관들은 정치제도를 만들긴 하지만 어떤 정책을 일관되게 지키지는 못하고 있다.

영국의 교육제도는 겉보기에는 단순해 보이지만 최고 수준의 사상가들과 과학자들을 배출하고 있다. 대학의 울타리 밖에서 나오는 이 사상가들의 특징은 무엇보다 스스로 공부한 정신만이 가질 수 있는 그 독창성에 있다. 이 독창성은 대학교 강의실을 통해서

판박이가 되는 사람들에게서는 결코 기대할 수 없는 것이다.

사고와 양식에 나타나는 이 독창성은 심지어 과학적인 서적에서도 발견된다. 예를 들어 영국 물리학자 틴들(John Tyndall), 수리물리학자 켈빈(Baron Kelvin)과 테이트(Peter Tait)의 과학서적들과 프랑스 교수들이 쓴 비슷한 책들을 한번 비교해보라. 이 과학자들의 책을 들춰보면 페이지마다 독창성이 확인될 것이다. 표현력이 탁월하고 눈길을 사로잡는 도표도 보일 것이다. 반면에 프랑스 교수들이 쓴 딱딱한 저서들은 똑같은 형식으로 쓰이고 있다. 그 중한 권을 읽으면 나머지 책들 모두를 읽은 것이나 마찬가지이다.

요약하면 이렇다. 영국인은 자기 아들이 인생을 사는 데 필요한 무장을 잘 갖추고 또 스스로를 믿고 보호의 굴레에서 벗어날 수 있는 존재로 성장하도록 교육시키려고 노력한다. 그런데 라틴 민족은 이 보호의 굴레를 절대로 벗어던지지 못한다. 이 같은 교육은 무엇보다도 영국 민족의 미덕인 자제력을 키워준다. 이 자제력만으로도 영국은 번영과 위대함을 충분히 누릴 것이다.

앞에서 설명한 원칙들은 영국 민족의 정신을 이루는 정서에서 비롯되는 것들이다. 그렇다면 우리는 당연히 영국 민족이 사는 모든 국가들에서, 특히 미국에서도 그 원칙들을 찾으려 노력해봐야 할 것이다. 놀랍게도 우리는 미국에서 그 원칙들을 실제로 발견한다. 통찰력 있는 샤슬루 로바(Chasseloup-Laubat)는 다음과 같이 표현하고 있다.

"교육의 사회적 역할에 대한 미국인들의 인식을 보면 미국의 제도가 안정을 누리는 또 다른 요소인 것으로 확인된다. 미국인들은 지식 전달이 아닌 일반적인 교육이 교사의 목적이 되어야 한다고 생각한다. 물론 교사들이 초등학교에서 아이들에게 가르쳐야 하는 최소한의 사실들은 예외이다. 교사의 눈으로 볼 때, 육체적, 지적 및 도덕적 교육, 즉 신체와 정신과 성격의 활력과 인내의 발달이 각 개인의 성공의 주요 요인으로 보인다. 일을 하는 능력과 성공하고자 하는 의지, 목표를 향해 거듭 노력하는 습관은 아주 소중한 자질들이다. 왜냐하면 이 자질들이 어느 때 어느 경력에나 적용될 것이기 때문이다."

미국인들의 이상은 시민들이 졸업장을 따게 하는 것이 아니라 인생을 살 준비를 시키는 것이다. 이런 식의 교육을 실시하면 독창력을 발휘하도록 고무하고, 의지를 발달시키도록 격려하고, 스스로 생각하는 버릇을 키워주는 결과를 거둘 수 있다. 미국인의 이상에서부터 라틴 민족의 이상까지는 그 거리가 한참 멀다. 이 책의 주제를 더 깊이 파고들수록 두 민족 사이의 차이가 더 두드러진다는 사실을 확인하게 될 것이다.

2. 앵글로색슨 족 노동자들의 사회적 이상들

영국의 사회주의자들은 유한계급이 아니라 노동계급에서 나온다. 그러므로 우리는 앞에서 살핀 개론에서 벗어나 앵글로색슨 족 노동자의 학습과 교육의 원천에 대해, 그리고 노동자의 사상이 어떻게 형성되는지에 대해 탐구해야 한다.

앵글로색슨 족 노동자의 학습과 교육은 중하층의 학습이나 교육과 거의 다르지 않다. 이들의 학습과 교육은 책들을 통해서 이뤄지지 않고 직접 실습을 통해 이뤄진다. 바로 이런 이유 때문에 영국에는 라틴 민족 국가들에서 경쟁과 졸업장 때문에 계급들 간에 생기는 깊은 간극이 존재하지 않는다. 프랑스에서 공장의 노동자나 광부가 고용주가 되는 경우가 종종 목격될 것이다. 그러나 노동자나 광부가 엔지니어가 되는 예는 결코 발견되지 않을 것이다. 왜냐하면 엔지니어가 되기 위해선 먼저 졸업장을 주는 학교에 20세 전에 들어가서 공부를 해야 하기 때문이다. 영국의 노동자는 능력만 된다면 처음에 현장 주임이 되고 그 다음에 엔지니어가 된다. 그 외의 다른 길로는 엔지니어가 될 수 없다. 이보다 더 민주적인 것은 없다. 그런 제도가 정착된 곳에서는 노동자는 능력을 낭비할 필요도 없고 사회적 낙오자가 될 필요도 없다. 영국에서는 누구도 육체노동을 경멸하지 않는다. 프랑스의 박사들이나 전문가들은 육체노동을 아주 무시하는데도 말이다. 왜냐하면 영국의 경우에는 육체노동이 반드시 필요한 과정이기 때문이다.

우리는 영국 노동자의 기술적 교육이 어디서 이뤄지는지를 확인했다. 이제는 노동자의 이론적 교육의 원천을 더듬어볼 것이다. 초등학교는 그야말로 초보적인 수준의 교육만을 시킨다. 그렇기 때문에 노동자는 초보적인 수준을 마칠 필요성을 느낀다. 이 같은 공부를 통해서 영국 노동자는 영국 민족의 활력을 키운다. 노동자는 민간 기업이 곳곳에 설립한 야간 강의를 통해서 필요한 교육을 쉽게 받는다. 이때 강의의 주제는 언제나 학생들이 탄광과 작업장에서 실제로 배우는 것과 관계가 있다. 따라서 학생들은 자신이 배우는 내용의 유용성을 확인할 수단을 언제나 갖고 있는 셈이다.

이 학습의 원천에다가 영국 전역에 있는 도서관과 신문과 잡지를 더해야 한다. 영불해협 건너편에는 한 사람의 독자도 갖고 있지 않은 쓸모없는 프랑스 잡지와 온갖 종류의 정확한 정보로 넘치는 영국 잡지는 서로 비교가 불가능할 정도이다. '엔지니어링' 같은 기계적 발명을 다루는 잡지들이 특히 영국 노동자들 사이에 널리 읽히고 있다. 지방의 인기 있는 작은 신문들도 전 세계에서 일어나고 있는 산업 및 경제 문제들에 관한 정보로 가득하다. 드 루지에(de Rouziers)는 영국 작업장의 노동자들과 한 대화에 대해 전하고 있다. 영국 노동자들의 발언은 그에게 영국 노동자들이 "전통적으로 자유주의 교육이라 불린 교육을 받은 프랑스인의 대다수보다 세계 문제에 훨씬 더 밝다"는 인상을 주었다. 드 루지에는 영국 노동자 2명과 복본위제와 매킨리 관세 등의 문제를 놓고 논의한 부분을 인용하고 있다. 영국 노동자가 한 말은 우아한 표현을 전혀 쓰지 않았으나 관찰이 정확하고 실용적임을 보여주고 있다.

영국 노동자의 이론적인 교육에 대한 논의는 이것으로 끝내고자 한다. 그렇다면 영국 노동자는 정확한 판단을 내리고 또 문제를 해결하는 데 도움이 되는 그런 일반적인 경제 사상을 어떻게 습득하는 것일까? 국가나 고용주의 강요에 의해 어딘가에 다니면서 배우지 않고 기업의 운영에 직접 가담함으로써 그런 지식을 몸으로 배운다. 아무리 작은 작업장이라도 노동자들이 직접 운영하는 협동조합 같은 것을 두고 있다. 따라서 앵글로색슨 족 노동자들은 매일 현실을 직면하면서 불가능한 일이나 꿈에는 관여하지 않는 법을 일찍부터 배운다. 드 루지에는 이렇게 쓰고 있다. "자율권을 누리는 다양한 단체들, 이를테면 협동조합과 금주회, 상호친목회, 노동조합 등을 통해서 영국은 능력 있는 시민을 양성하고 동시에 폭력적인 혁명을 치르지 않고도 미래에 예상되는 정치적 변혁을 미리 준비하고 있다." 영국 노동자가 습득하는 실용적 능력의 한 증거로, 드 루지에는 1년에 70명의 노동자가 치안판사가 된다는 사실을 제시하고 있다. 1892년 자유당 행정부 때에는 노동자들이 의회에 12명 진출했으며 이 중 한 사람은 국무차관을 지냈다. 영국 노동자들이 노동조합과 사설 단체와 은행에 예금한 액수는 80억 프랑에 달한다.

이런 결과가 단지 민족적 특성의 차이에 따른 것임을 쉽게 알 수 있다. 환경의 차이에 따른 결과는 절대로 아니다. 다양한 민족의 노동자들을 영국인 노동자와 완전히 똑같은 조건에서 일을 하도록 하더라도, 다른 민족 출신의 노동자들에게선 내가 앞에서 묘사한 그런 자질들이 전혀 나타나지 않는다. 영국의 작업장에서 일하는 아일랜드인 노동자가 좋은 예가 될 것이다. 드 루지에도 다른 많은 전문가들과 똑같이 아일랜드 노동자가 미국에서도 똑같이 열등한 모습을 보인다는 점을 강조한다. "아일랜드 노동자는 스스로를 향상시키고자 하는 욕구를 전혀 보이지 않으며 먹을 것이 충분히 마련되는 순간 만족하고 만다." 미국에서 아일랜드인은 다른 곳의 이탈리아인처럼 걸인과 정치인, 벽돌 쌓는 노동자, 하인, 넝마주이 이외의 다른 일을 좀처럼 하지 않는다.

영국 노동자는 경제적 필연에 강한 인상을 받고 고용주와 함께 자신의 이해관계를 놓고 토론을 벌일 수 있으며 필요하다면 파업을 통해서 자신의 요구를 관철시킨다. 그러나 영국 노동자는 고용주를 질투하지도 않고 미워하지도 않는다. 그 이유는 노동자가 고용주를 자신과 다른 흙으로 만들어진 존재로 보지 않기 때문이다. 노동자는 고용주가 얻는 것이 무엇인지를 정확히 알고 있으며 따라서 고용주가 노동자에게 줄 수 있는 것이 무엇인지도 잘 알고 있다. 영국 노동자는 심사숙고한 끝에 자본에 대한 보상과 노동에 대한 보상 사이에 불균형이 지나치게 크다는 판단이 설 경우에만 파업의 위험을 각오할 것이다. "영국 노동자는 두 가지 이유로 자신의 고용주를 심하게 매도하지 않는다. 노동자가 고용주를 매도하면, 노동자가 고용주를 망쳐놓을 것이다. 그리고 노동자가 고용주를 망쳐놓는다면, 고용주는 더 이상 고용주가 아닐 것이다." 프랑스의 사회주의자들이 그렇게도 좋아하는, 국가가 노동자와 고용주 사이에 개입하도록 강요하겠다는 생각은 영국 노동자의 성미에는 본래부터 맞지 않다. 국가에 파업수당을 요구하는 것은 비도덕적임과 동시에 부조리해 보일 것이다. 테느는『영국 비망록』(Notes sur l'Angleterre)에서 영국 노동자가 정부의 보호를 혐오하는 성향에 주목하면서 이런 두드러진 혐오와 끊임없이 국가에 호소하는 프랑스 노동자의 행태를 대비시켰다.

유럽대륙에서와 마찬가지로, 영국 노동자도 경제적 급변의 희생자이며 또한 경제적 격변에 따른 산업 재앙의 희생자이다. 그러나 영국 노동자는 현실감각과 정세에 대한 지식을 두루 갖추고 있기 때문에 자신의 고용주가 그런 사건들에 대해 책임을 지도록 한다. 영국 노동자는 프랑스의 선동가들이 그렇게 애용하는 노동 착취나 악덕 자본 같은 구호에는 전혀 관심을 보이지 않을 것이다. 영국 노동자는 노동 문제는 노동과 자본의 투쟁에만 국한되지 않으며 노동과 자본은 똑같이 중요한 한 요인의 영향을 받는다는 사실을 잘 알고 있다. 그 중요한 요인이란 바로 수요이다. 따라서 노동자는 임금 삭감이나 비자발적 휴업이 불가피하다고 판단하면 그 판단에 따른다. 모험심과 교육 덕에, 영국 노동자는 필요하다면 직업까지 바꿀 수 있다. 드 루지에는 미국에서 일자리를 찾기 위해 1년 중 6개월을 미국에서 보내는 영국 석공과 호주산 양모의 수입으로 인해 자신들의 일자리가 위태로워지고 있다는 사실을 깨닫고는 현지에 관계자를 파견하여 실상을 연구하도록 한 노동자들에 대해 언급하고 있다. 영국 노동자들 사이에 두드러진 이런 활력과 모험심, 능력은 라틴 민족 국가에서는 매우 특별해 보일 것이다. 미국의 앵글로색슨 족 사이에서 이런 자질이 더욱 강화되고 있다는 사실을 확인하기를 원한다면 대서양을 건너기만 하면 된다. 미국에서는 아직 아무도 국가에 의지하지 않고 있다. 국가가 철도와 항구와 대학을 건설하도록 해야 한다는 생각은 미국인의 머리에는 절대로 떠오르지 않을 것이다. 민간 기업만으로도 그런 문제를 충분히 감당할 수 있다. 미국이라는 거대한 공화국을 거미줄처럼 연결하고 있는 철도의 건설에서 민간 기업의 활동이 특별히 더 두드러지고 있다. 모험심과 독립의 문제에서보다 라틴 민족과 앵글로색슨 족의 차이를 더 두드러지게 보여주는 것은 없다.

미국에서는 철도산업도 다른 산업과 똑같이 여겨지고 있다. 개인들이 서로 제휴하여 이끌고 있는 철도는 생산성이 있을 때에만 유지된다. 프랑스에서처럼 주주들이 정부로부터 피해를 보상받을 수도 있다는 생각은 누구에게도 떠오르지 않는다. 현재 운행 중인 장거리 철도노선은 모두 처음에 위험 부담을 줄이기 위해 소규모로 시작했다. 그 시작이 성공적일 때에만 노선의 확장이 이뤄졌다. 이처럼 간단한 방법을 통해서 미국의 철도노선은 정부의 보호를 받는 유럽 국가 어느 곳과도 비교가 안 될 정도로 큰 발전을 이루었다. 이처럼 큰 발전을 이루었음에도 불구하고 철도를 운영하는 조직의 규모는 아주 작다. 일에 관심을 갖고 책임감을 강하게 느끼는 관리들 몇 명만 있으면 철도회사를 거뜬히 운영해낸다. L. P. 뒤부아 (Dubois)는 이렇게 쓰고 있다.

"관리 조직의 단순하고 명확하고 신속한 활동을 보도록 하자. 책임자들이 읽지도 않고 서명을 하는 그런 보고서를 작성하는 무책임한 직원도 한 사람도 없고 무책임한 사무실도 없다. 모토는 '각자의 책임으로'이다. 반드시 분할될 일은 동시에 분권화되어 있다. 위에서 아래까지 모두 각자의 책임으로 역할을 맡아 스스로 처리한다. 각자의 자질을 발견하는 것이 전체 시스템에 유익하다. 사환과 편지를 치는 타자수들이 유일한 보조원들이다. 어떠한 일도 질질 끌어서는 안 된다. 모든 일은 24시간 안에 처리되어야 한다. 모두가 최대한 바삐 움직인다. 사장에서 말단 직원까지, 모두가 하루에 9시간씩 일한다. 따라서 대규모 철도회사의 본부도 약간의 직원만 있으면 된다. 사무실 공간도 작다. 서부 주들에 6,000마일 이상의 철도를 갖고 있는 '시카고 벌링턴 앤드 퀸시 레일로드'는 시카고 애덤스 스트리트에 있는 자사 건물의 한 개 층만 사용하고 있다. 세인트 폴 레일웨이도 마찬가지이다.

사장이 직접 전체 사업을 지휘한다. 사장은 지휘관이다. 그는 어디에나 관여하는 사람이다. 어느 분야든 중요한 문제는 모두 그의 결정을 따른다. 사장은 경우에 따라서 엔지니어나 경제학자, 금융가가 되고, 법원에서는 변호사가 되고 입법부와의 관계에서는 외교관이 된다. 사장은 언제나 위급한 사태에 대비하고 있다. 사장은 돌아다니면서든 앉아서든 사업의 모든 단계를 다 살필 것이다. 회사에 숙련공으로 첫발을 디딘 사장은 지금 회사를 지휘하고 있다. 실천을 통해 스스로를 연마하고 일반적인 사상을 체득한 직원들은 미국 업계에서 가장 우수한 자질을 갖춘 사람들이다."

앞에 인용한 내용을 보면, 라틴 민족에겐 너무나 자연스럽게 받아들여지고 있는 국가 사회주의가 앵글로색슨 족 노동자들 사이에서 성공할 확률이 크게 떨어질 것이라는 점을 쉽게 예측할 수 있다. 따라서 앵글로색슨 노동자들의 대표와 라틴계 노동자들의 대표가 사회주의자 총회에서 서로 만나면 그 즉시 둘 사이에 의견불일치가 매우 뚜렷이 나타나더라도 절대로 놀랄 일이 아니다. 영국인은 영국의 힘의 요인을 민간 기업의 발달과 국가의 역할에 대한 제한에서 찾는다. 그러므로 영국의 발전은 곧 사회주의의 실패를 의미하며 영국은 이 같은 사실을 바탕으로 번영을 누리고 있다.

그럼에도 영국과 미국에서도 최악의 형태의 집단주의와 심지어 무정부 상태까지 옹호하는 소리가 들렸다. 사회주의가 영국에서도 몇 년 동안 진전을 이루었다. 그러나 영국에서는 월급이 형편없는 직종에서만 사회주의 추종자들이 나오고 있다. 월급이 형편없는 직종이란 곧 능력이 떨어지고, 따라서 "부적절한" 노동자들이 종사하는 분야란 뜻이다. 이런 노동자들에 대해서는 별도의 장에서 논하게 될 것이다. 이런 노동자들만이 토지와 자본의 국유화와 정부의 개입을 주장하고 있는 것이다.

그러나 미국에서는 사회주의자들이 거대한 사도 집단을 거느리고 있다. 날이 갈수록 놀랄 정도로 커지고 있는 집단이다. 재능도 없고 활력도 없고 새로운 생존 조건에 적응할 능력도 없어 사회적 낭비가 되고 있는 외국 이민자들이 사회주의 추종자가 나오는 온상이다.

미국은 이 다수의 집단에 맞서 스스로를 지키기 위해 치열하게 전투를 벌여야 할 날이 올 것이라고 이미 예측하고 있다. 그 전투는 아마 무자비한 근절의 전쟁이 될 것이다. 마리우스가 로마 문명을 야만인의 공격으로부터 보호하기 위해 야만인을 괴멸시켰던 전쟁을 떠올리게 하는데, 미국에서 벌어질 전쟁은 규모 면에서 마리우스의 전쟁보다 훨씬 더 클 것이다. 아마 그 같은 대량학살의 대가를 치러야만 인간의 독립과 문명의 진보라는 성스러운 명분이 구원을 받을 수 있을 것이다. 그런데 이 명분을 오늘날 어느 한 국가는 포기할 준비가 되어 있다.

3장

라틴 민족의 심리

1. 한 민족의 정치제도는 어떤 식으로 결정되는가?

앵글로색슨 족의 사회주의에 대한 연구는 앵글로색슨 족 사이에서는 모든 사회주의 이론들이 민족적 특성과 충돌을 일으키고 이 충돌이 사회주의의 발달을 불가능하게 만들 것이라는 점을 보여주었다. 이제는 라틴 민족 사이에서는 이와 반대로 사회주의가 정부의 어떤 제도가 진화한 결과라는 사실을 보여줄 것이다. 그런데 라틴 민족은 오랫동안 무의식적으로 이 제도에 복종해왔으며 동시에 이 제도의 발달을 더욱 강하게 요구하고 있다.

이 주제의 중요성 때문에 길게 논할 필요가 있다. 어떤 제도의 발달을 분석하려면 그 뿌리까지 파고들어가야 한다. 어떠한 종류의 제도든 어느 한 국가에서 번성하는 것으로 보일 때, 우리는 그 제도가 진화의 과정에서 정점에 달했다고 볼 수 있을 것이다.

이 진화의 과정이 언제나 눈에 보이는 것은 아니다. 왜냐하면 특히 현대로 들어와서 제도는 단지 빌려 입은 옷에 지나지 않게 되었기 때문이다. 이 옷은 이론가가 만든 것이고 현실을 바탕으로 재단한 것이 아니기 때문에 전혀 아무런 의미를 지니지 않는다. 바깥에서 제도와 헌법을 연구하면서 이 나라는 군주정이고 저 나라는 공화정이라고 언급하는 것은 우리에게 아무것도 가르쳐주지 못하고 단지 머리만 어지럽힐 수 있다. 예를 들면 스페인 계통의 남미 국가들이 있다. 이 국가들은 서류상으로는 정말 멋지고 완벽한 헌법을 갖고 있으면서도 여전히 끝 모르는 공상에 빠진 독재자의 전횡 때문에 무질서의 늪에서 빠져나오지 못하고 있다. 한편 세계의 다른 지역에서 우리는 영국과 같은 국가들을 발견한다. 상상을 초월할 만큼 불완전하고 애매모호한 헌법을 갖고 있으면서도 개인의 자유와 시민의 특권과 역할이 다른 어떠한 곳보다 더 잘 발달된 국가들이다.

무의미한 외적 형태 뒤에 가려져 있는 어느 민족의 진짜 정치제도를 발견해내는 최선의 방법은 정부와 공무원이 공적인 업무에서 맡는 역할의 한계를 연구하는 것이다. 즉 국민이 국가를 어떤 식으로 인식하는지를 분석하는 것이다. 이런 식으로 연구를 시작하기만 하면, 빌려 입은 옷은 금방 사라지고 실체가 고스란히 드러난다. 그러면 우리는 정부와 제도의 외적 형태의 가치를 둘러싼 이론적 토론이 얼마나 무의미한지를 재빨리 깨닫게 된다. 아울러 한 국민이 자신들을 통치할 제도를 스스로 선택하지 못하는 것은 사람이 자신의 나이를 선택하지 못하는 것과 똑같다는 사실을 확인하게 될 것이다. 이론적인 제도는 사람이 자신의 나이를 감추는 수단 정도의 가치밖에 없다. 실체는 무관심한 관찰자에게는 그 모습을 분명하게 드러내지 않는다. 그러나 그럼에도 불구하고 실체는 엄연히 존재한다.

2. 라틴 민족의 정신 상태

독자 여러분은 내가 라틴 국민들이나 라틴 민족들이라고 할 때 뜻하는 바가 무엇인지를 알고 있다. 나는 이 용어를 인류학적 의미에서 쓰고 있는 것이 아니다. 왜냐하면 순수한 민족은 미개인을 제외하고는 오래 전에 거의 사라졌기 때문이다. 문명화된 민족들 사이에는 내가 다른 곳에서 '역사적 민족'이라고 불렀던 그런 민족만 있다. 그렇듯 민족은 전적으로 역사의 사건들에 의해 창조되는 것이다. 종종 다양한 기원을 가진 사람들로 구성된 어떤 국민이 몇세기 동안 비슷한 환경과 비슷한 생활방식, 공통의 헌법과 믿음, 동일한 교육을 경험할 때, 그런 민족이 확립된다. 만일 국민을 이루는 인구들의 기원이 예를 들어서 영국의 지배를 받던 아일랜드인과 오스트리아의 지배를 받던 다양한 민족들처럼 지나치게 다르지만 않다면, 그 인구들은 융합되어 하나의 국민정신을 획득하게 된다. 말하자면 그 인구들은 비슷한 정서와 이해관계, 사고방식을 습득하게 된다는 뜻이다. 그런 일은 하루아침에 일어나지 않는다. 그러나 국민정신의 창조가 극에 달할 때에만, 국민이 형성되고 문명이 확립되고 역사적 민족이 존재하게 된다.

따라서 라틴 민족에 대해 말할 때, 나는 피 속에는 라틴 민족의 요소가 하나도 없고 또 서로 많이 다를 수 있지만 수많은 세기 동안에 라틴 민족의 이상의 굴레에서 벗어나지 않은 민족들에 대해 논하고 있다. 그 민족들은 제도와 문학, 믿음, 예술 등 정서적인 면에서 라틴 민족이고, 교육이 그들 사이에 라틴 민족의 이상을 지속적으로 전하고 있다. 프랑스 역사학자 아노토(Gabriel Hanotaux)는 이렇게 쓰고 있다. "르네상스 이후로, 로마의 이미지는 프랑스의 얼굴에 지울 수 없는 성격을 각인시켰다. … 3세기 동안 프랑스 문명은 로마 문명의 조각보에 지나지 않는 것처럼 보였다." 지금도 그렇지 않은가?

미슐레(Jules Michelet)의 『로마사』(Histoire Romaine)의 새로운 판본에 관해 쓴 한 에세이에서, 프랑스의 고전학자 가스통 부아시에(Gaston Boissier)도 같은 생각을 표현했다. "우리는 로마로부터 우리의 존재를 이루는 요소들의 상당 부분을 끌어내고 있다. 우리는 우리 자신을 분석하면서 로마가 물려준 정서와 사상의 침전물을 발견한다. 바로 그 바탕에서 우리의 모든 것은 비롯되었다."

만일 라틴 민족의 정신을 몇 개의 단어로 정의하길 원한다면, 우리는 의지와 활력과 모험심의 결여가 라틴 민족의 특징이라고 말할 수 있을 것이다. 끈질기게 오랫동안 노력을 펴지 못하는 라틴 민족은 다른 존재의 지배를 받기를 좋아하며, 자신의 실패조차도 통치자의 책임으로 돌리며 자신의 책임으로는 절대로 돌리지 않는다. 카이사르가 이미 그 시대에 간파했듯이, 아무런 동기도 없이 전쟁을 벌일 준비가 되어 있는 라틴 민족은 전쟁에 돌입하기만 하면 첫 번째 패배에 이미 기가 팍 죽는다. 라틴 민족은 변덕을 잘 부리며,

이 점은 카이사르에 의해 프랑스 사람의 약점으로 지적되었다. 이 변덕이 라틴 민족을 온갖 충동의 노예로 만든다. 아마 라틴 민족의 가장 두드러진 특징은 자제력의 결여일 것이다. 자제력이야말로 사람이 스스로를 지배하고 남에게 지배당하지 않도록 막아주는 요소인데도 말이다.

평등을 아주 사랑하고 탁월에 대해 극단적인 질투심을 보이는 라틴 민족은 언제나 자유에 무관심했다. 라틴 민족은 자유를 누리게 되자마자 자유를 지배자에게 넘기려 한다. 감독을 받고 규칙을 갖기 위해서이다. 이런 것들이 없으면 라틴 민족은 살아가지 못한다. 그들은 위대한 사람을 우두머리로 두고 있을 때에만 역사에서 중요한 역할을 맡았다. 이런 이유 때문에, 그들은 오랜 세월 동안 굳어진 은밀한 본능에 자극을 받아 늘 위대한 사람들을 찾고 있다.

항상 라틴 민족들은 훌륭한 연사였고 논리와 말을 사랑하는 사람들이었다. 사실에는 거의 관심을 두지 않는 그들은 어떤 개념이 단순하고 일반적이고 고상한 언어로 표현되는 한 그 개념을 대단히 사랑한다.

논리적 토론은 언제나 라틴 민족의 최대의 적이었다. 독일의 군사 지도자 폰 몰트케(von Moltke)는 "프랑스 사람들은 언제나 말을 사실로 착각하고 있다."고 말했다. 이는 다른 라틴 민족들에게도 그대로 통한다. 미국인들이 필리핀을 공격하고 있는 동안에, 스페인 의회는 자국의 유산 중 마지막 남은 것을 지킬 조치를 취할 생각은 하지 않고 허풍이나 늘어놓으며 위기를 자초하여 다양한 정당들이 권력투쟁을 벌이도록 했다. 라틴 민족들 중에서 말과 논리의 희생자가 된 사람들의 두개골을 다 모아놓으면 아마 이집트에서 가장 큰 피라미드보다 더 큰 피라미드가 만들어질 것이다.

앵글로색슨 족은 사실과 필연에 충실하며, 자신에게 일어난 일에 대한 책임을 정부로 절대로 떠넘기지 않으며, 논리의 명백한 암시에도 관심을 거의 두지 않는다. 앵글로색슨 족 사람은 경험을 믿고 또 사람들은 이성에 따라 행동하지 않는다는 사실을 잘 알고 있다. 반면에 라틴 민족은 언제나 모든 것을 논리적으로 추론하고, 이성을 바탕으로 마련한 계획에 따라 사회를 완전히 뒤집어엎고 다시 건설하려 든다. 루소와 그의 세기에 활동한 모든 저자들의 꿈이 그런 것이었다. 프랑스 혁명도 이 저자들이 제시한 원칙을 적용한 것에 지나지 않았다. 지금까지 엄청나게 많은 기만이 횡행했음에도 불구하고 그런 환상들의 힘이 아직 깨어지지 않았다. 테느가 고전적 정신이라고 한 것은 바로 이런 것을 두고 한 말이다. "매우 단순하면서도 매우 일반적인 사상들을 몇 가지 분리시키고, 그런 다음에 경험은 뒷전으로 밀쳐놓고 그 사상들을 서로 비교하며 결합시키고, 그런 식으로 얻어진 인공적 합성물로부터 약간의 추론을 통해서 그것이 암시하는 모든 결과들을 끌어낸다." 이 위대한 저자는 이런 심리적 성향이 혁명의회들에서 행해진 연설에 미친 영향을 놀랄 정도로 정확히 파악해냈다.

"의회와 결사의 장광설과 신문의 보도, 법정 소송, 팸플릿, 그리고 당시의 긴박한 사건에 고무되어 쓴 글들을 한번 훑어보라. 거기에는 우리가 들판이나 거리에서 보는 모습 그대로의 인간 생명체에 대한 인식은 전혀 없다. 인간이 마치 작동법이 잘 알려진 어떤 단순한 기계장치처럼 묘사되고 있다. 논객에겐 인간은 구호만 되풀이 반복하는 기계에 지나지 않는다. 정치인에겐 인간은 표를 던지는 기계에 지나지 않는다. 인간이 적절한 곳을 적절히 건드려 주기만 하면 원하는 대답을 내놓는 기계처럼 취급당하고 있다. 이건 절대로 사실이 아니다. 추상적인 생각일 뿐이다."

라틴 민족, 특히 프랑스인들의 사교성은 대단하다. 그러나 라틴 민족의 연대의식은 매우 약하다. 반면에 영국인은 비사교적이지만 자기 민족의 구성원들 모두와 매우 끈끈한 유대를 보인다. 이 응집력이 영국인의 힘을 이루는 한 요소라는 사실을 우리는 확인했다. 라틴 민족은 무엇보다 개인의 이기심의 지배를 받고, 앵글로색슨 족은 집단 이익의 지배를 받는다.

라틴 민족들에게서 예외 없이 확인되는 연대의 결핍이 최악의 단점이다. 연대의 결핍은 민족적 악덕이지만 대부분 교육에 의해 생겨난다. 라틴 민족은 끊임없이 시험과 경쟁에 노출되면서 언제나 동료들과 경쟁을 벌이고 있다. 그 결과 집단의 이익이 크게 쇠퇴하고 개인의 이기심이 크게 발달하게 되었다.

라틴 민족들 사이에서는 생활과 거의 관계가 없는 환경에서도 연대의 결여가 눈에 두드러진다. 영국 팀과 프랑스 팀이 축구 경기를 하면 프랑스가 언제나 패배한다는 말이 오랫동안 회자되었다. 그 이유는 개인의 성공보다 팀의 성공을 앞세우는 영국 선수는 공을 더 이상 몰 수 없는 상황이 되면 재빨리 동료에게 공을 넘기는데 반해 프랑스 선수는 동료가 골을 넣는 것을 보느니 차라리 자기편이 지는 게 낫다고 생각하면서 공을 넘기지 않기 때문이다. 프랑스 축구선수에게 팀의 성공은 관심사가 아니다. 프랑스 선수는 오직 자신의 개인적 성공에만 관심을 두고 있다. 이 이기심은 자연히 선수의 인생 내내 따라다닐 것이다. 만일 축구선수가 나중에 장군이 된다면, 그는 위기에 처한 동료에게 성공을 안겨줄 수도 있겠다는 판단에서 그 동료를 구해줄 수 있는 상황에서도 구해주지 않고 적에게 당하도록 내버려둘 것이다. 개탄스럽게도 지난번 전쟁에서도 이런 예들이 나왔다.

라틴 민족들 사이에 두드러진 연대의 결여는 프랑스의 식민지들을 방문한 여행객들을 놀라게 만들었다. 다음과 같이 전한 마이예(A. Maillet)의 말이 옳다는 것을 확인할 기회를 나는 자주 가졌다. "식민지에서 프랑스인 2명이 서로 이웃해 살 때, 그들이 서로 적이 안 되면 극히 예외적인 일이다. 프랑스 식민지에 발을 처음 들여놓는 프랑스 여행객을 가장 먼저 놀라게 만드는 사람들은 프랑스인이다. 모든 식민지 개척자와 관리, 심지어 장교까지도 같은 프랑스인에 대해 말할 때 독기를 품는다. 그런 모습을 지켜보고 있으면 프랑스 여행객은 이 사람들이 권총을 뽑아들지 않은 이유가 궁금해진다."

영국이 오래 전에 그랬듯이, 프랑스도 교육제도 안에서 경쟁과 시험을 완전히 배제해야만 이기주의라는 위험한 결점을 조금이라도 치유할 수 있을 것이다. 라틴 민족은 언제나 대단한 용기를 발휘했다. 그러나 라틴 민족이 명령을 받지 못하게 되는 순간, 그들의 우유부단과 통찰력의 결여, 연대의 결여, 냉정의 결여, 책임에 대한 두려움이 그만 그 용감성을 쓸모없게 만들어버린다.

현대의 전쟁에서는 장교들의 역할이 전쟁터의 규모 때문에 더욱더 제한적으로 변하고 있다. 따라서 냉철한 머리와 통찰력, 연대, 차분한 정신 같은 자질이 더욱 중요해지고 있다. 그렇기 때문에 라틴 민족은 옛날의 성공이 재연되는 것을 좀처럼 보지 못하게 될 것이다.

그리 멀지 않은 과거의 어느 시점엔 재치와 우아한 말씨, 기사도 정신, 문학적이고 예술적인 태도가 문명의 중요한 요소들을 이루었다. 라틴 민족은 이런 자질들을 아주 많이 갖춘 덕에 오랫동안 모든 민족의 선두에 설 수 있었다.

오늘날 산업적, 지리적, 경제적 진화로 인해 민족이 탁월할 수 있는 조건들이 많이 바뀌었다. 옛날과 매우 다른 능력을 요구하고 있는 것이다. 오늘날 성공에 필요한 요소들은 은근한 활력과 모험심, 체계적인 사고 같은 것이다. 이런 요소들을 라틴 민족은 거의 갖추고 있지 않다. 그렇기 때문에 라틴 민족은 이런 요소들을 갖춘 민족들에게 점진적으로 자리를 내줘야 한다.

라틴 민족의 젊은이에게 강요되는 교육제도는 그나마 남아 있는 이런 요소들의 잔재마저도 점진적으로 파괴하고 있다. 끈기 있는 의지력과 인내, 모험심이 조금씩 사라지고 있다. 무엇보다 개인이 지배자의 명령 없이 활동하게 하는 자제력이 사라지고 있다.

많은 사건들이 활력 넘치고 활동적이고 독립심 강한 개인들을 희생시켰다. 지금 라틴 민족들은 과거의 잘못에 대한 대가를 치르고 있다. 스페인의 경우에는 종교재판이 여러 세기 동안에 그 나라에서 가장 훌륭한 개인들을 지속적으로 없애왔다. 프랑스에서는 낭트칙령의 폐지와 프랑스 혁명, 제국과 내전이 가장 정력적이고 모험심 강한 이들을 죽이거나 추방시켰다. 대부분의 라틴 민족들 사이에서 확인되는 형편없는 인구 증가율도 쇠퇴의 원인이 되고 있다. 그럼에도 불구하고 인구의 소폭 증가도 최고 수준의 개인의 증가를 의미한다면, 소폭의 증가도 결코 불리한 요소가 되지 않을 것이다. 왜냐하면 한 나라의 힘은 거기에 사는 개인의 숫자가 아니라 개인의 자질에 달렸기 때문이다. 그런데 불행하게도 인구의 수준을 유지하고 있는 사람들이 대부분 무능하고 허약하고 경솔한 사람들이다.

이 관찰은 아주 정확하다. 논박의 여지가 전혀 없다. 한 국가의 가치는 그 나라가 배출한 탁월한 사람들의 숫자에 좌우된다는 사실에 대해서는 이미 내가 다른 곳에서 길게 분석한 바 있다. 국가의 쇠퇴는 탁월한 개인들의 감소와 사라짐에서 비롯된다. 최근 '르뷔 시앙티피크'(Revue Scientifique)에 기고한 에세이에서, 프랑스 인류학자 라푸주(Georges Vacher de Lapouge)도 고대 로마인들과 관련해 이와 비슷한 결론을 내리고 있다.

"만일 예를 들어서 로마의 위대한 가문들을 200년 단위로 끊어서 분석한다면, 옛 가문들 중에서 가장 탁월했던 가문들이 더 이상 존재하지 않고 그 가문들 대신에 그보다 가치 면에서 떨어지는 다른 가문들이, 모든 계층, 심지어 노예 신분에서 해방된 자유민 출신의 가문들이 그 자리를 차지하고 있다는 사실이 확인될 것이다. 키케로가 로마의 덕목이 쇠퇴했다고 개탄했을 때, 그는 도시에서, 심지어 원로원에서도 순수 혈통의 로마인들이 드물었다는 사실을 잊고 있었다. 이를테면 로마 시민 한 사람당 라틴계 혼혈이 10명, 에트루리아 사람이 10명이었다는 사실을 모르고 있었던 것이다. 키케로는 로마인의 도시가 모든 사람들에게 열리는 순간 위험해지기 시작했다는 것을 잊고 있었다. 또 시민권이 끊임없이 빛을 잃어가고 있었다면, 그 이유가 시민권을 얻는 피정복자의 아들의 수가 정복자의 아들의 수보다 더 많았기 때문이라는 것을 키케로는 모르고 있었다. 연이은 귀화로 인해 로마 시가 모든 민족에게 열리게 되고 또 브르타뉴 사람들과 시리아 사람, 트라키아 사람, 아프리카 사람들이 로마 시민의 활력에 묻히게 되었을 때, 순수 혈통의 로마인들은 사라졌다."

어떤 민족, 예를 들어 미국의 앵글로색슨 족이 신속한 발전을 이룰 수 있었던 것은 인구의 선택이 라틴 민족의 유럽에서처럼 부정적으로 작용하지 않고 긍정적인 방향으로 작용했기 때문이다. 미국에는 오랫동안 유럽 국가들, 특히 영국의 인구 중에서 가장 독립적이고 활동적인 사람들이 살았다. 어떤 사람이 호전적이고 적대적인 민족들이 함께 섞여 사는 먼 나라로 가족과 함께 감히 이민을 떠나겠다고 나섰다면, 그 사람은 강건한 성격의 소유자였을 것이다.

여기서 내가 다른 책들에서 강조한 어떤 사실을 언급하는 것이 중요하다. 국가들이 역사의 장에서 지워지는 것은 지능의 쇠퇴 때문이 아니고 성격의 약화 때문이라는 점이다. 이 법칙은 고대 그리

스와 로마인들에 의해서도 확인되었으며 오늘날에도 다시 사실로
확인되려고 하는 중이다.

이것은 근본적인 법칙인데 지금은 적용 범위가 더욱 넓어지는 경
향을 보이고 있다. 영국 사회학자 벤저민 키드(Benjamin Kidd)가
발표한 책에서도 이 점이 강조되고 있다. 그의 책에서 몇 구절을 인
용하려 한다. 키드는 앵글로색슨 족과 프랑스인을 가르는 성격적
차이에 대해, 그리고 그 차이의 역사적 영향에 대해 객관적인 시각에
서 차분히 논하고 있다.

"서유럽에서 앞서가는 3개 나라 중에서 켈트 족의 피가 가장 많
이 남아 있는 프랑스를 예로 든다면, 여러 가지 증거들을 바탕
으로 공정하게 판단하는 객관적인 사람이라면 누구나 일부 지적
인 특성과 관련해서 프랑스 인을 서유럽의 다른 민족들보다 위에
놓아야 한다는 점을 인정할 것이다. … 사실 프랑스 지성의 영향
은 서구 문명의 모든 요소에서, 이를테면 정치의 전체 영역과 예
술의 일부 영역, 그리고 고매한 사상의 모든 영역에서 느껴지고
있다. …

독일 사람들은 대체로 가장 두드러진 지적 결과물을 내놓고 있
다. 당연히 깊은 연구와 힘들고 양심적인 노력, 조각들을 서로
결합시키는 힘든 작업, 지식의 많은 요소들을 취합하려는 열정
등이 그런 좋은 결과를 낳게 된다. 그러나 그 연구에 프랑스의
관념론 같은 것은 부족한 편이다. … 양심적인 관찰자는 프랑
스인의 정신을 처음 가까이 접할 때 프랑스인의 내면에 독일인이

나 영국인에게는 없는 아주 지적인 무엇인가가 있다는 느낌을 받
게 되어 있다. 과거 프랑스가 배출한 천재들의 고매한 작품에서
만 아니라 현재의 문학과 예술에서도 그런 탁월한 재능이 확인되
고 있다."

프랑스인의 이런 정신적 탁월성을 인정한 다음에, 이 영국 사회
학자는 성격이 지성보다 사회적으로 훨씬 더 중요하다는 주장을 펴
면서 지성이 그것을 소유한 민족에게 이바지할 수 있는 것이 어느 정
도인지를 보여준다. 18세기 중반까지 프랑스와 영국 사이에 벌어진
식민지 쟁탈전의 역사를 예로 들면서, 그는 이렇게 말하고 있다.

"식민 경쟁과 관련한 모든 이슈들을 고려할 때, 영국과 프랑스가
역사상 가장 치열한 경쟁의 하나가 될 식민지 쟁탈전을 종식시킨
것은 18세기 중반이었다. 이 쟁탈전이 끝나기 전까지, 그 충격은
문명화된 세계 전체에서 느껴졌다. 이 쟁탈전은 유럽과 인도, 아
프리카, 북미 대륙과 바다에서 벌어졌다. 확인 가능한 모든 외형
을 바탕으로 판단하건대, 모든 상황은 가장 똑똑한 민족에게 유
리했다. 군비와 자원과 인구 면에서 프랑스가 더 우수한 민족이
었다. 1789년에 영국의 인구는 960만 명에 지나지 않았던 반면
에 프랑스의 인구는 2,600만 명이었다. 프랑스의 세입은 연 6억
프랑이었고, 영국의 세입은 3억 9,125만 프랑이었다. 19세기 초
에 프랑스 인구는 2,700만 명 정도였으나 아일랜드와 북미 국
가들과 식민지를 포함하여 영어를 사용하는 사람들의 숫자까지

다 합해도 영국인의 숫자는 2,000만 명을 넘지 않았다.

19세기 마지막 10년이 시작될 때, 미국의 유색 인종과 원주민들을 포함시키지 않은 가운데서도 영어를 사용하는 인구는 총 1억100만 명이나 되었다. 한편 프랑스인은 겨우 4,000만 명이었다. 되돌아보건대, 영국인들은 투쟁이 벌어진 전 세계의 어디서나 거의 어김없이 성공을 거두었다. 북미와 호주 대륙의 거의 전역, 그리고 유럽인들에게 가장 유리했던 아프리카 남부 지역을 영국인이 점유했다. 다른 어떠한 민족도 영국인들만큼 확고하게 또 영원히 자신들의 입지를 굳히지 못했다."

이어서 이 저자는 영국인의 자질들을 분석한다. 영국이 그처럼 엄청난 발전을 이룩하고, 거대한 식민제국을 아주 성공적으로 통치하고, 이집트를 파산 직전의 상황에서 구출해 몇 년 만에 최고의 번영을 누리게 만든 영국인들의 자질에 대해 언급하면서, 그는 이렇게 쓰고 있다.

"이 모든 결과를 성취한 수단은 간단했다. 대체로 보면 똑똑하거나 지적이라고 평가받지 못하는 자질들을 발휘한 것이다. …이 자질들은 대체로 찬란한 것으로 여겨지지도 않고 상상력을 자극하는 것으로도 여겨지지 않는다. 가장 우선시된 자질은 육체적 힘과 정신적 활력, 인간성, 성실, 고결, 그리고 어떠한 상황에서라도 의무를 다하려는 의지 등이었다. 영어를 쓰는 민족들이 세계에 행사한 그 넓은 영향력을 통치자들의 마키아벨리적인 책략으로 돌리려 드는 사람들은 종종 진실을 놓치게 된다. 이 영향은 대부분 전혀 눈부시지 않은 성격의 그런 자질들 때문이었다."

이제 우리는 지성은 강하지만 활력과 성격이 약한 민족들이 자신의 운명을 정부에 맡기려 드는 이유를 이해할 준비가 되어 있다. 이런 식으로 과거의 역사를 대충 훑어보는 것만으로도 오늘날 프랑스인들에게 제시되고 있는, 집단주의로 알려진 국가 사회주의는 진기한 사상이기는커녕 프랑스 민족의 과거의 제도와 대대로 내려오는 욕구의 자연스런 결과라는 사실이 확인된다. 개인이 인생을 능동적으로 살아가기 위해서 반드시 갖춰야 할 활력과 독창력의 원천을 가급적 막고 또 개인이 모든 책임에서 벗어나도록 하는 것이 바로 집단주의이다. 이런 측면에서 본다면 집단주의는 점진적으로 의지와 활력과 독창력을 잃어가고 있는 민족의 욕구와 잘 맞아 떨어지는 것 같다.

라틴 민족의 국가 개념

1. 한 민족의 개념들은 어떤 식으로 고착되는가?

라틴 민족의 심리를 연구하면서, 우리는 그들의 성격이 어떤 제도의 발달에 이롭게 작용했다는 사실을 확인했다. 이제 우리는 이 제도가 어떤 식으로 고착되고 또 이 제도가 나중에 원인으로 작용하면서 어떤 결과를 낳게 되는지를 살펴보아야 한다.

문명은 오직 어느 민족이 오랫동안 전통의 굴레에 스스로를 종속시키는 조건에서만 탄생할 수 있다. 민족이 형성되는 시기에, 말하자면 함께 모인 사람들이 다 다르고 따라서 이해관계도 서로 다르고 또 수시로 변할 때, 견고한 제도와 믿음이 결정적으로 중요하다. 이 믿음과 제도는 통치를 받을 민족의 욕구와 정신적 특징과 조화를 이루고, 그러면서도 충분히 엄격해야 한다. 굳이 따지자면 믿음과 제도가 엄격해야 한다는 사실이 더 중요하다. 그러나 나는 모든 민족이 오랫동안 전통의 굴레에 복종해야 한다는 점을 보여준 다음에 그 민족이 이 굴레로부터 서서히 풀려날 수 있는 능력을 가졌을 때에만 발전을 구가할 수 있다는 사실을 지적했다.

민족은 폭력적인 혁명을 통해서는 절대로 스스로를 해방시키지 못한다. 혁명은 언제나 오래 가지 못한다. 사회도 동물의 종(種)처럼 작은 성공적인 변화들이 대대로 내려가면서 축적되어야만 변화를 이룰 수 있다.

고착성과 변화성이라는 이중적인 조건을 실현시킬 수 있을 만큼 유연한 민족은 무척 드물다. 고착성이 충분하지 않으면, 어떠한 문명도 뿌리를 확고히 내리지 못한다. 또 변화성이 충분하지 않으면, 어떠한 문명도 발전을 이루지 못한다.

한 민족의 제도들을 고려할 때에는 언젠가 그 제도들이 원인으로 작용하며 낳게 될 결과까지 반드시 생각해야 한다. 여러 세대 동안 지켜지며 내려오다 보면, 제도들은 처음에는 다소 불확실하고 유동적이지만 심리적 성격을 띠면서 확고히 굳게 된다. 한 덩어리의 진흙은 처음에는 물렁물렁하지만 금방 덜 물렁해지다가 마지막에는 돌덩이처럼 단단해진다. 이 상태가 되면 진흙은 모양을 바꾸려 들면 깨어질 것이다. 이렇듯 어느 민족이 안정적이고 일관성 있는 정서와 사상을 얻는 것은 힘든 일이다. 그러나 나중에 이 정서와 사상을 바꾸는 것은 더욱더 어려운 일이다.

전통의 굴레가 계승을 통해서 지나치게 오랫동안 민족의 정신을 지배하게 될 때, 그 민족은 엄청난 노력을 기울여야만 이 굴레에서 벗어날 수 있으며 절대로 벗어나지 못하는 경우도 자주 있다. 종교

개혁 당시에 서구 세계가 폭력적인 격변의 소용돌이에 휘말렸다는 사실을 우리 모두 잘 알고 있다. 그때 북부의 민족들은 자신들에게 독립을 금지했던 종교적 중앙 집중화와 종교의 독단적인 권위에서 벗어나려고 사투를 벌였다.

라틴 민족들 역시 과거의 굴레로부터 스스로 해방되기를 바랐다. 프랑스의 혁명은 그 끝이 보이지 않았다. 그러나 혁명은 너무 늦었다. 몇 년의 격변을 거친 뒤에, 과거의 사슬이 다시 옛 권력을 장악했다. 이 사슬은 정말 단단하고 사람들의 마음에 아주 깊은 각인을 남겼기 때문에 하루아침에 끊어질 수 있는 것이 아니었다.

라틴 민족의 정부들은 권위적인 원칙이 필요하다는 사상에 고취되어 몇 세기에 걸쳐서 주민들이 스스로 생각하고 의지를 키우고 행동하는 것을 금지시켰다. 모든 교육은 이 3가지 금지사항의 유지를 목표로 삼았다. 종교가 금지하고 있는데, 라틴 민족이 생각하고 추론을 해야 하는 이유가 있었을까? 또 국가의 통치자들이 자신들을 대신해서 생각하고 행동해주는데, 그들이 생각하고 행동해야 할 이유가 있었을까? 결국엔 라틴 민족의 정신은 이런 강제적인 요소에 맞게 변화하게 되었다. 사람들이 토론도 하지 않고 무오류로 여겨지던 교회의 교의에 스스로 굴복하는 버릇을 키우고, 마찬가지로 무오류로 여겨지던 왕들의 신권에 복종하는 버릇을 키우게 된 것이다. 라틴 민족 사람들은 자신의 생각과 행동의 방향을 전적으로 정치 및 종교 지도자에게 맡겼다. 이 같은 종속은 라틴 민족의 단결에 필요한 조건이었다. 어느 시기에는 이 종속이 라틴 민족에게 엄청난 힘을 안겨주었다. 탁월한 사람이 통치를 맡았을 때,

라틴 민족은 극도로 찬란한 발전을 이루었다. 그러나 라틴 민족은 오직 탁월한 지도자가 있을 때에만 찬란할 수 있었다.

세계의 경제적 전개가 존재의 낡은 조건들을 뒤엎어놓기 전까지, 라틴 민족은 이처럼 권위에 절대적으로 복종하면서도 그에 따른 피해를 그리 많이 입지 않았다. 통신 수단이 매우 불완전하고 산업의 발전이 거의 느껴지지 않을 정도로 더디게 이뤄지는 한, 국민들은 서로 고립되어 지낼 수 있었고 따라서 정부의 지배를 받을 수 있었다. 그래서 당시 정부는 국민의 생활을 완전히 통제할 수 있었다. 중상주의를 낳은 콜베르(Jean-Baptiste Colbert)의 규제와 비슷한 수단을 통해서, 라틴 민족은 자기 나라의 산업을 마치 신념과 제도를 관리하듯 쉽게 이끌 수 있었다.

국가의 존재 조건을 크게 바꿔놓은 과학 및 산업의 발견들은 정부의 행위까지도 그 못지않게 크게 바꿔놓으면서 정부가 활동할 폭을 점점 더 축소시키고 있다. 산업과 경제 문제들이 세상을 압도하게 되었다. 증기기관과 전신은 거리를 제거함으로써 전 세계를 통제 불가능한 하나의 거대한 시장으로 만들었다. 따라서 정부들은 산업과 통상을 관리하겠다는 케케묵은 야망을 포기하지 않을 수 없게 되었다.

개인의 독창력이 오랫동안 발달해온 국가들에서, 그리고 정부의 행위가 많이 억제된 국가에서, 현재 경제적 발전이 더욱 힘을 얻고 있다. 반면 시민의 독창력이 고갈된 국가들은 무장해제 당하는 상황을 맞게 되었다. 따라서 이 국가들의 시민들은 수 세기 동안 자신들을 대신해 생각하고 행동해주었던 통치자들의 도움을 더욱 많이 바랄 수밖에 없게 되었다. 일부 정부들이 전통적으로 해오던 역할을 계속 수행하면서 기업 활동까지 하지 않을 수 없게 된 것도 바로 이런 이유 때문이다. 그러나 국가가 주도하는 산업의 제품은 여러 가지 이유로 생산에 시간과 비용이 많이 들기 때문에, 기업 활동을 주도하는 국가들은 지금 그렇지 않은 국가들에 비해 불리한 위치에 놓여 있다.

라틴 민족의 정부들은 옛날과 달리 모든 것을 다 지휘하려 들지 않고 가급적 그 범위를 줄이려고 애를 쓰고 있다. 그러나 국민들은 여전히 넓은 범위에 걸쳐서 정부의 통치를 받기를 강력히 바라고 있다. 라틴 민족들 사이에 사회주의가 진화하는 과정을 검토하면서, 우리는 정부 통치에 대한 국민의 열망이 어떤 식으로 점점 더 강해지는지를 보게 될 것이다. 따라서 라틴 민족의 국가는 어쩔 수 없이 계속 개인들을 통제하고 보호하고 지배하고 있다. 그 외에는 달리 방법이 없기 때문이다. 국가의 이 임무는 언제나 더 막중해지고 더 어려워지고 있다. 당연히 매우 탁월한 능력을, 말하자면 매우 드문 능력을 요구하고 있다. 오늘날엔 정부의 작은 실수도 엄청난 영향을 미친다. 따라서 정부들이 매우 불안정하게 되었고, 동시에 라틴 민족들이 1세기 동안 몰입했던 혁명들이 다시 일어날 조짐을 보이고 있다.

그러나 현실을 보면 정부가 이처럼 불안정한데도 통치에는 불안정이 보이지 않는다. 얼핏 보면 프랑스는 많은 정당으로 나뉜 것처럼 보인다. 그러나 정당들은, 공화제를 지지하든 군주제를 지지하든 아니면 사회주의를 지지하든 불문하고, 모두가 국가에 대해 똑같은 인식을 갖고 있다. 모든 정당이 국가의 역할을 확대할 것을 주장하고 있다. 그렇다면 다양한 이름들 아래로 단 하나의 정당이 있다고 볼 수 있다. 라틴 민족당이다. 정부의 명칭이 바뀌어도 통치에 진정한 변화가 일어나지 이유가 바로 여기에 있다.

2. 라틴 민족의 국가 개념

라틴 민족의 근본적인 개념들이 고착되는 과정을 검토하면서, 나는 라틴 민족의 국가 개념의 본질에 대해 충분히 밝혔다고 생각한다. 그렇다면 이제 사회주의의 발전이 라틴 민족의 국가 개념이 진화한 결과 생긴 자연스런 산물이라는 것을 알게 되었을 것이다.

앞에서 분석한 라틴 민족들, 특히 프랑스 민족의 특성에 한 가지를 더 더해야 할 것 같다. 프랑스인이 세상의 어느 민족보다 혁명을 많이 일으켜놓고도 어느 민족보다 더 강하게 과거의 제도에 집착한다는 사실을 말이다. 프랑스인에 대해 세상에서 가장 혁명적이면서도 동시에 가장 보수적인 국민이라고 말해도 무방할 것이다. 엄청난 피를 부른 프랑스인들의 혁명은 아주 케케묵은 제도에 이름을 달리 붙여주는 외에 다른 목적은 하나도 이루지 못했다.

문제의 핵심은 이것이다. 이론들을 펼쳐 보이는 것도 쉽고 연설을 하는 것도 쉽고 혁명을 부추기는 것도 쉽다. 그러나 한 국민의 확고한 정신을 바꿔놓는 것은 불가능한 일이다. 국민에게 새로운 제도를 일시적으로 강요하는 것은 가능하다. 그러나 국민은 금방 과거의 제도로 돌아가 버린다. 왜냐하면 과거의 제도만이 국민의 정신적 욕구를 채워줄 수 있기 때문이다.

피상적인 정신의 소유자들은 여전히 혁명이 프랑스의 제도를 혁신시켰고 또 혁명이 모든 분야에 걸쳐서 새로운 원칙을 창조하고 새로운 사회를 세웠다고 생각할 것이다. 그러나 실제로 보면, 토크빌이 오래 전에 지적했듯이, 혁명이 한 것이라곤 이미 문드러질 대로 문드러져 가만 내버려두어도 몇 년 뒤 저절로 무너지고 말았을 낡은 요소들을 맹렬히 허물어뜨린 것밖에 없다. 그러나 아직 충분히 낡지 않아서 프랑스 민족의 정서와 부합하는 제도들은 혁명의 영향을 전혀 받지 않았다. 그러다 몇 년 지나면 제도들을 엎으려 들었던 바로 그 사람들이 다른 이름으로 그 제도들을 부활시켰다. 열두 번의 세기에 걸쳐 내려오는 유산을 바꾸기란 절대로 쉬운 일이 아니다.

무엇보다도 프랑스 혁명은 국가의 개념을 바꿔놓지 않았으며 또 바꿔놓을 수도 없었을 것이다. 프랑스 혁명은 국가가 끊임없이 기능을 증대시키는 현상에도 아무런 영향을 미치지 않았고 시민이 독창력을 끊임없이 잃어가는 현상에도 아무런 영향을 미치지 않았다. 그런데 시민의 독창력을 제한하는 것이야말로 사회주의의 바탕이 아닌가. 모든 것을 정부의 관리에 맡기고 따라서 공공의 기능을 증대시키려는 성향이 프랑스 민족의 영혼에 얼마나 깊이 뿌리를 내리고 있는지를 이해하길 원한다면, 우리는 프랑스 혁명이 일어나기 몇 년 전으로 돌아가기만 하면 된다. 그 당시에도 중앙 정부의 행위는 오늘만큼이나 포괄적이었다. 토크빌은 이렇게 쓰고 있다.

"도시들은 주지사의 보고와 평의회의 결의가 없으면 입시세(入市

稅) 징수소도 하나 설치하지 못하고, 세금도 징수하지 못하고, 소유물을 저당 잡히거나 팔지도 못하고 소송도 제기하지 못하고 경작도 하지 못한다. 또한 소유물을 영리 목적으로 활용하지도 못하고 초과 수입을 이용하지도 못한다. 도시들이 하는 일은 모두 평의회에서 승인된 계획과 예산에 따라 수행된다. 이런 사실은 프랑스에서 보는 모든 것은 새로울 것이라고 상상하는 사람들을 크게 놀라게 만들 것이다. … 태풍에 피해를 입은 교회의 지붕을 수리하거나 아니면 낡아빠진 사제관 벽을 고치는 데도 평의회의 결의를 얻어야 했다. 파리에서 멀든 가깝든 모든 시골 교구의 성직자는 이 규칙의 적용을 받았다. 나는 교구 성직자들이 겨우 25리브르에 대한 지출권리를 평의회에 요구하는 것을 목격하기도 했다."

그렇다면 당시에도 오늘날처럼 주권자의 독재 때문이 아니라 시민의 무관심 때문에 생긴 중앙 집권화로 인해 지방의 삶은 오래전에 사라지고 없었다. 토크빌의 말을 더 들어보자.

"사람들은 제헌의회가 고대부터 내려오는 프랑스의 주들을 단칼에 아주 쉽게 폐지하는 것을 보고 깜짝 놀란다. 많은 주들은 그 역사가 군주정체보다도 더 길지 않는가. 제헌의회는 기계적으로 왕국을 83개의 지역으로 뚝딱 잘라 버렸다. 마치 그 땅들이 신천지의 미개척지라도 되듯이 말이다. 그런 일에전혀 준비가 되어 있지 않던 유럽 국가들에게는 이것보다 더 놀라운 조치는 없었다.

인간이 자신의 조국을 그런 식으로 무자비하게 난도질 하는 것은 난생 처음 보는 일이라고 영국 철학자 버크(Edmund Burke)는 말했다. 정말로 그때 제헌의회는 마치 살아 있는 신체를 찢고 있는 것처럼 보였다."

구체제의 점진적 중앙 집권화를 용이하게 만든 것도 이 같은 지방 삶의 실종이었다. 토크빌은 이렇게 덧붙이고 있다.

"19세기 초에 프랑스에서 중앙 집권화가 그렇게 쉽게 재확립된 데 대해 이제 더 이상 놀라지 않도록 하자. 1789년의 혁명 지도자들이 그 체제를 전복시켰다. 그러나 그 체제를 파괴한 사람의 마음에조차도 그 체제의 바탕은 그대로 남아 있었다. 이 바탕 위에 그들은 갑자기 체제를 그 전보다 더 튼튼하게 다시 올릴 수 있었다."

구체제 하에서 국가가 권력을 점진적으로 흡수함에 따라, 지금처럼 더 많은 공무원들이 필요했으며 따라서 시민들의 꿈은 공무원이 되는 것이었다.

"1750년에 중간 규모의 지방 도시에서 129명이 사법 관련 일에 고용되었고 126명은 사법 쪽의 결과를 집행하는 임무를 맡았다. 이런 자리를 차지하고 싶어 한 시민들의 욕심이 채워지지 않았다. 시민들은 약간의 자본을 갖기만 하면 그것을 상업에 투자하지 않고 그 돈으로 자리를 샀다. 이처럼 뒤틀린 야망이 프랑스의 농업과 상업의 발전을 독점과 과세보다 더 심하게 방해했다."

지금 프랑스인은 1789년 혁명의 원칙에 따라 살고 있지 않다. 구체제가 세운 원칙들에 따라 살고 있는 것이다. 그리고 사회주의 의 전개는 이 원칙들이 최종적으로 꽃을 피우고 있는 것에 지나지 않는다. 몇 세기 동안 추구해왔던 어떤 이상의 종국적 결과가 사회주의인 셈이다. 옛날이었다면 프랑스처럼 심하게 분열되어 있는 나라에서 이 이상은 틀림없이 매우 유익했을 것이다. 그때였다면 프랑스는 중앙집권화에 의해서만 통합될 수 있었을 것이다. 그러나 불행하게도, 이 통합이 달성되자마자 그 과정에 확립되었던 마음의 버릇은 변화할 수 없게 된다. 주에서 이뤄지는 지방의 삶과 시민들의 독창력이 파괴되어버리자, 한 번 짓밟힌 독창력은 다시 피어날 수 없었다. 한 민족의 정신적 구조는 아주 서서히 확립되지만 한번 확립되고 나면 변화 또한 매우 서서히 진행된다.

게다가, 교육뿐만 아니라 제도까지도 국가가 기능을 흡수하는데 일조를 했다. 이제 국가의 기능 확대가 낳은 개탄스런 결과를 돌아보게 될 것이다. 교육제도 하나만으로도 국가를 망하게 할 수 있다.

5장

라틴 민족의 교육 및 종교 개념

1. 라틴 민족의 교육 개념

라틴 민족의 교육 개념은 라틴 민족이 국가를 앞에서 말한 대로 인식한 결과물이다. 국가가 모든 것을 지휘해야 하기 때문에 당연히 교육도 지휘해야 한다. 국가는 시민들을 대신해 생각하고 행동해야 하기 때문에 시민들의 정신에 복종의 정서와 계급조직에 대한 존경심을 불어넣는 한편으로 독창력과 독립의 조짐을 엄격히 눌러야 한다. 학생들은 정치적, 종교적, 철학적, 과학적 권위자들이 상상 가능한 모든 문제들에 대해 제시한 결론을 달달 외우는 것으로 활동을 국한시켜야 한다. 이런 개념은 예수회 수도사들의 오래된 이상이었으며 나폴레옹에 의해 절묘하게 완성되었다. 이 위대한 독재자가 만든 대학은 지성을 노예화하고, 성격을 약화시키고, 라틴 민족의 젊은이들을 노예나 반항자로 바꿔놓기 위해 동원하는 방법

중에서 가장 탁월한 예이다.

시대가 바뀌었는데도 프랑스의 대학은 거의 변하지 않았다. 무엇보다도 죽은 자들의 오만한 굴레가 대학을 옭아매고 있다. 제도들을 유일하게 이끄는 지휘자인 국가는 교수가 신학자들로 채워지던 중세였다면 괜찮다는 평가를 들었을 만한 교육제도를 고수했다. 이 같은 교육제도가 라틴 민족의 정신을 좀먹었다. 프랑스의 교육제도가 실제로 지성을 노예화하고 이성을 침묵시키고 독창력과 독립심을 파괴하자고 제안하고 있는 것은 아니다. 그러나 그 방식이 변화하지 않았기 때문에 교육의 효과는 옛날이나 똑같다. 프랑스에는 심리학적인 측면만을 고려한다면 훌륭하다는 평가를 들을 제도들이 있다. 이 제도들이 똑같이 진부한 생각과 바보 같은 성격을 가진 개인들을 양산하는 능력이 탁월하다는 점에서 하는 말이다. 예를 들어서 탁월한 시험제도를 시행하고 있는 에콜 노르말 쉬페리외르보다 더 놀라운 것이 있을까? 중국의 오지까지 가지 않고서야 어디서 그것과 비교할 만한 것을 찾을 수 있겠는가? 이 학교를 졸업하는 다수의 청년들은 모든 주제에 대해 똑같은 생각을 품고 있으며 그것을 표현하는 방식도 거의 똑같다. 이 청년들 중 어느 한 사람이 쓰기 시작한 글을 중간에 다른 청년이 이어서 써도 아무런 문제가 없을 것이다. 사상도 다르지 않을 것이고 문체도 다르지 않을 것이다. 지금까지 그처럼 완벽한 질서를 창조하는 데 성공한 조직은 예수회뿐이었다.

세세한 규정에 따라 시간 관리를 거의 분 단위로 하는 데 익숙한 학생들은 어찌 보면 자신의 인생에 대한 준비를 제대로 한 셈이다. 국가 사회주의가 사상과 행동의 통일을 요구하기 때문에 하는 말이다. 이 학생들은 언제나 독창성과 개인적 노력을 두려워할 것이다. 또 전문화되지 않았거나 분류되지 않은 모든 것들에 대해 강한 의심을 품을 것이며 동시에 계급조직과 견장을 약간 시기하면서도 언제나 숭상할 것이다. 독창력이나 개인적 노력을 기울이려는 성향은 이 학생들의 내면에서 완전히 사라지고 말 것이다. 학생들은 거듭 반란을 일으킬 것이다. 대학에서 교수가 지나치게 엄격하게 나올 경우에 반항했듯이 말이다. 그러나 이 학생들이 반항자로서 주위를 불안하게 만들거나 악착같은 모습을 보이는 예는 절대로 없을 것이다. 따라서 에콜 노르말이나 국립 고등학교, 다른 비슷한 기관들은 균등과 평준화를 주장하는 국가 사회주의의 입장에서 보면 최고의 학교들이다. 프랑스인이 지금 그런 형태의 정부로 점점 더 기울고 있는 것도 바로 이런 교육제도 때문이다.

현재 라틴 민족 사이에 사회주의가 성공을 거두고 있는 이유를 보다 잘 이해하려면 반드시 라틴 민족 국가들의 교육제도를 연구해야 한다. 이 때문에 우리도 얼핏 보면 이 책의 범위와 아무런 상관이 없어 보이는 교육제도를 세세하게 파고들어야 한다.

앵글로색슨 족은 프랑스의 형편없는 교육제도와 비슷한 제도를 오래 전에 벗어던졌다. 앵글로색슨 족이 지금 문명의 선두에 서 있고 라틴 민족이 그들보다 뒤에 처져 있는 이유는 부분적으로 앵글로색슨 족이 낡은 교육제도를 먼저 버렸기 때문이다.

앵글로색슨 족의 교육 원칙은 라틴 민족의 교육 원칙과 절대적으로 다르다. 몇 문장만으로도 이 같은 사실을 충분히 보여줄 수 있다.

　문명화된 사람은 규율 없이는 살지 못한다. 이 규율은 내면적일 수도 있다. 말하자면 사람의 내면적인 문제라는 뜻이다. 또 이 규율은 외면적일 수도 있다. 밖으로 표현된다는 뜻이다. 이런 경우에는 반드시 다른 사람에 의해 강요된다. 앵글로색슨 족 사람은 타고난 성격 중에 이 내적 규율이 들어 있기 때문에 스스로를 잘 통제하고 관리할 수 있으며 따라서 국가의 지휘를 전혀 필요로 하지 않는다. 라틴 민족 사람은 유산과 교육을 통해서 이런 내적 규율을 거의 얻지 못하기 때문에 외적 규율을 필요로 한다. 이 외적 규율은 국가에 의해 강요된다. 라틴 민족 사람이 무수히 많은 규제의 그물에 갇혀 지내는 것은 바로 이 때문이다.

　앵글로색슨 족의 교육 목표는 이렇다. 아이는 타인으로부터 지식을 얻기 위해서가 아니라 스스로 자신의 독립을 활용하는 법을 배우기 위해 학교생활을 한다. 아이는 스스로 수양을 쌓아야 한다. 자제력을 얻는다는 뜻이다. 이 자제력에서부터 자기관리가 비롯된다. 영국 젊은이는 아마 대학을 졸업할 때 그리스어나 라틴어, 아니면 이론과학에 대해서는 많은 것을 알지 못할 수 있다. 그러나 영국 젊은이는 한 사람의 인간으로서, 스스로 인생을 살아갈 수 있고 또 자기 자신만을 믿는 그런 성숙한 인간으로서 대학 문을 나선다. 영국 젊은이가 이런 결과를 얻도록 돕는 방법은 놀랄 정도로 간단하다.

　라틴 민족의 교육제도는 앵글로색슨 족과 정반대의 목표를 갖고 있다. 라틴 민족의 교육제도가 꿈꾸는 것은 엄격하고 세세한 규제를 통해서 학생의 독창력과 독립심, 의지를 짓밟는 것이다. 학생의 유일한 의무는 배우고, 외우고, 복종하는 것이다. 학생이 해서는 안 되는 행위들은 미리 정해져 있다. 시간 사용도 분 단위로 관리되고 있다. 이런 식으로 갤리선의 노예처럼 7년 내지 8년을 지내고 나면, 독창력과 의지력의 흔적은 싹 다 지워진다. 그럴 경우 젊은이 혼자서 인생을 살아야 할 때, 그가 한 번도 배우지 못한 것을 어떻게 할 수 있겠는가? 라틴 민족이 자신을 통제하는 방법을 잘 모르고 또 크게 발달한 상업 및 산업 분야에서 그처럼 무능한 모습을 보인다고 해서, 우리가 놀랄 일인가? 국가가 주민들을 옭아맬 굴레를 늘리기만 할 사회주의가 대학교를 통해서 예속될 준비가 아주 잘 된 젊은이들로부터 열렬한 환영을 받는 것은 자연스런 일이 아닌가?

　라틴 민족과 앵글로색슨 족의 교육방식의 우열은 그 결과로 판단할 일이다. 프랑스의 박사들과 학사들 혹은 엔지니어들은 이론적인 면에만 훌륭하다. 교육을 끝내고 몇 년 지나면, 프랑스의 박사나 학사들은 쓸모없는 지식마저도 깡그리 잊어버린다. 국가가 그들에게 일자리를 찾아주지 않으면, 그들은 폐물이 되고 말 것이다. 만일 그들이 산업 분야를 기웃거린다면, 그들은 능력이 별로 필요하지 않은 분야 외에는 받아들여지지 않을 것이다. 그러다 다시 교육을 받을 시간적 여유를 찾는다 하더라도 그들이 재교육에 성공하는 경우는 무척 드물다. 만일 이 박사들이 책을 쓴다면, 그 책은 자신들이 대학에서 배운 매뉴얼의 재탕에 그칠 것이다. 형식에도 독창성이 없고, 생각에도 독창성이 없을 것이다.

프랑스의 대학은 변화도 하지 못할 정도로 케케묵었다. 아니 어쩌면 변화해야 한다는 사실조차 이해하지 못할 것이다. 프랑스의 대학은 집중 공격에도 불구하고 열등한 사람들을, 따라서 사회주의자들을 배출하는 거대한 공장으로 계속 남을 것이다. 프랑스의 제도들 중에서 대학만큼 라틴 민족의 정신에 부정적인 영향을 끼친 제도는 없다.

2. 라틴 민족의 종교 개념

라틴 민족의 종교 개념은 라틴 민족에게 유익한 역할을 한 끝에 국가와 교육의 개념만큼 해를 끼치게 되었다. 그리고 똑같은 이유로 라틴 민족의 종교 개념도 변화하지 않았다.

앵글로색슨 족의 경우에는 과거의 신앙과 단절을 꾀하지 않고도 보다 포용적인 종교를 창조하고 그 종교를 현대의 필요에 맞게 바꿔나갈 수 있었다. 지나치게 부자연스럽던 교의는 부드럽게 다듬어지고 상징적인 성격과 신화적인 가치를 더 많이 지니게 되었다. 따라서 종교가 과학과 조화를 이룰 수 있었다. 어쨌든 종교는 맞붙어 싸워야 할 적으로 여겨지지 않았다. 반면에 라틴 민족의 가톨릭 교리는 엄격하고 절대적이고 불관용적인 형태를 그대로 지켰다. 가톨릭 교리는 아마 옛날에는 유용했겠지만 오늘날엔 매우 유해하다. 가톨릭 교리는 500년 전의 모습 그대로이다. 가톨릭 교리 밖에서는 어떠한 구원도 불가능하다. 가톨릭 교리는 신도들에게 터무니없는 모순을 강요하려 들고 있다. 가톨릭 교리와는 어떠한 조정도 불가능하다. 그렇기 때문에 교리에 복종하든가 아니면 교리에 맞서 싸워야 한다.

이성의 반란이 있기 전에, 라틴 민족의 정부들은 사상의 진화와 도저히 양립하지 못하는 신앙에 대한 지지를 철회하지 않을 수 없었다. 따라서 라틴 민족의 정부들은 대체로 종교의 영역에 대한 개입을 자제하는 쪽으로 결론을 내렸다.

그러나 그 일로 인해 두 가지 결과가 나타났다. 옛날의 교의들이 허약한 마음의 소유자들에 대한 지배력을 다시 잡으며 현대의 요구사항과 아무런 관계가 없는 피폐한 신앙으로 그 사람들을 좌지우지했다. 그런 한편 약간의 독립심이라도 가진 사람들은 무겁고 비이성적인 굴레에서 벗어났다는 사실에 행복해하면서 옛날의 교의를 부정했다. 그러나 이런 사람들도 어릴 때부터 도덕은 이 교의에 달려 있으며 이 교의가 없으면 어떠한 도덕도 존재할 수 없다는 소리를 귀에 못이 박히도록 들어왔던 터라 이 교의가 사라짐에 따라 거기에 바탕을 둔 도덕도 함께 사라져야 한다고 상상했다. 따라서 이런 사람들의 도덕이 크게 느슨해졌다. 이들은 곧 법전에 나열되어 있고 경찰관에 의해 강제되는 규범 외에 다른 행동규범은 없다는 식으로 행동했다.

따라서 우리는 3가지 개념, 즉 종교와 정치와 교육의 개념이 라틴 민족의 정신을 지금과 같은 모습으로 다듬었다는 점을 이해할 수 있다. 어느 국민이든 문명의 어느 단계에 이르면 이 개념들의 지배를 받게 되어 있다. 어느 국민도 이 지배를 피하지 못한다. 왜냐하면 국가가 약하고 무지하고 개발이 되지 않았을 때, 이 개념들에 의존하는 것이 국가에 이롭기 때문이다. 어린이의 경우에 자기보다 탁월한 정신의 소유자가 신앙과 사상을 선택해주고 행동과 생각을 대신해주는 것이 이로운 것이나 마찬가지이다. 그러나 진화의 과정에 국가가 더 이상 어린 아이가 아니라서 스스로 나아갈 줄 알아야 하는 시기가 반드시 오게 되어 있다. 이때 그렇게 할 능력을 습득하지 못한 국가는 그 한 가지 사실 때문에 그런 능력을 소유한 국가들보다 한참 뒤처지게 된다.

라틴 민족은 아직 이런 능력을 습득하지 못했다. 스스로 생각하고 행동하는 방법을 배우지 못했기 때문에, 라틴 민족은 오늘날 현대적 존재의 조건에 따라 산업과 상업, 식민지에서 벌어지는 투쟁에서 무방비 상태로 서 있다. 그런 까닭에 이런 영역에서 지금 앵글로색슨 족이 아주 빨리 승리를 거두고 있다. 자신들이 대대로 물려받은 개념들의 희생자가 된 라틴 민족은 자신들을 대신하여 생각하고 행동해주겠다고 약속하는 사회주의 쪽으로 눈길을 돌리고 있다. 그러나 라틴 민족은 사회주의의 통치 밑으로 들어오면서 단지 새로운 통치자들에게 복종하게 될 뿐이며 따라서 자신들이 결여하고 있는 자질의 습득을 더욱 뒤로 미루게 될 것이다. 조금 더 분명하게 설명하자면, 나는 문명의 다양한 영역, 즉 문학과 예술, 산업 등에서 그런 근본적인 개념의 좋거나 나쁜 결과를 시대별로 구분해서 추적해야 할 것이다. 그러나 그런 거창한 시도를 여기서는 할 수 없다. 이 대목에서는 라틴 민족 국가들 사이에 사회주의가 지금처럼 전진하고 있는 것이 라틴 민족의 개념들의 결과인 이유를 보여주고 이 개념들의 형성 과정을 보여주는 것만으로도 충분하다. 우리는 이 책 곳곳에서 이 개념들의 영향을 느낄 것이다. 특히 경제적 전개로 인해 모든 국가가 벌이고 있는 상업 및 산업의 경쟁을 다룰 때, 그 영향이 더 강하게 느껴질 것이다. 물론 나의 학설이 모든 것을 다 설명하지는 못한다. 그러나 이 학설이 아니었더라면 풀리지 않았을 많은 사실들이 새로운 의미로 다가올 것이다. 무엇보다도, 나의 학설은 라틴 민족이 길잡이를 간절히 필요로 하는 이유를 밝혀줄 것이다. 라틴 민족 사람들이 책임이 따르는 일 앞에서 아주 당혹스러워 하거나 소심해지고, 또 지도자의 지휘를 확실히 받지 않는 모험에서 성공을 거두지 못하는 이유가 무엇일까? 바로 길잡이가 없기 때문이다. 라틴 민족이 지금 사회주의 쪽으로 경도되고 있는 것도 이런 맥락에서 해석이 가능하다. 라틴 민족의 경우에는 자신들의 앞에 위대한 정치가와 위대한 장군, 위대한 외교관, 위대한 사상가, 위대한 예술가들이 있을 때에는 노력을 크게 기울일 줄 안다. 그러나 천재성을 지닌 지도자들이 언제나 있는 것은 아니다. 그런 지도자들이 없는 상황이 되면, 라틴 민족은 확신을 품지 못한다. 나폴레옹이 있는 동안에 라틴 민족은 세계를 지배했다. 훗날 무능한 장군들이 지휘할 때, 라틴 민족은 옛날에 아주 쉽게 정복했던 국가의 공격 앞에서도 무력해졌다. 라틴계 국가의 국민들이 자신들의 실패에 대한 책임을 통치자에게로 아주 쉽게 떠넘기는 것도 다 이유가 있다. 라틴계 국가의 국민들의 가치는 곧 통치자의 가치이다. 라틴계 국가의 국민들은 이 사실을 잘 알고 있다. 그러나 한 국가가 소수의 인물에 의존하는 것은 언제나 불행한 일이다.

라틴 민족은 홀로 걷는 법을 배워야 한다. 왜냐하면 오늘날의 전쟁터는 군사적인 것이든 산업적인 것이든 불문하고 엄청나게 넓기 때문에 아무리 탁월하다 하더라도 극소수의 지도자로는 전투원들을 전부 지휘하지 못한다. 훌륭한 능력을 가진 사람들의 영향력이 사라지고 있는 것은 아니다. 단지 그들의 지도력이 점점 약해지고 있을 뿐이다. 권위는 매우 넓게 분산되어 있는 까닭에 거의 사라진 것이나 마찬가지이다. 현대인은 어떠한 보호에도 더 이상 의존해서는 안 된다. 사회주의에 대한 의존은 더더욱 곤란하다. 현대인은 자기 자신만을 믿는 방법을 배워야 한다. 교육이 현대인을 바로잡아줘야 하는 이유는 이 같은 근본적인 필요 때문이며, 교육이 완전히 바뀌어야 하는 것도 똑같은 이유 때문이다.

6장

라틴 민족의 사회주의

1. 국가의 사회 기능 흡수

앞의 장들을 통해서 프랑스에서는 집단주의와 매우 비슷한 국가 사회주의라는 형태로 나타난 사회주의가 길고긴 과거의 개화(開花)라는 것이, 말하자면 이미 매우 낡은 제도들의 최종적인 결과라는 것이 충분히 전달되었다. 지금의 집단주의는 혁명적인 것으로 여겨지기는커녕 매우 퇴행적인 원칙으로 여겨져야 한다. 그리고 집단주의의 사도들은 라틴 민족의 전통 중에서 가장 낡고 가장 저속한 전통을 개발하는 일에 매진하는 소심한 반동주의자로 여겨져야 한다. 집단주의 사도들은 자신들의 유토피아의 승리가 다가왔다고 매일 요란하게 선전하고 있다. 그러나 프랑스는 그들이 태어나기 오래 전부터 이미 집단주의의 희생자였다.

국가 사회주의, 즉 국민 생활의 모든 요소들을 중앙 정부 밑으로 집중시키는 것은 아마 라틴 민족 사회들의 모든 개념들 중에서 가장 특징적이고, 가장 근본적이고, 가장 완강한 개념일 것이다. 국가가 사회의 기능을 흡수하는 현상은 약해지기는커녕 오히려 매일 더 뚜렷해지고 있다. 오랫동안 정치적 기능에만 국한되었던 국가의 흡수는 산업이 존립하기 어려운 때에만 산업 영역으로 확장할 수 있었다. 그러던 것이 산업이 압도적으로 커짐에 따라, 정치권력이 산업의 모든 영역에 개입하기에 이르렀다. 국가는 시민들이 결여한 모험심을 발휘하며 철도와 항만, 운하, 건설 등의 분야에 개입하지 않을 수 없게 되었다. 국가는 중요한 사업들을 직접 독점적으로 운영하고 또 교육과 전신, 전화, 담배, 성냥 같은 수많은 사업을 연속적으로 흡수하여 독점권을 행사하고 있다. 국가는 직접 운영하지 않는 분야까지도 위험한 상태에 처하지 않도록 지원하고 있다. 국가 보조금이 없으면, 이 분야들 대부분은 즉시 파산상태에 빠질 것이다. 이런 식으로 국가는 철도회사에 이익 보장이라는 명목으로 거액의 보조금을 지급한다. 국가는 철도회사의 주주들에게 매년 1억 프랑 가량을 보조해주고 있다.

국가가 다양한 방식으로 보조금을 지급하고 있는 민간 기업도 많다. 조선회사들을 위한 보조금, 설탕제조업자들을 위한 보조금, 양잠업자를 위한 보조금이 있다. 오늘날 국가의 재정적 보호를 요구하지 않는 산업은 거의 없다. 매우 적대적인 정당들도 불행하게도 이 문제에서만은 완벽하게 한 목소리를 내고 있다. 모든 것에 책임을 지고 모든 것을 지휘할 의무를 지는 국가는 마치 모두가 지출할 수 있는 엄청난 보물을 소유하고 있는 것처럼 보인다.

저널리스트 부르드(Paul Anthelme Bourde)는 '르 탕'을 통해 이 같은 정신 상태의 매우 전형적인 예를 보도했다. 그것은 X라는 작은 도시의 주민들에 관한, 영국인이나 미국인에게는 절대로 이해되지 않고 비현실적인 이야기이다. 수도관 하나가 파괴되어 인접한 하수관의 오물이 도시에 갑자기 넘치게 되었다. 그러자 라틴 민족인 주민들은 수리공을 불러 사고를 수습하자는 아이디어를 자치 의회에 제안했다. 자치 의회는 이 사건을 논의하기 위해 회의를 열었다. 그들로서는 정부에 이 문제를 제기하는 것이 너무나 당연해 보였다. 그때까지 취해진 조치들을 다 전하는 데 신문 한 면으로도 충분하지 않았다. 상당수의 장관들과 상원의원, 하원의원, 지사와 엔지니어들이 개입한 덕에, 신청서는 다양한 행정 부처들을 돌면서 20단계를 거쳤다. 그리하여 최종 결정이 이 도시에 닿기까지 무려 2년이나 걸렸다. 그 사이에 도시의 주민들은 그 사건을 스스로 해결하겠다는 생각은 해보지 않고 오물을 계속 마셨다. 토크빌이 제시한 예들도 일들이 구체제 때와 똑같은 방식으로 처리되고 있다는 사실을 보여주고 있다.

여기서 우리는 아주 특별한 정신 상태를 보고 있다. 민족적 특징임에 틀림없다. 이 대목에서 모든 전매회사와 모든 산업, 모든 공공 서비스를 정부의 손에 맡기고자 하는 집단주의자를 비난하는 것은 매우 부당한 짓이다. 그 꿈은 그들에게만 특별히 있는 것이 아니다. 그 꿈은 모든 정당의 꿈이고 또 라틴 민족의 꿈이다.

사방에서 공격을 당하는 상황에서도 국가는 최대한 스스로를 방어한다. 그러나 대중의 전폭적 압력 때문에 국가는 의지와는 상관없이 보호하고 규제할 의무를 지게 되었다. 모든 분야에서 국가의 개입을 요구하는 목소리가 높다. 언제나 똑같은 뜻에서다. 이를테면 시민의 자유와 독창력을 제한하고, 공무원들의 행위를 강화하기 위해서이다. 매일 제안되고 있는 이런 종류의 법률은 수도 없이 많다. 국가가 철도를 구입하여 운영하도록 하자는 법, 술에 대한 독점권을 인정하자는 법, 국가가 프랑스 은행을 관리하도록 하자는 법, 공장의 노동시간을 규제하자는 법, 외국 제품의 경쟁을 막도록 하자는 법, 모든 고령 노동자에게 은퇴연금을 주자는 법, 공공사업의 계약업자가 일정 수준 이상의 노동자들을 의무적으로 고용하게 하자는 법, 빵의 가격을 규제하자는 법, 결혼을 촉진하기 위해 독신자에게 세금을 물리자는 법, 소규모 가게를 보호하기 위해 대규모 가게에 세금을 무겁게 물리자는 법 등. 사실들이 이렇다. 이제 우리는 이런 조치들의 영향을 검토하게 될 것이다.

2. 국가 기능의 확장에 따른 영향

국가가 모든 기능을 흡수하고 국가가 끊임없이 간섭한 결과는 국민에겐 재앙이나 다름없다. 국가의 영원한 간섭은 시민들의 가슴에 조금이나마 남아 있던 독창력과 책임감마저 말살시키고 있다. 국가가 경영하면 당연히 비용이 올라가게 되어 있다. 경영 방식이 아주 복잡해지기 때문이다. 개인적 이익을 추구할 동기를 가진 민간인이 운영하면 무엇이든 정부가 운영할 때보다 비용이 훨씬 적게 든다. 이 같은 결과는 오래 전부터 경제학자들에 의해 확인되고 있다.

프랑스 경제학자 르로이 볼리외(Leroy-Beaulieu)는 이렇게 쓰고 있다. "경제력을 국가의 수중으로 집중한 것이 새로운 프랑스에서 시민의 독창력의 파괴, 그리고 개인의 의지와 활력의 퇴화를 낳고 있다. 경제력의 국가 집중은 일종의 관료적 예속 혹은 의회 독재 군주제를 낳을 것이며, 그렇게 되면 궁핍한 국가는 사기까지 떨어지고 더욱 약화될 것이다."

경제학자들의 주장은 아주 분명하다. 경제학자들의 글은 이것으로 충분하다. 경제학자들의 이런 주장에 아무도 이의를 제기하지 못한다. 그럼에도 불구하고 프랑스는 국가를 쇠퇴와 예속으로 몰고 가는 그 길을 더욱 멀리 따라갈 것이다.

사실은 이렇다. 그런 국가들이 그 길로 들어섰다는 바로 그 사실 때문에, 그 국가들은 그 길을 끝까지 가게 되어 있다. 국가가 모든 것을 지휘하고 모든 것을 관리하고 모든 것을 중앙으로 집중시키기 위해서는 반드시 엄청난 수의 공무원이 필요하다. 지금 프랑스의 교육은 국가가 필요로 하는 공무원을 배출하는 것 외에는 아무런 역할이 없다. 프랑스의 국립 고등학교 학생의 반이 공무원이 된다. 실패자만이 상업과 농업 또는 산업 분야로 들어간다. 영국과 미국은 이와 정반대이다.

사실 오늘날 프랑스를 통치하고 있는 것은 관료주의이며, 관료주의가 프랑스를 통치하는 현상은 반드시 갈수록 더 심해질 것이다. 국가의 권력은 무수히 많은 사람들 사이에 흩어져 있다. 지배당하기를 원하는 라틴 민족의 강력한 욕구에는 반드시 그보다 결코 덜하지 않은, 권력을 행사하고 싶은 욕구가 수반된다. 따라서 국가를 대표하는 모든 공무원들은 엄격하고 세세한 계급조직에 따라서 서로를 지배하고 있다. 각 공무원은 극히 제한적인 기능만을 수행하고 있다. 따라서 공무원은 아무리 사소한 행위라도 자기 위의 전체 계급조직에 의지해야 한다. 공무원은 규제와 복잡성의 그물망에 갇혀 꼼짝 못하고 있으며, 이 그물망의 무게는 반드시 공무원을 찾을 일이 있는 사람들에게로 지워질 것이다. 이 규제의 그물망은 날이 갈수록 더욱 넓어지고 있다. 시민의 독창력이 약해질수록 규제는 더욱 많아진다.

보호 받기를 원하는 대중의 끝없는 욕구에 힘들어 하면서, 국가는 쉼 없이 법률을 만들어 규제에 나서고 있다. 모든 것을 지휘하고 모든 것을 예측해야 하는 국가는 아주 사소한 일에까지 손을 대고 있다. 어떤 사람이 탈것에 치었다. 또 시청이 시계를 도난당했다. 그러면 즉시 위원회가 구성되고 규제 법안을 만드는 작업에 착수한다. 이 규정은 보통 책 한 권 분량이다. 어느 잡지에 따르면, 파리 시내의 교통체계를 단순화하기 위해 구성된 위원회가 택시를 포함한 운송수단의 통행과 관련해 제시한 새로운 규정은 자그마치 425개 항목으로 되어 있다. 규제에 대한 도를 넘는 욕구는 역사에서 새로운 현상이 아닌 것 같다. 많은 민족들 사이에, 특히 로마 제국과 동로마 제국이 쇠퇴할 시점에 규제 욕구가 나타났다. 이 욕구가 이 제국들의 종국적 해체를 앞당겼을 것임에 틀림없다.

이런 복잡한 계급구조와 엄격한 규제 때문에 국가가 생산하는 모든 것은 당연히 매우 느리고 또 비용이 많이 들 수밖에 없었다. 시민들이 자신의 일을 직접 수행하길 거부하고 모든 것을 국가에 넘길 때, 거기엔 반드시 비용이 발생하게 되어 있다. 그런데 대체로 보면 국가의 개입에 대한 대가를 시민들이 치른다.

반드시 돈을 벌어야 하는 개인 기업의 생산비와 반드시 돈을 벌어야 할 필요까지는 없는 국가의 생산비를 서로 비교해보는 것도 재미있을 것이다. 이런 비교는 이미 오래 전에 이뤄졌다. 국가가 생산하는 제품의 생산비는 대체로 민간 기업이 생산하는 같은 제품에 비해서 25% 내지 50% 비싸다. 장갑선 한 척 건조하는 데 드는 비용은 2,000만 프랑이다. 어느 보고에 따르면 영국에서 같은 장갑차를 건조하면 비용이 25% 정도 싸다.

국가가 제조하는 모든 제품의 비용이 이처럼 커지는 데는 여러 가지 원인이 있다. 모든 원인을 다 파고들지 않고 한 가지 사실만을 깊이 들여다보아도 전체 그림이 쉽게 그려진다. 이 원인들의 일부는 단순히 규제와 절차의 복잡함에 있는 것이 아니라 어떤 근본적인 심리적 요인에 있다는 사실을 확인하는 선에서 그칠 생각이다. 그 요인이란 바로 사람들이 개인적 이해관계가 걸리지 않은 일을 대할 때 생기게 마련인 무관심이다. 개인적 이해관계가 걸린 사람이 직접 경영하지 않고 제3자를 통해 간접 경영하는 기업들이 쉽게 실패하는 중요한 이유도 바로 거기에 있다.

경영 주체가 처한 조건이 이처럼 크게 다르기 때문에, 그 사람의 경영 방식 또한 크게 달라진다. 최근에 확인한 한 예를 소개하고 싶다. 이 같은 나의 생각을 아주 쉽게 보여주는, 매우 전형적인 예이다.

어느 외국 기업이 프랑스에 진출했다. 2개의 산업도시를 연결하는 전차선을 운영하는 기업이다. 물론 외국인이 운영에 따른 위험을 부담하면서 직접 운영했다. 이 기업은 큰 성공을 거두었다. 1년

매출이 110만 프랑이었으며, 경영비용은 47%를 넘지 않았다. 현지의 당국이 이 회사를 유심히 관찰했다. 그러면서 외국인이 회사의 대표로 되어 있다는 사실에 대해 불쾌하게 여겼다. 그러자 회사는 외국인을 프랑스 엔지니어로 바꾸는 데 동의했다. 이 실험은 매우 교훈적이었다. 프랑스 엔지니어는 우선 사무실 조직을 개편하고 직원을 뽑는 작업부터 했다. 회사의 인력 구조를 계급조직으로 완전히 바꿔놓았다. 당연히 회사 업무에 관한 규정도 많아졌다. 프랑스 엔지니어가 라틴 민족 특유의 정신을 고스란히 이 회사에 반영한 것이다.

결과는 언제나 빨리 나타나는 법이다. 1년도 채 되지 않아서 경영비용이 거의 배로 뛰었다. 82%까지 올랐다. 회사가 망할 날이 훤히 보였다.

과감한 결단이 필요했다. 이 외국 기업의 사장은 당국자를 찾아가 회사 실적을 펴보였다. 그러면서 이 엔지니어가 어떠한 구실로도 사무실에 발을 들여놓지 않는다면 그에게 그 자리와 월급을 그대로 주겠다고 제안했다. 제안은 받아들여졌고 옛날의 질서가 회복되었다. 그러자 경영비용의 비율도 47%로 정상으로 돌아왔다. 라틴 민족식 경영을 실험한 대가로 이 회사가 치른 비용은 50만 프랑이었다.

국가의 역할의 점진적 확대도 그렇고 그에 따른 결과도 그렇고, 모두가 정부가 아니라 전적으로 시민들에 의해서 일어났고 그 영향 또한 정부가 아니라 시민이 받게 되어 있다는 사실을 기억하는 것이 중요하다. 정부를 시민들이 원하는 대로 조직하라. 공화정도 좋고, 독재도 좋고, 코뮌도 좋고, 군주제도 좋다. 그리고 그 수장으로 엘라가발루스(고대 로마 제국의 23대 황제)나 루이 14세, 로베스피에르 아니면 전쟁에서 승리한 장군을 앉혀라. 어떤 제도를 택하고 어떤 사람을 앉히더라도, 라틴 민족들 사이에서 국가가 하는 역할은 변하지 않는다. 국가의 역할은 민족의 욕구에 따른 결과이다. 따지고 보면 국가가 바로 우리 자신들인 것이다. 우리는 국가의 조직에 대해 우리 자신 외에 아무도 탓하지 못한다. 카이사르가 그 시대에 이미 간파하고 지적한 이런 정신적 특징 때문에, 라틴 민족은 언제나 정부가 시민의 잘못에 대해 책임을 져야 한다는 생각을 품고 있다. 라틴 민족은 지금도 제도나 통치자를 바꾸면 모든 것이 바뀔 것이라고 생각한다. 아무리 생각을 깊이 한다 해도 라틴 민족은 이 그릇된 사고에서 벗어나지 못할 것이다. 그것이 민족의 악덕이기 때문이다.

3. 집단주의 국가

지금까지 국가 사회주의의 발달과 그 영향을 살펴보았다. 이젠 지금 프랑스의 상황이 국가 사회주의의 사도들이 꿈꾸는 완전한 집단주의에 얼마나 가까이 다가가 있는지를 보도록 하자.

약간의 통찰력을 가진 정치인이라면 집단주의의 위험을 보지 않을 수가 없다. 그러나 그런 정치인들도 프랑스가 이미 오래 전에 집단주의 단계로 접어들었다는 사실을 분명하게 보지는 못하는 것 같다. 프랑스의 가장 탁월한 정치인 중 한 사람으로 하원의장을 지낸 부르도(Pierre Alpinien Bourdeau)는 이 주제에 대해 다음과 같이 말하고 있다.

"두려워해야 할 위험은 집단주의가 승리를 거두고 입지를 확고히 하고 사회를 그 원칙에 따라 다시 바꾸고 있다는 사실이 아니다. 진정한 위험은 집단주의가 대중의 정신에 계속 스며들고 있다는 사실이다. 자본과 그 활용에, 자본에서 비롯된 기관들(은행 등)에, 국가의 독점에 끊임없이 짓눌리고 있는 민간의 독창력에, 예금과 개인 재산, 유산, 그리고 능력에 따라 받는 임금에 대해, 오늘날 낮은 계층이나 그 후손을 높은 계층으로 올려놓는 수단에 대해 온갖 조롱이 다 쏟아지고 있다.

이 모든 행태의 결과로 국가의 역할이 엄청나게 커지고 있다. 국가가 철도와 광산, 은행, 항해, 보험, 가게에 대해 책임을 지고, 중규모 내지 대규모의 부와 유산을 세금으로 짓누르고 있다. 시민이 발명과 오랫동안 이어질 모험적 사업을 하도록 자극하는 모든 것들을, 시민이 미래 세대를 생각하는 통찰력 있는 존재로 성숙시킬 모든 것들을, 시민을 번영을 추구하는 노동자가 되도록 만들 모든 것들을 국가가 짓밟고 있다. 성공의 희망을 품고 어려운 임무를 맡아 효율적으로 일하는 노동자가 혐오의 대상이 되고 있다. 요약하자면, 모든 것을 흡수하는 국가의 보호 아래 각 개인은 욕망이나 야망, 활력, 재능이 그저 그런 평범한 존재로 추락하고 있다. 국가는 개인적 이익에 고무되던 개인을 사이비 관리로 대체하고 있다."

이 정치인의 결론은 한 국민을 지배하는 경제적 및 심리적 욕구를 어느 정도 아는 사람들에겐 절실하게 다가온다. 이 정치인은 겉으로 드러나지 않는 사회주의의 승리가 명목적인 승리보다 훨씬 더 확실하고 또 훨씬 더 위험하다는 것을 분명히 인식했다.

사회주의자들이 꿈꾸는 미래의 사회는 라틴 민족 국가들 사이에 점진적으로 실현되고 있다. 사실 국가 사회주의는 내가 보여준 대로 이들 국가들이 걸어온 과거의 당연한 결론이며, 지금까지 어느 문명도 피하지 못했던 쇠퇴로 나아가는 최종적 걸음이다. 몇 세기 동안에 라틴 민족은 체계적으로 계급조직에 복종했으며, 이 계급조직은 똑같은 유형의 인간만을 양산하는 대학교육과 시험제도에 의해 거의 바닥까지 추락했다. 라틴 민족의 교육제도는 평등에 대한 탐욕만 강하고 자유에는 거의 아무런 욕망을 보이지 않는 시민을 배출했다. 이 시민들은 행정적, 군사적, 종교적, 도덕적 횡포 등 온갖 전횡에 익숙해 있다. 따라서 독창력과 의지력을 모두 잃어버렸다. 모든 분야에서 국가에 의존하는 일에 점점 더 익숙해졌다. 라틴 민족은 집단주의자들이 지금 전파하고 있는 국가 사회주의 때문에 불운을 맞게 되어 있다. 라틴 민족은 이미 상당한 기간 동안 집단주의에 실질적으로 종속되어 있었다는 점을 나는 이미 주장했다. 이 점을 다시 확인하고 싶은 독자가 있다면, 집단주의자들이 지금 제안하고 있는 것이 무엇인지를 파악하기만 하면 된다. 그러면 집단주의자가 주장하는 것들이 이미 프랑스의 현실에서 실천되고 있다는 사실이 확인될 것이다. 집단주의자들은 자신들이 혁신자라고 진정으로 믿고 있다. 그러나 집단주의자들의 원칙은 진화의 자연스런 단계를 재촉하고 있을 뿐이다. 진화를 시작하거나 준비하는 것은 절대로 집단주의자들의 일이 아니다. 집단주의자들의 근본적인 제안을 간단히 살펴보기만 해도 이 같은 사실이 확인될 것이다.

집단주의의 중요한 목적 하나는 국가가 모든 산업과 기업을 독점하는 것이다. 지금 영국과 미국에서 민간의 주도로 설립되고 촉진되고 있는 모든 것이 라틴 민족들 사이에서는 정도의 차이가 있을 뿐 정부의 손아귀에 들어 가 있다. 그리고 라틴 민족의 정부는 새로운 산업을, 오늘은 전화와 성냥을 내일은 술과 광산, 운송수단을 넘겨받고 있다. 이 흡수가 마무리될 때, 집단주의자의 꿈의 중요한 부분이 실현될 것이다.

집단주의자들은 다양한 수단을, 특히 상속세를 통해서 공적인 부를 국가의 수중에 넣기를 바라고 있다. 프랑스의 경우 상속세가 매일 인상되고 있다. 얼마 전에도 새로운 법이 만들어져 상속세를 15%로 높였다. 이제 몇 차례만 더 인상되면 집단주의자의 이상이 실현될 것이다.

집단주의 국가는 모든 시민을 대상으로 똑같은 내용의 의무교육을 무상으로 실시할 것이다. 우리의 대학은 크로크루스테스(그리스 신화에 나오는 강도로, 붙잡은 사람을 침대에 눕혀놓고 침대의 크기에 맞춰 키가 큰 사람은 다리를 자르고 키가 작은 사람은 다리를 당겨 늘렸다고 한다/옮긴이)의 침대를 갖고 오래 전에 이상을 실현시켰다.

집단주의 국가는 거대한 공무원 집단을 통해서 시민의 사소한 생활까지 규제할 것이다. 프랑스의 공무원 집단은 이미 엄청나게 크다. 오늘날 공무원이야말로 국가의 진정한 통치자들이다. 시민들의 독창력과 자유를 점진적으로 제한하는 법과 규제들이 증가하고 있다는 단 한 가지 사실 때문에, 공무원의 숫자는 언제나 늘어만 가고 있다. 이미 다양한 구실로, 공무원들은 제조업체의 작업까지 감독하고 있다. 아주 작은 개인 업체도 감독의 대상이 되고 있다. 단지 공무원들의 숫자가 늘어나고 공무원들의 속성이 조금씩 사회에 전파되기만 해도, 집단주의자의 꿈이 실현될 것이다.

집단주의는 국가가 상속세를 인상하여 개인의 부를 흡수하기를 바라는 한편으로 자본을 상상 가능한 온갖 방법으로 박해하고 있다. 국가가 이 문제에 앞장서고 있다. 민간 기업은 매일 점점 더 무거워지는 세금에 짓눌리고 있다. 따라서 수익성이 떨어지고 번영의 기회가 드물다. 프랑스는 지금 지대(地代)를 공격할 준비를 하고 있다. 이미 이 단계에 도달한 이탈리아의 경우 지대에 대한 세금이 20%로 올랐다. 몇 차례 지대 인상이 이뤄진다면, 국가가 지대소득을, 따라서 자본을 전부 흡수할 수 있을 것이다.

집단주의자들에 따르면, 마지막으로 노동계급은 현재의 지도계급으로부터 정치권력까지 빼앗아야 한다. 아직 이런 일은 일어나지 않았지만, 프랑스는 지금 그 단계로 빨리 움직이고 있다. 민중계급은 보통선거를 통해서 사회의 주인이 되었다. 민중계급은 지금 의회에 사회주의자들을 점점 더 많이 진출시키고 있다. 의회의 다수가 사회주의자로 채워질 때, 집단주의자의 요구사항이 최종적으로 받아들여질 것이다. 그렇게 되면 어떠한 공상이든 가능할 것이다.

그리고 마지막으로, 사회주의자들을 척결하기 위해 카이사르 같은 독재자의 시대가 열리고 곧 침공의 시대가 이어질 것이다. 이미 지나치게 늙어버린 국가들이 쇠퇴의 길로 접어들 경우에 마지막으로 거치는 단계가 바로 이런 것이 아니었던가.

7장

라틴 민족의 현재 상태

1. 라틴 민족 국가들의 나약성

라틴 민족이 국가의 개념을 점진적으로 확장한 결과를, 말하자면 국가에 권력을 집중시키고 국가가 시민의 독창성을 대체하고 또 시민을 대신해 행동하게 함으로써 나타나게 된 현상을 우리는 이미 살펴보았다. 이 국가권력이 집단적인가 아니면 군주제인가 하는 문제는 전혀 아무런 의미를 지니지 못한다. 왜냐하면 의미 없는 외형 아래에 있는 근본적인 개념은 언제나 똑같기 때문이다.

실제적 관점에서 본다면, 사회주의는 똑같은 개념의 확장에 지나지 않는다. 시민의 정신에 그나마 남아 있던 독창성과 의지마저도 곧 생활의 모든 영역에서 일어나는 공무원들의 간섭과 노동에 대한 규제 때문에 완전히 깨어지고 말 것이다.

갈등을 빚길 싫어하는 다수 사람들의 성향이 사회주의가 점진적으로 발달하도록 돕는 것 같다. 그들은 지평선 그 너머까지 보는 혜안을 갖고 있지 않기 때문에 사회주의의 발달에 이어 어떤 일이 벌어질 것인지에 대해 전혀 알지 못한다. 그러나 그 너머에 있는 것이 매우 위협적이고 무섭다. 만일 갈등을 싫어하는 다수의 사람들이 자신의 생존이 계속 이어지기를 원한다면, 라틴 민족은 더 이상의 실험을 허용해서도 안 되고 더 이상의 혁명을 허용해서도 안 된다. 새로운 경제 조건이 국민의 생활 조건을 완전히 뒤엎어놓고 있다. 머지않아 허약한 국민들이 설 곳은 어디에도 없을 것이다. 다수의 라틴 민족 국가들은 곧 회복이 불가능한 선으로까지 추락할 것이다. 이 국가들은 화려한 미사여구에 스스로 취하거나 무익한 논쟁으로 시간을 허비하거나 조상들의 공적을 자랑하는 행태로는 사태의 악화를 막지 못한다. 기사도의 시대는 오래 전에 흘러갔다. 지금 우리는 준엄한 현실에 점점 더 강하게 묶이고 있다. 권리와 정의를 놓고 요란하게 떠들거나 논쟁을 벌여봐야 현실에 아무런 영향을 미치지 못한다. 고대 페르시아의 왕 크세르크세스가 자신의 배를 파괴한 데 대한 처벌로 바다를 향해 채찍을 휘두른 것이나 다를 바가 하나도 없지 않는가.

나의 주장을 더 분명하게 밝히기 위해, 나는 라틴 민족들의 현재 처지와 그 처지의 영향을 개괄적으로 살필 것이다.

2. 남미의 라틴 민족 국가들과 스페인, 포르투갈

먼저 라틴 문명의 요소가 가장 낮은 국가들부터 고려해보자. 남미에 있는 공화국 22개 국가이다. 이 국가들은 제도가 국민의 생활에 별로 영향을 미치지 못한다는 점을 보여주는 예가 된다. 이 국가들이 처한 처지를 상세히 파고들 필요는 없을 것이다. 단 하나의 예외도 없이, 이 국가들은 모두가 쇠퇴와 극도의 무질서를 보이는 그런 단계에 놓여 있다. 모든 국가들이 다른 국가에 점령당하지 않고서는 경험하기 어려운 그런 혼란의 와중에 있다.

활력도 독창력도 도덕도 의지력도 없는, 고갈된 민족이 사는 이들 22개 국가는 세계에서 자원이 가장 풍족한 국가에 속하면서도 거대한 자원을 이용할 줄 모른다. 이 국가들은 유럽 국가의 융자로 살아가고 있다. 이 융자는 정치적 약탈자들 사이에 분배되고 있으며, 이 정치적 약탈자들은 유럽 금융계의 다른 약탈자들과 연결되어 있다. 이 유럽 금융계의 약탈자들은 대중의 무지를 악용하는 것을 자신의 업으로 삼고 있는데, 이 약탈자들은 자신의 융자는 반드시 상환될 것이라는 사실을 잘 알고 있다는 점에서 보면 이중적으로 사악하다. 이들 불행한 공화국에서는 약탈이 일상이다. 모두가 약탈에 가담하기를 원하기 때문에, 내전이 마치 영구한 제도처럼 벌어지고 있으며 대통령이 수시로 암살당한다. 대통령을 암살하고 새로 권력을 쥐게 된 집단은 이젠 자기 차례라는 식으로 부를 챙긴다. 재능 있는 모험가가 나서서 훈련이 잘 된 수천 명을 이끌고 불행한 국가들을 쉽게 정복하여 철권통치를 하지 않는 한, 이 같은 현실은 틀림없이 오랫동안 지속될 것이다. 스스로를 통치하지 못하고, 활기와 도덕성을 잃어버린 국가들에게는 이런 통치밖에 달리 길이 없을 것이다.

만일 퇴행적인 이들 국가들의 수도에 풍부한 자원에 끌려 온 외국인들, 즉 소수의 영국인과 독일인이 정착하지 않았더라면, 이 국가들은 오래 전에 그야말로 야만의 상태로 돌아갔을 것이다. 이 공화국들 중에서 유일하게 어느 정도 스스로를 지켜나갈 수 있는 국가인 아르헨티나는 단지 영국인들이 점진적으로 침투했다는 이유만으로 전반적인 파멸에서 벗어날 수 있었다.

공화국이 되기 전에 이 모든 식민지들은 스페인의 통치를 받았다. 공화국들은 혁명을 통해서 성직자들과 탐욕스런 총독으로 구성된 정부를 쫓아내는 데 성공했다. 그러나 이미 때가 늦은 뒤의 일이었다. 사람들의 편향은 이미 확고해져 있었고, 정신도 이미 형성되어 있었다. 회복이 불가능했다. 이 외에도 성직자들은 오랫동안 지성과 독립심을 보이는 사람들을 모조리 억누르는 것을 의무로 여겨왔다.

남미의 라틴 민족의 공화국에서 이젠 유럽의 라틴 군주국으로 넘어가자. 이 군주국들의 조건은 확실히 덜 음울하다. 그러나 찬란한 것과는 거리가 아주 멀다. 우리는 지금 스페인과 포르투갈이 어떤 처지에 있는지 잘 알고 있다. 아무리 관찰력이 무딘 여행자라 하더라도 이들 나라에 잠깐만 머물면 그 처지를 확인할 수 있다. 번영을 누리고 있는 소수의 산업들은 외국인 소유이거나 외국인이 설립한 것이다. 옛날에 아주 막강했던 이 국가들은 지금 자기 나라도 제대로 통치하지 못하고 있는 실정이다. 그러다보니 식민지를 하나씩 잃어가고 있다. 쿠바와 필리핀이 스페인의 식민지로 남아 있었다. 스페인은 이 국가들을 부패하고 악독한 관리들에게 맡겨 탐욕스럽게 착취했다. 그 결과 원주민들이 격분하여 폭동을 일으켰고, 이것이 외국인들의 개입을 불렀다.

핀토 드 기마레(Pinto de Guimaraes)는『스페인이 필리핀에서 자행한 테러』(La Terreur Espagnole aux Philippines)라는 책에서 스페인의 식민 통치의 실상을 세세하게 전하고 있다. 이 책을 보면 식민 통치가 일으킨 공포가 대단한 것으로 확인된다.

"가장 먼저 떠오르는 생각이 미국의 개입이 태평양에서도 대서양에서만큼 필요했다는 것이다. 스페인의 지배는 필리핀을 쿠바만큼 괴롭혔다. 만일 필리핀에서 자행된 잔혹함이 비밀에 가려져 있었다면, 그것은 필리핀 사람들이 쿠바 사람보다 고통을 더 잘 참아서가 아니라 단지 필리핀이 문명세계로부터 고립되어 있었고 또 지방의 총독들이 모든 불평을 묵살하고 모든 요구를 가로막았기 때문이다. 그러나 진실은 어떠한 폭정보다도 더 강한 법이다. 그래서 언젠가는 모습을 드러내게 되어 있다. 필리핀 사람들은 스페인의 재갈에도 불구하고 세상에 들릴 만큼 큰 소리를 지르는 데 성공했다.

스페인 관리의 머리에서 나온 분노와 교활한 절차, 파괴적인 아이디어들이 어떤 것이었는지를 상상하는 것은 불가능하다. 그러나 스페인 관리들이 똑같이 추구한 목표가 한 가지 있었다. 필리핀에 3년 내지 6년 머무는 동안에 부를 최대한으로 챙겨서 현지인의 저주를 피해 고국으로 돌아가는 것이었다. … 총독은 식민지에서 2년 정도 지내고 나면 미래가 불확실해지고 대체로 멍청한 사람으로 여겨졌다. 유명한 웨일러(Don Valeriano Weyler)

장군은 동료들의 말에 따르면 파리와 런던의 은행에 1,200만 프랑에서 1,400만 프랑이나 예금할 수 있었다. 그의 연봉이 20만 프랑이었다니, 그가 3년 만에 1,400만 프랑을 모으기 위해 도대체 무슨 짓을 했을까?

그럼에도 필리핀의 놀라운 자원에 대해서, 그리고 스페인이 아닌 다른 국가의 지배를 받았을 경우에 이 풍부한 자원이 다른 강대국에 안겨주었을 놀라운 결과에 대해서 깊이 생각해보지 않을 수 없다. 필리핀 사람들은 강탈과 억압을 당하고 폐허가 되고 고문을 당했음에도 불구하고 존재하고 있다. 필리핀 공무원들의 성격과 예산 담당관들의 사기 행위 때문에 필리핀의 번영에 기여할 수도 있었을 많은 사람들이 국외로 내몰리고 있다."

성직자들은 관리들과 함께 필리핀에서 가장 성가신 존재로 꼽힌다. 성직자들은 6,000명에 달하며, 그들의 탐욕은 그들의 잔인성과 버금간다. 그들은 종교재판 때의 모든 고문 행태를 다시 복구시켰다.

드 기마레는 스페인이 필리핀의 원주민들에게 자행한 잔인성에 대해서도 상세하게 들려주고 있는데, 그런 대목을 읽을 때면 절로 전율이 일어난다. "죽음의 구덩이"라 불리는 지하 감옥에 관한 이야기가 특별히 두드러진다. 썩은 물이 반쯤 찬 이 감옥에 100명의 죄수가 갇혀 있었다. 거기에는 온갖 종류의 독사와 쥐가 득시글거렸다. 소설가의 머릿속에서나 그려질 법한 곳이었다. "그들은 무시무시한 밤을 보냈다. 고통에 차서 울부짖는 소리도 들리고, 차라리 죽게 해달라고 기도하는 소리도 들렸다. 그 다음날 그들은 모두 죽어 있었다."

기마레는 이렇게 결론을 내린다. "그런 현실 앞에서 반란군들이 미국의 승리에 환희를 느꼈다고 해도 아무도 놀라지 않을 것이다. 스페인은 몇 세기 동안 이 불행한 섬나라에서 잔인성의 극치를 보여주었다. 필리핀 보호라는 명분으로는 도저히 용서될 수 없는 그런 잔인성이었다."

쿠바에 대한 스페인의 통치도 필리핀에 대한 통치와 똑같았다. 쿠바에서도 현지인들이 마침내 반란을 일으켰다. 반란군은 무장도 형편없었고 숫자도 1만 명을 넘지 않았다. 이와 맞서는 스페인은 다수의 장군과 15만 명의 병사를 쿠바에 파견했다. 스페인이 4년 동안 쿠바 반란군을 진압하기 위해 들인 비용은 20억 프랑이었다. 그러나 이 장군들은 선언서를 발표하고 반란군을 잔인하게 진압하려 들었지만 결국에는 실패하고 말았다. 스페인인의 잔인성과 무고한 사람들의 대량학살이 미국에 간섭의 빌미를 제공했다. 인간성을 소중히 여기는 모든 사람들은 미국의 승리를 큰 소리로 반겼다.

스페인과 미국의 전쟁은 심리학적 관점에서 전쟁을 연구하는 사람들에게 유익한 정보를 많이 담고 있다. 한 국민의 삶에 성격이, 말하자면 민족성이 미치는 영향이 이 전쟁에서 매우 명확하게 드러나고 있기 때문이다. 그때까지 중무장한 함대가 단 몇 분 만에 적에게 조금도 피해를 입히지 못하고 완패한 예는 한 번도 없었다. 두 차례의 교전에서 스페인 전함 20척이 방어 계획조차 세워보지 못한 가운데 파괴되었다. 금욕주의자로 죽는 것은 무능에 대한 궁색한 변명일 뿐이다. 당시 세계는 우유부단과 통찰력 부족, 부주의와 냉철함의 결여에 따른 결과가 어떤 것인지를 마닐라와 쿠바에서 똑똑히 보았다. 미군 함대가 야간에 침투한 필리핀에서, 스페인 병사들은 자신들의 소재를 알려주게 될 봉화에 불을 붙이는 것을 까먹었고 동시에 해협을 기뢰로 방어하는 것을 망각했다. 쿠바의 산티아고에서 스페인 병사들은 쿠바 내에 병력이 부족했던 것이 아니었는데도 지원군을 요청하는 것을 게을리 했다. 병력을 보충했더라면 방어가 훨씬 더 수월했을 텐데도 말이다. 포르토 리코에는 방위에 나선 스페인군조차 없었다. 함대가 적을 향해 포탄을 한 발도 날려 보지 못하고 암초에 걸려 스스로 무력해졌을 때, 그 함대는 아주 처량한 장면을 연출했다. 이때 함대가 달아날 것이 아니라 적을 향해 스스로를 던졌더라면 적에게 어느 정도 피해도 입히고 명예도 살릴 수 있었을 것이다. 데파스(H. Depasse)는 이 주제에 대해 매우 적절한 분석을 내놓고 있다. "양측의 문명이 서로 다르다고, 아니 그보다는 양측이 역사의 서로 다른 시기를 살고 있다고 말할 수 있을 것이다. 한쪽은 교육을 통해 자신이 가진 수단의 주인이자 자기 자신의 주인이고, 다른 한쪽은 본성의 충동적인 움직임에만 따르고 있다." 앵글로색슨 족과 라틴 민족의 교육에 나타나는 중요한 차이를 단 몇 줄로 이보다 더 잘 표현하기는 불가능할 것이다.

필리핀과 쿠바의 국민들은 이 전쟁으로 인해 뭔가를 얻을 것이다. 그들이 스페인보다는 훨씬 나은 통치를 받게 될 것이라는 뜻에서 말이다. 스페인도 그 전쟁의 패배로 그리 많은 것을 잃지 않을 것이다. 어차피 식민지들이 스페인에 안겨준 것도 없었고, 전쟁 패배가 포르투갈과 남미의 여러 국가들처럼 국채에 대한 이자를 지급하지 않을 구실을 제공할 것이기 때문이다. 요즘에는 이상한 일이 자주 벌어지는데, 엉뚱하게도 이 전쟁의 비용을 부담하는 국가는 프랑스가 될 것이다. 왜냐하면 프랑스가 소유하고 있는 스페인의 국채가 휴지조각이 될 것이기 때문이다.

3. 프랑스와 이탈리아

이탈리아는 스페인만큼 추락하지는 않았지만 그렇다고 스페인보다 더 나은 조건도 아니다. 이탈리아의 무질서는 금융을 통해 드러나고 있다. 이탈리아는 이탈리아의 영혼을 다듬어낸 라틴 민족의 개념들 때문에 피해를 입고 있을 뿐만 아니라 이탈리아 정치인들의 마음에 불쑥 생겨난 통일이라는 치명적인 아이디어의 피해까지 입고 있기도 하다. 피에몬테 사람과 롬바르디아 사람, 시칠리아 사람같이 서로 다른 인구를 중앙 권력으로 통합하면서, 이탈리아는 가장 파괴적인 실험을 거쳤다. 30년 만에 이탈리아는 매우 부러운 상태에서 정치와 행정, 금융, 군사 분야 등에 극도의 분열상이 나타나는 상태로 바뀌었다.

이탈리아의 금융은 스페인만큼 비참한 상태는 아니다. 그러나 이탈리아는 이미 지폐에 의존하지 않을 수 없는 상황이 되었으며, 지대에 대한 세금을 신설했다. 지대에 대한 세율은 그 사이에 인상을 거듭한 끝에 지금은 20%가 되었다. 지대가 더 오르면 이탈리아는 포르투갈 같은 실패한 나라가 될 것이다.

멀리서 보면 이탈리아는 위대한 민족 같은 환상을 준다. 그러나 이탈리아의 힘은 외양에 지나지 않는다. 약간의 충격도 견디지 못할 정도로 허약하다. 강대국으로 불릴 만한 군사력을 키우기 위해 많은 돈을 지출했음에도 불구하고, 이탈리아는 유럽 병사 2만 명이 흑인들과 싸워 처음으로 패배하는 모습을 보여주었으며 그리하여 시시한 아프리카 왕에게 배상을 하는 강대국이 되었다. 이 아프리카 국가의 수도는 몇 년 전에 소수의 영국군에게 아주 쉽게 함락

되었는데도 말이다. 이탈리아는 독일에게 마지못해 끌려 다니면서 독일 신문들이 끊임없이 경멸감을 줘도 불평도 하지 않고 감수하고 있다.

이탈리아에서 관찰되는 부주의와 낭비는 상상을 초월한다. 이탈리아는 비토리오 에마누엘레(Victor Emmanuel) 왕의 기념물 같은 쓸데없는 기념물을 세우는 데 4,000만 프랑 이상을 들이는 한편 시칠리아에서는 마을을 폐허가 되도록 내버려두었다. 이탈리아가 매일 보여주고 있는 분열과 혼란상은 이탈리아가 혁명 전야에 있다는 인상을 준다. 이런 사실들을 고려한다면, 이탈리아의 유명한 범죄학자 롬브로조가 자신의 책에서 자기 나라에 대해 내린 가혹한 평가를 이해할 수 있을 것이다. 롬브로조의 평가는 좀 지나치다는 인상을 주기도 한다.

> "아무리 허영심이 심하다 하더라도 이탈리아가 유럽 국가들 중에서 맨 마지막은 아니지만 마지막에서 두 번째라는 사실을 보지 못하려면, 이탈리아인은 지금보다 열 배는 더 맹목적이어야 한다. 이탈리아는 도덕성에서도 꼴찌, 교육에서도 꼴찌, 농업과 산업 활동에서도 꼴찌, 재판의 정당성에서도 꼴찌, 무엇보다도 하층계급의 안락에서 꼴찌이다."

이탈리아는 불가피하게 혁명을 맞을 운명에 처한 것처럼 보일 것이다. 그리고 내가 자주 말하는 그 운명적인 순환의 사이클을 곧 종식시킬 것 같다. 사회주의, 카이사르 같은 독재자의 등장, 붕괴의 사이클을 마무리 지을 것 같다는 말이다.

이탈리아에 해결책이 분명하지 않은 문제를 일으킨 한 요인은 이탈리아 국민이 부유한 국가들을 모방하려는 욕구 때문에 안락과 사치와 관련해 상당한 욕구를 만들어내고 있다는 사실이다. 그러나 이탈리아의 빈곤이 그런 욕구를 충족시키지 못하고 있다. 이탈리아 역사학자 페레로(Guglielmo Ferrero)는 이렇게 쓰고 있다.

"이탈리아인들의 다수는 보다 우수한 문명으로 올라설 문턱에 서 있다. 그들은 새로운 욕구를 일으켰고 자신의 삶을 어느 정도의 안락과 문화로 장식하기를 바라고 있다. 그러나 이탈리아인들이 가진 수단이 불충분하다. … 이탈리아인은 세련되고 아름다운 것을 볼 때마다 그걸 직접 즐기고 싶은 욕구를 느낀다. 그런 조건에 사는 사람들이 일상에서 얼마나 많은 환상과 분노, 짜증을 경험하겠는가! … 그런 감정이 사회 전반에 쌓인다고 상상해보라. 이탈리아 사회의 균형이 얼마나 위태로운지가 이해될 것이다."

사회주의가 쉽게 발달할 수 있는 곳은 바로 이처럼 욕구는 매우 큰데 그걸 충족시킬 수단을 확보할 능력도 없고 활력도 없는 개인들이 많은 그런 환경이다. 그런 곳에선 사회주의가 모든 악덕에 대한 치유책이 될 것이다. 바로 이런 이유 때문에 이탈리아는 가장 위험한 사회주의 실험으로 고통을 당할 것 같다.

사치와 쾌락과 훌륭한 것들에 대한 이런 갈망이 이탈리아와 스페인의 가장 큰 차이이다. 문명의 외적인 측면을 본다면, 스페인은 분명히 이탈리아보다 한참 뒤진다. 그러나 스페인 인구 중 중하층은 불평할 것이 거의 없다. 왜냐하면 그들이 필요로 하는 것이 그리 많지 않아서 쉽게 충족될 수 있기 때문이다. 스페인에는 교통수단, 특히 철도가 제대로 발달하지 않았기 때문에, 전체 주들이 여전히 세계와 단절되어 지내고 있으며 예전의 존재방식을 그대로 간직할 수 있다. 그곳의 삶은 믿기지 않을 정도로 수월하다. 왜냐하면 스페인 사람들의 욕구가 매우 낮고 사치품은 그들에게 알려져 있지 않고 현지에서 생산되는 것만으로도 그곳 사람들에겐 충분하기 때문이다. 만일 우리가 대도시와 외적 사치를 무시한다면, 사실은 이런 것들이 겉으로 드러나는 유일한 것이긴 하지만, 스페인은 그다지 세련되지는 않았지만 자신들의 정신적 진화와 욕구에 적절한 수준의 문화를 소유하고 있다고 봐도 무방하다. 따라서 사회주의가 스페인을 심각하게 위협하지는 못할 것이다.

라틴 민족들 중에서 소위 말하는 지도계층을 빼고는 돈이 많이 드는 문명의 세련미를 열망하는 사람들이 별로 없다. 그런 열망을 품을 수 있기 위해선 먼저 세련미를 얻는 데 필요한 지능이나 활력이 있어야 한다. 활동력과 지능의 발달이 필요한 수준보다 크게 미달할 때에는 그런 열망을 품기가 어렵다. 사람들이 어떠한 대가를 치르더라도 부를 일구기를 바라는데 능력이 그 욕구를 충족시킬 수 없을 때, 그들은 자신이 동원하는 수단을 그다지 중요하게 여기지 않게 된다. 정직성도 탄력적으로 변하고, 풍기문란도 금방 예사로 여겨지게 된다. 대부분의 라틴 민족 국가에서 나타나고 있듯이 말이다. 이 국가들에서는 지도계층의 도덕성이 민중의 도덕성보다 훨씬 더 떨어진다는 불편한 사실이 확인된다. 이것이 쇠퇴의 징후 중에서 가장 위험한 것이다. 왜냐하면 문명의 진보가 상류계층에 의해 이뤄지듯 문명이 사라지는 것 역시 상류계층을 통하기 때문이다.

"도덕"이라는 용어는 너무 모호하고 또 아주 다른 것까지 아우른다. 그렇기 때문에 이 단어의 쓰임은 반드시 심각한 혼란을 일으키게 되어 있다. 이 책에서 "도덕"이라고 할 때에는 단순히 정직이나 약속을 지키는 버릇, 의무감 등을 뜻한다. 말하자면 내가 앞에서 인용한 어느 영국 저자가 정직이라고 했을 때의 뜻과 비슷한 의미이다. 이 영국 저자는 영국이 이집트의 금융제도를 매우 신속하게 혁명적으로 바꿔놓고 식민지의 금융이 번영하도록 만든 것은 겉으로 보기에는 아주 평범해 보이지만 실제로는 아주 중요한 이 자질들 때문이라고 말했다.

어떤 국민의 도덕성이 어느 정도인지를 판단할 때, 극단적인 사건만을 반영하게 마련인 범죄 통계에 의존해서는 안 된다. 세부적으로 파고들어야 한다. 라틴 민족들에게 흔하게 일어나는 금융 파산은 그 국가들이 일련의 단계를 거쳐 최종적인 상태에 이르렀음을 말해주는 신호이다. 신뢰할 만한 의견을 제시하기 위해서, 우리는 각 국가의 생활 속으로 깊이 파고들어가야 한다. 금융 기관들을 관리하는 관행도 연구해야 하고, 상거래의 관행과 사법부의 독립이나 부패, 변호사와 관리들의 청렴성 그리고 책들을 통해서는 얻을 수 없고 직접 관찰을 통해서만 확인할 수 있는 다른 많은 징후들을 살펴야 한다. 이런 것들은 유럽에서도 기껏 몇 사람 정도만 훤히 알고 있는 주제들이다.

그러나 지나치게 힘들이지 않고도 다양한 국가들의 도덕성을 어느 정도 정확히 판단할 수 있는 방법이 있다. 다양한 국가의 상거래와 행정, 입법을 잘 아는 업계의 지도자들, 이를 테면 계약업자와 제조업자, 엔지니어들의 의견을 들어보라. 여러 나라에서 철도와 전차, 가스와 전기 시설을 건설하는 계약업자라면 어떤 나라의 장관과 관리들이 돈에 쉽게 매수되는지 알려줄 수 있을 것이다. 만일 다양한 정보원들이 제시하는 의견이 서로 일관성을 보인다면, 당신은 그 의견을 정확한 것으로 받아들여도 될 것이다.

라틴 민족에 관한 연구는 프랑스를 보지 않고는 마무리될 수 없다. 프랑스가 옛날에 세계에서 차지한 위치는 매우 찬란하고 압도적이었다. 프랑스는 지금도 여전히 쇠퇴에 맞서고 있지만 심하게 망가진 상태이다. 프랑스는 1세기 동안에 국가로서 알아야 할 모든 것을, 이를테면 피비린내 나는 혁명과 영광, 재앙, 내전, 침공 등을 다 겪었다. 프랑스가 오늘날 가장 두드러지게 경험하고 있는 것은 고갈 상태에 버금가는 피로와 무관심이다. 독일의 어느 팸플릿 작성자는 다음과 같이 쓴 것으로 인용되었다.

"영국과 독일의 같은 계층과 비교할 때, 프랑스의 중산계층은 훨씬 더 늙어 보인다는 인상을 준다. 개인의 독창력은 점점 더 떨어지고, 모험심은 마비된 것 같고, 앉아서 하는 직업과 휴식에 대한 갈망은 점점 더 커지고, 국가 기금에 대한 투자는 늘고, 공무원들의 숫자는 증가하고, 권위와 정의감, 신앙심, 활동력은 떨어지

고, 공공의 일에 관한 관심은 줄고, 지출은 늘어나고 외국으로부

터의 수입은 모든 분야에서 증가하고, 외국인의 진출은 늘어나

고 있다."

서구 국민들의 상업 및 산업 경쟁을 연구하면서, 곧 우리는 불행

하게도 이 단언들이 어느 정도 맞는 말이라는 사실을 확인하게 될

것이다.

4. 다른 민족의 국민이 라틴 민족의 개념들을 채택하면?

열등한 문명을 가진 국민들이 다른 국가의 제도를 갑자기 전

적으로 채택한 예는 현대에 드물다. 그리스와 일본의 예밖에 없다.

그리스는 라틴 민족의 개념들을 몽땅, 특히 교육 개념을 채택한 아

주 흥미로운 예이다. 그 결과는 정말로 놀랍다. 그리스의 결과가

아직 다른 저자의 관심을 끌지 않은 상태이기 때문에, 여기서 그 결

과를 제시하는 것이 그만큼 더 중요하다.

모두가 잘 알듯이, 지금의 그리스인들은 고대 그리스인과는 아

무런 관련이 없다. 현대 인류학은 지금의 그리스인들은 두상이 짧

은 슬라브족인 반면 고대의 그리스인들은 두상이 길었다는 사실을

보여주었다. 이 같은 사실은 현대 그리스인과 그들의 조상으로 여

겨지는 고대 그리스인들이 근본적으로 다르다는 점을 밝혀주기에

충분하다.

그리스의 주민들은 라틴 민족과는 아무런 관련이 없음에도 불

구하고 성격적으로 라틴 민족과 비슷한 점을 몇 가지 보이고 있다.

그리스 주민들은 의지력이 약하고 일관성이 부족하고 경솔하고, 변덕스럽고, 성급하다. 그리스 국민은 라틴 민족처럼 또한 끈질긴 노력을 싫어하고 장광설을 늘어놓길 좋아하고 평등을 갈망하며, 꿈과 현실을 혼동하는 버릇을 갖고 있다.

그러나 내가 여기서 그리스 주민에 대해 언급하고 있는 이유가 이런 비슷한 점 때문은 아니다. 단지 교훈적인 요소가 아주 많은 어떤 예를 통해서, 라틴 민족의 개념들을, 특히 교육의 개념을 채택한 것이 50년도 채 안 되는 세월에 한 국민에게 끼친 영향을 보여주기 위해서이다.

독창적인 정신이나 의지력을 키워줄 학교를 갖지 못한 채 오랫동안 예속 상태에서 벗어날 수 없었던 현대의 그리스는 교육의 힘을 빌리면 스스로를 향상시킬 수 있을 것이라고 상상했다. 불과 몇 년 만에 그리스 전역에 3,000개의 학교와 온갖 종류의 교육기관이 생겨났다. 그런데 이때 불행하게도 라틴 민족의 교육 프로그램이 적용되었다. 프랑스 철학자 푸이예(Alfred Fouillée)는 이렇게 쓰고 있다. "그리스의 온 곳에서 그리스어와 함께 프랑스어가 가르쳐졌다. 프랑스의 국민정신과 문학, 예술, 교육은 다른 어떤 나라보다 그리스의 천재성과 조화를 훨씬 더 잘 이루고 있다."

이론과 책을 파고드는 프랑스식 교육은 공무원과 교수와 변호사를 배출하는 외의 분야에는 전혀 도움이 되지 않는다. 당연히 그리스에서도 다른 분야에는 아무것도 이루지 못했다. "아테네는 쓸모없고 유해한 변호사들을 만들어내는 공장이다." 산업과 농업은 초보적인 상태에서 벗어나지 못했지만, 학위를 가진 실업자들은 넘처나고 있다.

똑같은 교육을 받은 라틴 민족의 사람들처럼, 그리스의 학위 소지자들의 유일한 야망은 정부에 자리를 얻는 것이다. 그리스 외교관인 폴리티스(Nikolaos Politis)는 "그리스 사람들은 정부의 최고 임무가 자신이나 자신의 가족에게 일자리를 찾아주는 것이라고 믿는다."라고 쓰고 있다. 만일 그리스 사람이 일자리를 얻지 못한다면, 그 사람은 즉시 반동이 되고 사회주의자가 되어 자본의 횡포 운운하며 헛소리를 할 것이다. 그리스에는 아직 자본이 거의 알려지지 않았는데도 말이다. 의원들의 중요한 역할이 대학 졸업자들에게 일자리를 찾아주는 것이 되었다.

그러한 교육제도 때문에 곧 정실과 반항과 전반적인 혼란이 나타났다. 그처럼 열등한 사람들이 2세대만 이어지자 그리스는 도덕적으로나 물질적으로나 폐허 상태에 이르렀다. 교양 있는 유럽은 이 작은 나라를 페리클레스 시대의 기억 그 너머로 보고 있었다. 그러나 그리스 정치인들이 유럽 대륙 전역에서 얻은 융자에 대한 이자를 지급하길 거부하며 계약을 이행하지 않고 더 이상의 대출자를 찾지 못하게 된 바로 그날, 그리스 정부는 그 동안 채권자들에게 담보로 내놓았던 독점사업들을 재개했다. 이에 따라, 그리스를 보는 유럽인들의 시각이 변화하기 시작했다. 그리스에 대한 환상이 깨어진 것이다. 그리스와 터키 사이에 전운이 감돌 때, 터키군 파견대가 멀리 보이는 순간 그리스 군대들이 놀라서 허둥지둥 달아나는 광경이 펼쳐졌다. 이때 유럽은 말로만 용감한 수다쟁이들의 용기란 것이 어떤 것인지 그 실상을 훤히 알게 되었다. 유럽 강대국들의 간섭이 없었더라면, 그리스인들은 그때 한 번 더 역사에서 사라졌을 것이다. 그래봐야 세계는 그 일로 잃을 것이 하나도 없다. 그때 우리는 문명의 기만적인 겉치장 밑에 어떤 것이 숨겨져 있을 수 있는지를 똑똑히 보았다. 그리스에 열광하던 프랑스의 젊은 대학생들은 당시 그리스인들의 행태를 보면서 교과서에서 배우던 개념보다 훨씬 더 진지한 개념들을 몇 가지 습득했을 것임에 틀림없다.

5. 라틴 민족을 위협하는 미래

라틴 민족 국가들과 라틴 민족의 개념들을 채택한 국가들의 현재 상태가 그렇다고 보면 크게 틀리지 않을 것이다. 이 국가들은 스스로를 향상시킬 수단을 모색하면서 한 가지 사실을 잊어서는 안 된다. 지금 세계가 거치고 있는 진화의 새로운 단계에서는, 강자 외에는 설 자리가 없다는 점이다. 또 약해진 국가는 예외 없이 재빨리 이웃 국가들의 먹이가 된다는 점이다. 먼 곳의 시장들이 하나씩 문을 닫고 있는 시기에 이런 현상은 더욱 두드러질 것이다.

이 같은 견해는 아주 기본적이다. 영국 정치인 솔즈베리 경(Lord Salisbury)이 한 유명한 연설에 이 관점이 아주 잘 표현되어 있다. 솔즈베리 경의 권위와 연설의 중요성을 고려하여 여기에 일부 내용을 옮긴다. 솔즈베리 경의 연설은 한 민족의 쇠퇴를 가늠하는 바로미터인 도덕성의 하락이 부르게 될 결과를 아주 명쾌하게 지적하고 있다. 이 연설이 스페인에서 거친 항의를 불러일으켰다고 해도, 이 탁월한 정치인의 분석과 결론에는 달라질 것이 하나도 없다.

"여러분은 이 세상의 국가들을 대충 살아 있는 국가와 죽어가고 있는 국가로 분류할 수 있을 것이다. 한쪽에는 권력과 부와 세력을 해가 갈수록 키우고 조직의 완성도를 높여가는 강대국이 있다. 철도가 이 국가들에게 전체 병력을 어느 한 지점에 집중할 수 있는 능력을 안겨주었다. 옛날에는 꿈도 꾸지 못한 일이다. 과학은 병사들의 손에 파괴력이 날로 커지는 무기를 쥐어주었다. 이것 또한 그런 무기를 사용할 기회를 가진 국가들의 권력을 키워주고 있다.

어떠한 것도 그 힘을 죽이지 못할 것 같은 이런 멋진 조직들 옆에, 그러니까 강대국들 옆에 다수의 공동체들이 있다. 죽어가고 있다고 표현할 수밖에 없는 공동체들이다. 물론 죽어가는 정도는 공동체마다 다 다르다. 이 국가들은 주로 기독교 국가가 아니다. 그러나 유감스럽게도 나는 꼭 그렇지만은 않다는 점을 밝혀야 한다. 이 국가들에서 혼란과 쇠퇴가 진행되는 속도는 그들 옆의 살아 있는 국가들에서 권력의 증가와 집중이 이뤄지는 속도만큼이나 빠르다. 죽어가고 있는 국가들은 세월이 흐를수록 더욱 약해지고, 더욱 가난해지고, 신뢰할 만한 지도자의 수도 줄어들고, 신뢰할 만한 제도도 줄고 있다. 이 국가들은 운명의 날이 점점 더 가까워지고 있는 게 분명한데도 이상하게 이미 흘러가버린 과거에 집착하고 있다.

이 국가들을 보면 실정이 바로잡아지기는커녕 오히려 끊임없이 심화되고 있다. 사회와 공무원 조직, 행정부는 부패의 집단이다. 그렇기 때문에 거기엔 개혁이나 복구의 희망을 받쳐줄 튼튼한 바탕이 전혀 없다.

지금과 같은 상태가 얼마동안 이어질 것인지, 나는 예측하지 않을 것이다. 내가 주장할 수 있는 것은 그 같은 상태가 진행되고 있고 또 약한 국가들은 더욱더 약해지고 강한 국가들은 더욱더 강해지고 있다는 점이다. 이 같은 현상이 불가피하게 어떤 결과를 낳을 것인지에 대해서는 특별히 예언까지도 필요하지 않을 것이다. 이런저런 명분으로, 이를테면 살아 있는 국가들은 정치적 필요나 박애의 이름으로 죽어가고 있는 국가들의 영토를 점진적으로 잠식할 것이며 그러면 문명화된 국가들 사이에 갈등의 씨앗이나 이유들은 신속히 사라질 것이다.

오늘날의 라틴 민족 국가들처럼 혼란하고 분열되고 보수적인 국가들이 사회주의에 쉽게 굴복하게 될까? 만일 사회주의에 굴복하게 된다면 이 국가들은 더욱 약해질 것이고 따라서 더욱 쉽게 강대국의 먹잇감이 될 것인가? 아, 어쩌나! 정치인들은 이런 것을 예측하지 못한다. 지금의 현실을 보면, 중세의 신학자들이 수도원 깊은 곳에 파묻혀서 종교적 논쟁에 빠져 지낸 나머지 야만인들이 수도원의 담을 무너뜨리며 자신들을 학살할 준비를 하고 있다는 사실을 모르고 있던 때나 다를 바가 하나도 없다.

그러나 우리가 라틴 민족 국가들의 미래에 전적으로 절망만 하고 있어야 하는 것인가? 그럴 필요가 없다고 나는 아직 희망을 걸고 있다. 필요는 막강한 군주이다. 역사에 거의 없었던 무시무시한 재난과 격변을 연속적으로 겪은 뒤, 라틴 민족은 그런 경험을 통해 더욱 현명해지고 따라서 강대국들의 탐욕까지 성공적으로 피할 수 있었다. 그런 경험이 있는 라틴 민족은 이제 다시 삶에 성공하기 위해 자신들이 결여하고 있는 자질들을 습득하는 힘든 과업을 시도할 것이다.

그런데 오직 한 가지 수단밖에 없다. 교육제도를 완전히 바꾸는 것이다. 우리는 그런 일을 맡고 나선 쥘 르메트르(Jules Lemaitre)와 봉발로(Bonvalot) 같은 소수의 사도들에게 아낌없이 박수를 보내야 한다. 이 사도들이 엄청난 일을 해낼 수 있다. 그들은 여론을 바꿔놓는 데 성공하고 있다. 오늘날엔 여론이 가장 막강하지 않은가. 그러나 우리의 교육제도가 지금의 상태를 고수하도록 만드는 대학과 지식인들의 편견을 씻어내는 것은 결코 쉬운 일이 아니다. 역사는 12명의 사도만 있어도 종교를 창설할 수 있다는 사실을 분명히 보여주고 있다. 그러나 그 몇 명의 사도들 사이에 의견의 일치를 끌어내지 못해 전파에 실패한 종교와 신념, 의견도 아주 많다.

그러나 지나치게 비관적인 태도를 갖지 않도록 하자. 역사는 예측하지 않은 일로 가득하며, 지금 세상은 격변을 겪기 직전이다. 그렇기 때문에 오늘날에는 국가의 운명을 예측하는 것이 불가능하다. 어쨌든 철학자의 임무는 국가가 위험에 처해 있을 때 국가를 위협하는 것이 무엇인지를 제대로 지적해주는 것이다.

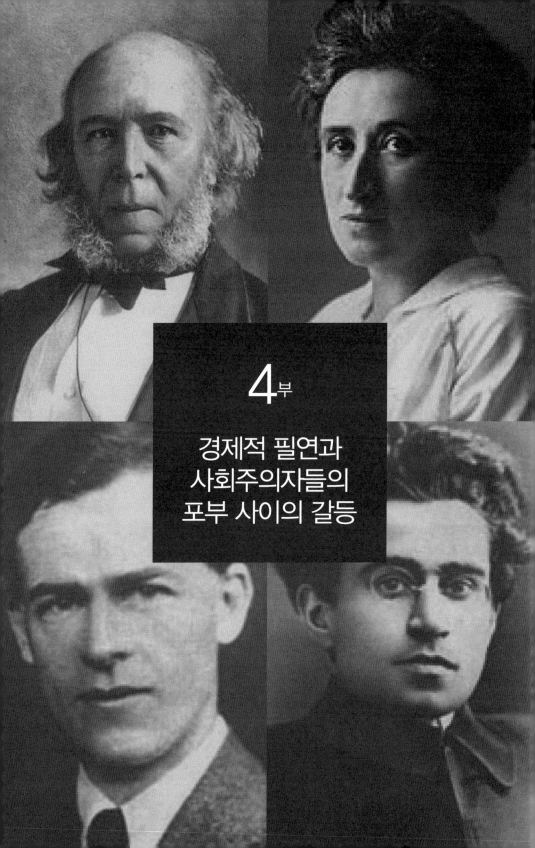

4부

경제적 필연과
사회주의자들의
포부 사이의 갈등

1장

산업적 및 경제적 진화

1. 과학적 발견으로 생긴 사회 진화의 새로운 요소들

지금은 아마 역사에서 가장 짧은 시간 안에 가장 큰 변화가 일어나고 있는 시대일 것이다. 이 변화는 지금까지 사회를 지배했던 요소들과 매우 다른 요소들이 등장한 결과이다. 이 시대의 가장 두드러진 특징 하나는 국가들을 발전시키는 요소 자체가 바뀌었다는 점이다. 몇 세기 동안에 종교적·정치적 요인들이 근본적인 영향력을 행사했다. 그러나 지금은 이 영향력은 지속적으로 약화되고 있다. 오랫동안 거의 중요성을 지니지 못했던 경제적·산업적 요소들이 오늘날 절대적 중요성을 얻고 있다. 중국에 석탄이 매장되어 있는지 유무는 로마 황제들과 루이 14세, 나폴레옹 또는 옛 서구 국가의 권력자들에게는 전혀 관심의 대상이 아니었다. 그러나 지금은 중국이 석탄을 갖고 있고 채굴이 가능하다는 사실만이 유럽 문명의 발전에 중요한 영향을 미치고 있다. 예전엔 버밍엄의 제조업자나 영국의 농부는 인도가 밀을 경작하고 목화를 생산할 수 있는지에 대해 전혀 신경을 쓰지 않았다. 몇 세기 동안 영국의 눈에 무의미했던 이런 것들이 앞으로는 무적함대의 패배나 나폴레옹의 전복만큼이나 중요성을 지닐 것이 분명하다.

그러나 유럽 국가에 중요한 영향을 미치는 것은 먼 곳에 있는 국가들의 전개 상황만이 아니다. 산업의 급격한 변화가 존재의 모든 조건에 혁명을 일으켰다. 얼마 전까지만 해도 산업의 도구들은 수천 년 동안 거의 변화하지 않았다. 근본적인 부분들을 본다면 산업 도구들은 4,000년 전에 세워진 이집트 무덤의 내부에 그려진 장비들과 거의 똑같다. 그러나 지금은 100년 전의 산업과 지금의 산업을 비교하는 것이 불가능할 만큼 발전의 속도가 빨라졌다. 증기 기관을 활용함에 따라 산업 자체가 완전히 바뀌었다. 아무리 작은 규모의 제조업체라도 크라수스가 거느렸던 2만 명의 노예보다 훨씬 더 많은 일을 해낼 석탄을 보유하고 있다. 또 한 번 휘두르면 사람 1만 명 정도의 힘을 발휘할 수 있는 증기해머도 있다. 미국 한 나라만을 놓고 볼 때, 그곳의 철도를 1년 동안 운행하는 데 필요한 힘, 즉 석탄에서 추출한 에너지는 사람 1,300만 명과 말 5,300만 마리에 해당한다. 그렇게 많은 사람과 말을 확보하는 것이 가능하다고 가정할지라도, 그들을 먹이고 관리하는 비용만 자그마치 550조 프랑이나 될 것이다. 기계의 동력을 이용하면 25조 프랑 정도의 비용이 드는데 말이다.

2. 사회의 존재 조건에 영향을 미치는 현대의 발견들

인간이 석탄에서 에너지를 뽑는 수단을 발견한 것이 삶의 물질적 조건에 혁명을 몰고 왔다. 일상의 삶에 일어난 변화가 곧 국민들의 도덕적 및 사회적 상태에 연쇄적인 변화를 일으켰다. 인간은 기계를 발명해놓고서는 그만 그 기계의 노예가 되어버렸다. 옛날에 인간이 자신의 상상력으로 창조한 신들의 노예가 된 것과 똑같다. 인간은 기계로 인해 새로 생겨난 경제 법칙을 따라야만 했다.

여자와 어린이들이 공장에 다닐 수 있게 한 기계는 동시에 가족과 가정을 혼란스럽게 만들었다. 기계류는 노동자들이 일을 수월하게 처리하도록 만들고 또 노동자가 한 가지 일에 매달리도록 만드는 한편으로 노동자의 지능을 떨어뜨리고 노력하고자 하는 의지를 꺾었다. 옛날의 장인이 이제 평범한 노동자로 추락했다. 노동자가 노동계급에서 벗어나는 경우는 매우 드물게 되었다. 기계가 산업에서 맡는 역할은 생산에 필요한 힘을 엄청나게 키워놓는 데서 그치지 않는다. 운송수단을 바꿔놓음으로써, 기계는 국가와 국가를 분리시키고 있던 거리를 상당히 좁혀놓았다. 과거에 완전히 분리되어 있던 국가들을 서로 마주보도록 만들었다. 동양과 서양은 몇 개월이 아니라 몇 주 만에 서로 만날 것이다. 동양과 서양은 몇 시간 아니 몇 분 만에 서로의 사상을 교환할 수 있다. 석탄 덕에, 이 나라의 제품이 다른 나라에서 신속히 유통되고, 전 세계는 정부의 행위에서 해방된 하나의 거대한 시장이 되었다. 아주 잔혹했던 혁명도, 아주 오랫동안 치러진 전쟁도 과학적 발견이 낳은 것과 같은 결과를 절대로 낳지 못했다. 과학적 발견은 미래에는 그 결실이 더욱 알차고 또 더욱 널리 전파될 것임을 예고하고 있다.

현대인의 삶의 조건을 바꿔놓은 것은 비단 증기기관과 전기만이 아니다. 겉보기에 아주 시시해 보이는 발명도 삶의 조건의 변화에 기여했으며 앞으로도 기여할 것이다. 연구실의 간단한 실험이 어떤 지방 아니 어떤 나라의 번영의 조건을 완전히 바꿔놓기도 한다. 예를 들자면, 천연염료 안트라센을 합성염료 알리자린으로 대체한 것이 천연염료 산업을 죽여 버렸다. 따라서 염료산업에 의존하던 지역이 순식간에 가난해지게 되었다. 1에이커에 1만 프랑 하던 땅값이 갑자기 5백 프랑 밑으로 떨어졌다. 술과 설탕의 인공적 생산이 시작된다면, 현재 술은 실험실에서 이미 인공적 생산이 가능해졌고 설탕은 곧 가능해질 것으로 보이는데, 일부 국가는 부의 원천을 포기하고 빈곤해져야 할지도 모른다. 이런 재앙에 비교한다면, 백년 전쟁과 종교개혁, 프랑스 혁명과 같은 사건들은 도대체 무엇인가? 프랑스가 포도나무뿌리진디라는 곤충의 습격으로 10년 동안 입은 손실을 고려한다면, 상업적 격변의 영향이 얼마나 큰지를 짐작할 수 있을 것이다. 1877년부터 1887년까지 100만 헥타르의 포도밭이 입은 피해는 70억 프랑으로 추산된다. 이를 수치로 따지면 프랑스가 지난번 전쟁에 들인 비용과 거의 맞먹는 재앙이다. 이 상실로 인해 스페인은 일시적으로 부유해졌다. 스페인산 포도주가 수요 부족을 채워야 했기 때문이다. 경제적인 관점에서 본다면, 그 결과는 프랑스가 스페인 군대에 점령당하여 엄청난 액수의 공물을 매년 지급한 것이나 마찬가지였다.

이 같은 엄청난 경제적 격변의 중요성은 아무리 강조해도 지나치지 않다. 이 경제적 격변은 현대의 불가피한 조건 중 하나이지만 지금은 그 시작에 불과하다. 이 격변의 주요한 결과는 옛날에 몇 세기가 흘러도 끄떡 않을 것처럼 안정돼 보였던 존재의 모든 조건이 그 영속성을 잃게 되었다는 점이다. 영국 역사학자 메인(Henry James Sumner Maine)은 이렇게 쓰고 있다.

> "국민에게 닥칠 수 있는 가장 무서운 재앙이 무엇인가 하고 자문해보라. 그에 대한 대답은 아마 잔인한 전쟁이나 처절한 기근, 무서운 전염병이 될 것이다. 그러나 이 재앙들 중 어느 것도 옷감과 색깔까지 결정하는 여성들의 패션에 불어 닥친 혁명만큼 인간에게 오랫동안 영향을 미치지는 않을 것이다. 유럽과 미국에는 번창하는 화려한 도시들이 많다. 그러나 이 도시들도 패션의 혁명 때문에 파산하거나 굶주리게 될 수있다. 그리고 이런 도시가 패션 혁명에 따라 입게 될 피해는 중국과 인도 또는 일본의 기근 또는 전염병보다도 더 심각할 것이다."

이 같은 가설에는 터무니없는 구석이 전혀 없다. 자전거의 일상적 사용이 여성의 의복에 혁명을 불러 일으켰으며, 이 혁명이 곧 이 가설을 현실로 증명해보일 것이다. 그러나 과학의 발견들은 확실히 이와 매우 다른 의미를 지니는 변화를 일으킬 것이다. 예를 들어, 이제 겨우 모습을 갖추기 시작한 학문인 화학은 우리가 모르는 미지의 것들을 많이 품고 있다. 3,000도에서 4,000도까지의 온도나 절대영도를 쉽게 활용할 수 있는 단계가 되면, 완전히 새로운 화학이 탄생할 것이다. 이론은 이미 우리의 단순한 육체는 아마 우리가 그 특성을 전혀 알지 못하고 있는 다른 요소들의 응축일 수도 있다는 이야기를 들려주고 있다. 프랑스 화학자 베르텔로(Marcellin Berthelot)가 어느 연설에서 암시했듯이, 과학이 언젠가 모든 영양 물질을 다 제조할 날이 올지도 모를 것이다. 그렇게 되는 날이면, "더 이상 농작물로 덮인 들판도 없을 것이고, 포도밭도 없을 것이고, 가축이 풀을 뜯는 목초지도 없을 것이다. 또 비옥한 땅과 척박한 땅의 구분도 더 이상 없을 것이다."

여기서 더 나아가 인간이 필요할 때마다 자연의 힘들을 활용할 수 있어서 자연이 인간의 노동을 완전히 대체하는 그런 미래도 상상할 수 있을 것이다. 에너지의 변환과 이동에 필요한 마법의 요소인 전기 덕에, 인간이 바람과 바다와 폭포의 힘을 마음대로 활용하는 날이 곧 도래할 것이라고 주장해도 전혀 이상하게 들리지 않는다. 이미 부분적으로 활용되고 있는 나이아가라 폭포는 1,700만 마력의 동력을 갖고 있으며, 이 에너지가 전기 케이블을 통해 먼 곳까지 전달될 날도 머지않았다. 태양열과 지구 중심의 열도 또한 무궁무진한 에너지원이다.

그러나 미래의 발견을 나열하거나 지난 50년 동안의 전개를 돌아보지 않더라도, 우리는 생존의 조건이 매일 변화하고 있다는 사실을, 또 그것도 과거에 오랜 세월에 걸쳐 형성된 우리의 정신 상태와 조화를 이룰 수 있는 속도보다 훨씬 더 빨리 변화하고 있다는 사실을 눈으로 확인하고 있다. 몇 세기 동안 안정성이 지배한 끝에 불안정성이 곳곳을 지배하고 있다.

지금까지 살핀 내용을 바탕으로 하면, 지금은 파괴의 시대임과 동시에 창조의 시대이다. 우리가 과거에 품었던 개념들 중 어느 것도, 또 과거의 생활조건 중 어느 것도 과학과 산업이 주도하는 변화 앞에서 살아남지 못할 것 같다. 우리가 새로운 필연에 적응하는 것이 지극히 어려운 이유는 무엇보다도 바로 여기에 있다. 우리의 버릇과 정서는 서서히 변화하는데 반해 외부의 환경은 지나치게 빨리 또 지나치게 근본적으로 바뀌기 때문에 옛날의 개념들이 더 이상 지속될 수 없다는 사실에 그 어려움이 있는 것이다. 예측 불가능한 이런 파괴와 창조를 통해서 어떤 사회가 생겨날 것인지에 대해서는 아무도 말할 수 없다. 그러나 우리는 이것만은 확실히 볼 수 있다. 국가의 삶에 가장 중요한 현상과 국가가 발전을 이루게 하는 조건은 국가의 의지에 크게 좌우되며 또한 경제적·산업적 필연의 지배를 받는다는 사실이다. 그런데 이 경제적·산업적 필연에 대해서는 국가들이 아무런 힘을 발휘하지 못한다. 그리고 우리가 이미 예측한 한 가지는 사회주의자들의 주장이 경제적 전개와는 더욱더 모순되어 보일 것이라는 사실이다. 그럼에도 불구하고 사회주의자들은 경제적 전개를 따라야만 할 것이다. 온갖 자연적 숙명 앞에서 인간이 지금까지 그 법칙을 따랐듯이 말이다.

2장

동양과 서양의 경제적 투쟁

1. 경제적 경쟁

앞에서 세계의 경제적 및 산업적 전개가 옛날의 인간 존재의 조건을 완전히 뒤엎어 놓았다는 사실을 돌아보았다. 오늘날 이 문제들이 실제로 나타나고 있는 양상을 고려한다면, 이 같은 사실이 더욱 절실하게 다가올 것이다.

사회주의자들은 자신들의 주장과 꿈을 제시하면서 지금 세계를 지배하고 있는 필연을 잘 모르고 있다는 사실을 드러냈다. 사회주의자들은 언제나 마치 자신들의 나라가 우주의 전부인 것처럼, 세계의 다른 곳에서 벌어지고 있는 일들은 자신들이 사회주의 원칙을 퍼뜨리고 있는 국가와 전혀 아무런 관계가 없는 것처럼, 그리고 자신들의 제안이 자기 나라와 다른 국가들의 관계에 아무런 영향을 미치지 않는 것처럼 생각한다. 몇 세기 전이었다면 한 나라가 다른 나라로부터 고립되어 지내는 것이 가능했을지도 모른다. 그러나 지금은 세상이 더 이상 그런 고립을 용납하지 않는다. 각국 통치자들의 역할이 아주 먼 곳에서 시작된 경제현상의 영향을 점점 더 강하게 받고 있다. 현재의 경제현상은 정치가들의 행위와는 무관하게 일어나고 있으며, 정치가들은 이 현상을 따라야 한다. 오늘날 통치기술은 우리가 전혀 영향을 미치지 못하는 외적 필연에 얼마나 잘 적응하느냐에 달려 있다.

분명 어떤 한 나라는 언제나 하나의 국가이다. 그러나 과학과 산업과 경제적 관계로 복잡하게 얽힌 세계는 지금 단 하나의 세계밖에 없다. 이 세계의 법칙은 법전이 아니라 필연에 따라 움직인다는 점에서 옛날보다 훨씬 더 엄격하다. 산업과 경제의 분야에서는 오늘날 어느 나라도 자기 마음대로 하지 못한다. 이유는 간단하다. 산업과 농업과 상업의 전개가 모든 국가에 영향을 미치기 때문이다. 지구 저편에서 일어난 경제적·산업적 사건들이 그곳과 거의 관계가 없을 것 같은 국가로 하여금 농업과 산업, 제조방식, 상업적 관습을, 따라서 제도와 법을 바꾸도록 만들고 있다. 국가들은 개별 국가의 욕망이 아니라 폭넓게 작용하는 필연에 점점 더 강하게 좌우되는 경향을 보이고 있다. 따라서 정부들의 행위가 더욱더 약하고 불확실한 모습을 보이고 있다. 이는 현대의 가장 특징적인 현상 중 하나이다.

여기서 고려하게 될 문제는 앞에서 제시한 주장들을 더 명쾌하게 설명해줄 것이다. 동시에 사회주의자들이 보편적 행복을 위해 제시한 원칙들을 실현하는 것이 불가능한 이유도 보여줄 것이다.

나를 포함한 일부 전문가들이 아주 오래 전부터 지적한 이 문제는 동양과 서양 사이의 상업적 투쟁에 관한 문제이다. 증기기관의 발명과 산업혁명으로 인한 거리의 축소가 동양을 서양 주민들의 문 앞까지 불러들이고 동양의 주민들을 서양의 경쟁자로 바꿔놓았다. 서양의 제품을 수입했던 동양의 경쟁자들은 서양의 기계를 소유함과 동시에 지금까지 수입해오던 제품을 직접 생산하기 시작했으며, 그 결과 옛날에 수입했던 제품을 서양에 팔기를 원하기에 이르렀다. 동양인이 필요로 하는 것이 오랫동안 이어져온 관습 때문에 거의 무시해도 좋을 정도로 적고 따라서 생산비가 유럽보다 훨씬 더 쌀 것이라는 점을 감안한다면, 동양은 서양에 제품을 수출하는 데 성공할 것이다. 동양의 노동자는 하루에 10수도 안 되는 돈으로도 살아갈 수 있다. 반면에 유럽 노동자는 하루에 4프랑 내지 5프랑 밑으로는 살아가지 못한다. 노동의 가격이 언제나 제품의 가격을 결정하고 또 어느 시장에서든 제품의 가치는 최저 가격에 의해 결정되기 때문에, 유럽의 제조업자들은 지금 같은 제품을 20분의 1밖에 안 되는 비용으로 제조하는 경쟁자들의 위협에 직면하고 있다. 인도와 일본은 이미 내가 오래 전에 예측한 그 단계로 진입했으며, 곧 중국이 제3의 경쟁국으로 등장할 것이다. 유럽으로 수입되는 외국 제품들은 점점 증가하고 있고, 유럽제품의 수출은 점점 줄어들고 있다. 우리가 두려워해야 하는 것은 동양의 군사적 침공이 아니고 제품의 침공이다.

이 경쟁은 오랫동안 농업 분야에만 국한되었다. 여기서 나타난 결과를 바탕으로 경쟁이 제조업 분야로 확장될 경우에 어떤 일이 벌어질 것인지를 예측하는 것도 가능하다.

이 경쟁의 첫 번째 결과는 20년 동안에 곡물과 양모, 포도주, 술, 설탕 등 농산물의 가격이 반으로 하락했다는 점이다. 양모를 예로 들어보자. 1882년에 1kg에 2프랑 정도 하던 양모 가격은 지금은 그 반 정도에 그치고 있다.

나를 비롯하여 많은 경제학자들은 이 가격하락을 이로운 것으로 생각하고 있다. 대중 즉 훨씬 더 많은 사람들이 가격하락의 혜택을 볼 것이기 때문이다. 그러나 이 가격하락을 유해한 것으로 보는 시각이 있다는 것도 쉽게 이해가 된다. 가격하락에 따른 문제 중에서 가장 심각한 것은 농업의 조건이 아주 변덕스럽다는 사실이다. 그 결과 일부 국가들이 농업을 아예 포기하는 사태도 빚어질 수 있다.

일부 국가들이 농업을 포기할 수 있다는 가설은 절대로 터무니없는 것이 아니다. 왜냐하면 영국에서 점진적으로 그런 현상이 나타나고 있기 때문이다. 영국은 곡물 분야에서 인도와 미국과 경쟁을 해야 하기 때문에 곡물 생산을 점진적으로 포기하고 있다. 영국의 곡물 생산방식이 1헥타르에 2,900리터를 생산할 만큼 완벽함에도 불구하고 이런 사태가 빚어지고 있는 것이다. 오늘날 영국의 곡물 생산은 23억 리터로 떨어졌다. 반면에 1년 소비량은 85억 리터에 달한다. 그렇다면 영국은 60억 리터 가량을 해외에서 수입해야 한다. 만일 영국이 고립되거나 부족분을 채울 다른 수단이 없다면, 영국 국민의 상당수가 굶어죽게 될 것이다.

기본적으로 농업국인 프랑스는 보호정책 덕에 이 투쟁을 조금 더 오래 끌 수 있을 것이다. 농업 경쟁에 대한 프랑스의 관심은 지대하다. 하지만 프랑스가 얼마나 더 버틸 수 있을까? 농산물 가격의 점진적 하락을 점진적 보호관세로 막을 수 있을까? 주요 곡물의 가격을 인공적으로 높게 유지하고, 따라서 프랑스 국민이 싼 가격의 이점을 누리지 못하도록 막으면서 말이다. 프랑스의 밀 소비는 1년에 120억 리터이고 현재 관세는 100리터 당 7프랑이다. 이 관세가 빵의 가격을 3분의 1 정도 올려놓는데, 이것을 국민 전체로 따지면 엄청난 금액이 될 것이다. 달리 말하면 소수의 대지주에게 혜택을 주기 위해 전 국민으로부터 세금을 징수하는 셈이다. 농민들의 다수는 곡물을 겨우 자급자족할 정도만 생산하기에 시장에 내다 팔 것이 없기 때문이다. 이런 자의적인 조치가 가치를 지닌다면, 그것은 한 국가의 농업의 생존을 잠정적으로 연장시키거나 조건을 향상시킬 시간을 벌 수 있다는 것밖에 없다. 곧 어느 정부도 주요 곡물의 가격을 인위적으로 높게 유지할 수 있을 만큼 힘을 발휘하지 못하게 될 것이다.

그러나 유럽의 농업이 쇠퇴를 보이기 시작했을 때에는 아직 동양은 그 경쟁에 들어오지도 않았다. 그 쇠퇴의 기원은 미국 곡물의 생산에서 찾아야 한다. 미국의 경우 토지가 거의 공짜나 다름없는 반면에 유럽은 토지가 매우 비싸다. 미국도 뒷날 인도와 같은 나라와 경쟁해야 하는 상황에 처하자 영국과 같은 운명으로 힘들어 했다. 인도의 경우 토지도 미국처럼 공짜나 다름없는데다가 노동까지 10배나 쌌기 때문에, 미국의 농업은 지금 폐허의 위기로 몰리고 있다. 미국의 농업 종사자들은 오늘날 아주 불안정한 상태에 놓여 있다. 예전에 1에이커에 300달러 하던 농장을 지금은 10달러에도 사겠다고 나서는 사람이 없다고 한다. 보호관세는 미국 같은 나라의 사태에는 해결책이 되지 못한다. 왜냐하면 미국인들의 경우에는 곡물을 사는 것이 아니라 파는 데 관심이 있기 때문이다. 어떠한 보호관세도 미국인들이 해외 시장에서 보다 낮은 비용으로 밀을 생산하는 국가들과 경쟁을 피할 수 있도록 도와주지 못한다.

처음에 원료와 농업생산물에 한정되었던 동양과 서양의 투쟁은 점차 제조업으로 확장되었다. 예를 들어 일본과 인도의 경우 공장 노동자들의 임금은 하루에 10수 정도이며 십장도 그리 많은 돈을 받지 않는다.

현지의 한 전문가가 전하는 바에 따르면 인도 캘커타 근처의 한 공장은 1,500명 이상의 노동자들을 고용하고 있으며, 이 근로자들 중에서 중간 간부가 받는 임금도 매달 20프랑 정도에 지나지 않는다. 이처럼 낮은 생산비로도 인도의 수출액이 10년 사이에 7억 1,200만 프랑에서 40억 프랑으로 뛰었다는 사실은 놀랍다.

그러나 인도에는 석탄이 거의 없다. 반면 일본은 석탄이 풍부하기 때문에 영국 석탄 가격의 반값에 수출할 수 있다. 따라서 일본의 발달은 인도의 발달보다 훨씬 더 빨랐다. 국부의 원천 중에서 가장 훌륭한 석탄을 갖고 있기 때문에 일본은 유럽의 기계를 구입하여 모방하기만 하면 되었다. 그러면 일본은 똑같은 생산능력을 확보함과 동시에 낮은 임금 때문에 유럽과의 경쟁에 우위를 차지할 수 있었다.

지금 일본에는 대규모 공장들이 있다. 예를 들어 6,000명의 노동자를 고용하고 있는 방적공장은 크게 번창하여 10% 내지 20%의 배당을 할 수 있다. 영국의 경우 같은 업종의 배당률이 갈수록 떨어져 현재는 가장 잘 돌아가는 회사의 경우에도 3% 정도에 지나지 않는다. 나머지 기업들은 이익을 남기지 못해 더 이상 배당을 주지 못하고 있다. 동양과의 경쟁 때문에 수출이 날로 떨어지고 있기 때문이다.

동양의 국가들은 유럽에서 수입하던 제품을 하나씩 직접 생산하기 시작했다. 이 제품의 가격은 경쟁을 무의미하게 만들 정도로 낮다. 시계와 벽시계, 도자기, 종이, 향수, 그리고 심지어 소위 말하는 파리제(製) 물건까지도 일본에서 제조되고 있다. 따라서 유럽의 제품들은 점차 동양에서 밀려나고 있다. 성냥을 예로 들어보자. 예전에 영국은 1년에 60만 프랑 어치의 성냥을 수출했으나 지금은 그 액수가 1만 프랑으로 떨어졌다. 반면에 일본의 성냥 생산은 거의 제로에서 1895년에는 227만5천 프랑으로 늘어났다.

이 같은 생산의 증가는 곧 일본인들이 시장을 확장하고 나서도록 만들었다. 유럽의 해군에 대한 의존에서 벗어나기 위해, 일본은 먼저 선박을 구입하기 시작했고 다음에는 직접 배를 건조했다.

중국인들은 군사적 열세에도 불구하고 많은 점에서 일본인들보다 우수했다. 그럼에도 불구하고 중국인들은 아직 산업화 단계로 들어서지 못했다. 그러나 중국인들이 산업화에 나서는 것을 볼 날도 얼마 남지 않았을 것이다. 엄청난 인구와 풍부한 석탄 매장량을 고려할 때, 중국은 몇 년 안에 세계 최고의 교역 중심이 되고 모든 시장의 지배자가 될 것이다. 그러면 북경의 거래소가 세계 시장의 상품 가격을 결정하게 될 것이다. 미국인들이 중국인들과의 경쟁이 불가능하다는 점을 알고는 중국인들에게 자국 영토에 접근하는 것을 금지시켰다는 사실에서도 우리는 중국의 경쟁력이 어느 정도인지를 미뤄 짐작할 수 있다. 유럽 제품을 실은 무역선이 동양의 바다에서 보기 드물 날이 그리 머지않았다. 그렇다면 어떻게 해야 하는가?

극동 지역의 영국과 독일 영사들은 이 문제에 대한 보고에서 한목소리를 내고 있다. 프랑스의 영사들까지도 교역에 거의 관심을 두지 않고 있음에도 불구하고, 그리고 특히 라틴 민족이 외국 정세에 대해 독립적인 의견을 개진하는 능력이 크게 떨어짐에도 불구하고, 주변에서 돌아가는 사태를 파악하며 문제를 지적하기 시작하고 있다.

점점 심화되는 경제적 투쟁에서, 모든 것이 동양에 유리하다. 서양에서 있었던 은의 가치에 대한 평가절하는 경쟁을 서양인들에게 더욱 불리하게 만들었다. 동양의 유일한 통화인 은은 동양에서는 가치를 그대로 지켰다. 반면에 유럽에서는 은의 가치가 거의 반으로 떨어졌다. 인도나 일본 혹은 중국의 상인이 유럽에 1,000프랑의 밀이나 면화 또는 다른 상품을 보낼 때, 이 상인은 1,000프랑을 금으로 받는다. 이것을 상인은 거의 2,000프랑 정도 되는 은으로 바꿀 수 있다. 이 상인은 이 은을 은화로 바꾸어 노동자들에게 임금으로 지급하면 된다. 2,000프랑 어치의 은은 중국에서 똑같은 가치를 지닌다. 이 가치는 25년 전이나 똑같다. 왜냐하면 유럽에서 있었던 은 가치의 평가절하 같은 조치가 동양에서는 없었기 때문이다. 동양에서는 임금도 어딜 가나 같다. 제조비용이 옛날에 비해 조금도 더 높지 않기 때문에, 동양의 제조업자는 단순히 유럽에서 물건을 파는 것만으로도 배 가격으로 처분하게 된다. 당연히 동양의 제조업자는 서양에서 사는 것에 대해 배를 지급해야 한다. 왜냐하면 1,000프랑 어치의 금에 대해 2,000프랑 어치의 은을 지급해야 하기 때문이다. 그렇기 때문에 중국 제조업자로서는 가급적 많이 팔고 가급적 적게 사야 할 이유가 충분하다. 따라서 현재의 환율은 동양 국가들의 수출에 엄청난 이점을 안겨준다. 생산비용이 그렇게 차이가 많이 나는 상황에서는 수입금지가 아닌 보호관세로는 아무런 효과를 끌어내지 못한다.

많은 요인이 작용하면서 대부분의 유럽 국가들이 동양과의 무역 전쟁에서 큰 어려움에 직면할 것이다. 시베리아 횡단철도가 완성되면, 동양과 서양의 모든 통상은 러시아로 집중될 것이다. 모두가 잘 아는 바와 같이, 이 철도는 중국의 일부를 가로질러 러시아와 일본을 더욱 가깝게 만들 것이다. 그러면 러시아의 주민 1억3,000만 명은 4억 중국인과 접하게 될 것이고, 러시아가 세계 최초의 무역 강국이 될 것이다. 동양과 서양 사이의 운송이 반드시 러시아를 거치게 될 것이기 때문이다. 런던에서 홍콩까지 배로 36일 정도 걸린다. 시베리아 횡단철도를 이용하면 18일 정도 걸릴 것이다. 그렇게 되면 틀림없이 해로는 완전히 포기될 것이다. 희망봉을 도는 항로가 오늘날 이용되지 않고 있는 것처럼 말이다. 그러면 영국의 무역함대는 어디에 쓰이게 될까? 프랑스는 교역의 일부를 잃게 될 것이다. 그런 날이 오면, 프랑스는 러시아에 80억 프랑을 빌려준 것을 후회할지도 모르겠다. 왜냐하면 이 돈 중 상당 부분이 결과적으로 경쟁을 격화시키는 데 쓰였을 것이기 때문이다. 이만한 거액을 프랑스 자국의 산업과 교역의 발달에 투입했더라면 훨씬 더 많은 돈을 벌 수 있었지 않았을까 하고 자문해보는 것도 부질없는 짓은 아닐 것이다.

지금까지 그 기원을 분석해 본 동양과 서양의 투쟁은 겨우 시작 단계일 뿐이다. 그러나 우리는 그 문제를 그런 식으로 확대해서 볼 필요가 있다. 영구한 평화와 전반적 무장해제를 꿈꾸는 사람들은 전쟁이 최악의 투쟁이라고 상상한다. 전쟁도 다수의 개인을 파괴할 것이다. 그러나 지금 다가오고 있는 산업·통상 전쟁은 피를 흘리는 전쟁보다 훨씬 더 잔혹할 것이다. 그런 투쟁은 겉보기에 평화스러워 보일지라도 속을 보면 무자비하기 짝이 없다. 그런 투쟁은 동정을 모른다. 정복하든가 사라지든가 둘 중 하나이다.

사회주의는 좀처럼 이런 문제들을 보지 않는다. 사회주의의 개념은 지나치게 편협하고, 사회주의의 지평은 지나치게 제한적이다. 사회주의가 뿌리를 깊이 내린 국가들은 동양과의 교역전쟁에서 힘들어 하다가 가장 먼저 패배하고 말 것이다. 산업 문제에 충분할 정도의 독창력을 갖고 있고 또 기계류를 완벽하게 만들 만큼 충분한 지력을 갖고 있으면서 그 지력을 새로운 필연에 적응시킬 수 있는 국가만이 스스로를 지켜나갈 수 있을 것이다. 프랑스 노동자들에게 동양산 제품의 공격에 맞서 싸울 수단을 제공할 수 있는 것은 임금과 노동의 평등을 이상으로 삼는 집단주의는 아니다. 제품이 더 이상 구매자를 발견하지 못하고, 모든 공장이 하나둘씩 문을 닫고, 모든 자본가들이 줄기차게 자신들을 박해하는 나라를 버리고 자신을 따뜻하게 반겨주는 나라로 다 떠나버린다면, 사회주의는 노동자들에게 임금으로 줄 돈을 어디서 발견할 것인가?

2. 해결책

동양과 서양의 경제적 경쟁이 어떤 식으로 시작되어서 어떤 식으로 전개되고 있는지를 살펴보았다. 내가 앞에서 제시한 여러 사실들은 현재의 경제적 필연이 왜 사회주의자들의 포부와는 정반대인지 그 이유를 보여주고 있다. 또 사회주의자들이 자신들의 주장을 제기하기 위해 선택한 시기가 얼마나 부적절한지도 보여주고 있다. 이제 눈앞에서 날로 심각해지고 있는 경제적 경쟁에 대한 해결책을 검토하면서, 우리는 경제적 경쟁에서의 성공이 사회주의의 이상과는 양립할 수 없는 이유를 다시 확인하게 될 것이다.

무엇보다 먼저, 나는 현재의 사태에서 끌어낸 비관적인 결론에 대해 이론적으로 공격하기가 쉽다는 점을 인정해야 한다. 경제학자들은 지금까지 어떤 제품에도 과잉생산 같은 것이 절대로 없었다고 말할 것이다. 맞는 말이다. 또 약간의 초과 생산도 필히 가격의 하락을 부를 것이고, 그리고 경쟁의 결과 유럽의 노동자가 하루에 얼마 되지 않는 임금으로 만족해야 한다 하더라도 그 돈으로 옛날에 구입했던 물건들을 모두 살 수 있다면 노동자는 만족할 것이라고 경제학자들은 말할 것이다. 이 같은 주장도 완벽히 정당하다. 그러나 이 주장은 아득히 먼 옛날에나 적용 가능했을 뿐 지금은 통하지 않는다.

미래가 어떤 모습으로 펼쳐지든, 중요한 것은 현재이다. 그리고 우리가 찾아야 하는 해결책은 어디까지나 현재의 해결책이어야 한다. 보호제도에 대해 말하자면, 그것도 잠정적 해결책이 될 수 있고 적용이 쉽다. 따라서 유럽 국가들과 미국이 차례차례 보호제도를 채택하고 있는 것이다. 작고 인구가 많지 않은 국가는 이론적으로 보면 주위에 높은 장벽을 쌓고는 다른 곳에서 벌어지고 있는 일들로 힘들어하지 않을 수도 있다. 그러나 서양에 그럴 수 있는 국가가 어디 있는가? 통계에 따르면, 유럽에는 과도한 인구 증가 때문에 자국 국민을 6개월 동안 먹일 식량을 생산할 수 있는 나라가 하나도 없다. 어떤 나라가 그런 장벽을 쌓고 지내다가 6개월 뒤에 기아의 고통 속에 어쩔 수 없이 벽을 허물고 식량을 사러 나선다고 가정하자. 그럴 경우 그 나라는 필요한 식량과 다른 물품들에 대한 대금으로 뭘 지급할 것인가? 지금까지 유럽은 상품을 이용하여 동양의 제품을 구입했다. 그러나 곧 동양은 유럽의 상품을 더 이상 필요로 하지 않을 것이다.

미래의 경쟁에서는 두 부류의 국가들만이 잘 버틸 수 있을 것이다. 첫째, 농업이 잘 발달한 한편 인구가 아주 적은 국가들이다. 이 국가들은 자급자족이 가능하기 때문에 외국과의 교역을 거의 포기할 수 있을 것이다. 둘째, 독창력과 의지, 산업적 능력이 동양의 국가들보다 월등히 뛰어난 국가들이 있다.

오늘날 유럽 국가들 중에서 첫 번째 범주에 속하는 국가는 무척 드물다. 다행히도 프랑스가 이 범주에 속한다. 프랑스는 자국 국민을 부양할 수 있을 만큼 충분한 식량을 생산하고 있다. 또 인구를 늘리지 않으려고 노력하고 있다.

영국인과 미국인은 두 번째 범주에 속한다. 그러나 이들은 최대한의 활동과 기계류의 지속적 향상을 통해서만 우월한 입장을 지켜 나갈 수 있을 것이다. 미국은 높은 노동비용에도 불구하고 기계의 도입을 통해 생산비를 점진적으로 낮출 수 있었다. 이처럼 탁월한 능력과 독창성이 어느 때보다 더 절실히 요구되고 있는데, 이런 것을 갖춘 국가는 거의 없다. 이 같은 자질은 사회주의자들에게는 못마땅하게 여겨질지 몰라도 가장 소중한 유산이다. 이런 자질만 갖춘다면 극복하지 못할 어려움이 없다.

이런 노력도 사태 해결에 도움이 되지 않는다면, 앵글로색슨 족은 다른 치유책을 동원할 것이다. 앵글로 색슨 족은 이미 새로운 치유책을 찾아 나섰다. 몇몇 제조업자들은 동양에 공장을 세우고 현지인을 고용하는 전략을 채택함으로써 동양 제품들과 본격적으로 경쟁을 벌이고 있다. 영국에서 손해를 볼 수도 있었을 제조업체들은 인도에 공장을 세우고 그곳에서 영국 제품들과 경쟁하고 있다. 그러나 이처럼 자본과 능력이 해외로 빠져나가는 현상이 보편화된다면, 영국 노동자들은 불가피하게 일거리를 잃게 될 것이다. 그런데 사회주의자들이 언젠가 권력을 얻을 경우에 자본가들이 택할 수밖에 없는 길이 어쩌면 바로 이 길일지 모른다. 여기서 우리는 이런 식으로 자본과 두뇌를 잃고 재능이나 부(富)가 그저 그런 사람들로만 이뤄진 국가가 어떤 식으로 돌아갈 것인지 한번 그려볼 필요가 있다.

영국 정치인들은 지금 다가올 위험을 피할 다른 길을 찾고 있다. 동양이 곧 서양의 물품을 수입하지 않을 것이라는 점을 아는 영국 정치인들은 지금 아프리카로 눈을 돌리고 있다. 이미 영국과 독일은 몇 년 사이에 아프리카 대륙 전체를 차지했다. 따라서 라틴 민족 국가들에게는 쓸모없는 땅을 가질 기회밖에 남지 않았다. 영국이 알렉산드리아에서 희망봉까지, 아프리카 대륙의 거의 반에 달하는 지역에 세운 제국에는 곧 철도가 깔리고 전신이 개통될 것이다.

라틴 민족은 유전적 적성과 사회 조직, 교육체계 때문에 야심적인 그런 계획을 세우지 못한다. 라틴 민족의 적성은 농업과 예술 쪽에 어울린다. 반면 산업과 외국무역, 특히 식민지 건설에는 그다지 어울리지 않는다. 그래서 프랑스인은 알제리 같이 바로 코앞에 있는 식민지에서도 힘들어 하고 있다. 분명 유감스러운 사실이긴 하지만 부정해서는 곤란하다. 이 같은 사실을 직시하는 것이 유익하다. 프랑스인이 어느 방향으로 노력을 쏟아야 할 것인지를 이해할 수 있기 때문이다.

그러나 라틴계 국가들은 문명의 중심지를 바꿔놓을 산업 및 경제적 투쟁에 매우 능동적인 역할을 할 수 없다는 사실에 대해 지나치게 안타깝게 생각할 필요는 없다. 활기찬 천성을 가진 국민들에게도 충분히 힘든 이 투쟁은 그렇지 않은 국민들에게는 절대로 불가능할 것이다. 단순 노동자의 일은 언제나 고되게 마련이다. 그럼에도 임금은 형편없다. 사회주의자들의 꿈과는 반대로, 미래에 단순 노동자들의 일은 더욱 힘들어지고 임금은 더욱 형편없어질 것이다. 문명은 노동자 집단의 더욱 가혹한 예속화를 통해서만 그 수명을 연장할 수 있을 것처럼 보인다. 산업과 기계는 노동자에게 더욱 가혹할 수밖에 없다. 매일 고통스런 노동을 대가로, 그리고 인간 생명을 단축시키는 과로를 대가로, 유럽의 산업 및 상업 국가들은 기계를 내세워 큰 위험을 안지 않고 경제의 장에서 동양 국가들과 경쟁할 수 있을 것이다. 현재 벌어지고 있는 경쟁은 옛날의 군사적 경쟁보다 훨씬 더 가혹하고 무서운 전쟁이 될 것이다. 왜냐하면 경제적 전쟁은 어떠한 공상도, 어떠한 희망도 허용하지 않기 때문이다. 마음을 달래주던 옛날 믿음의 등불은 깜박거리다가 곧 영원히 꺼질 것이다. 옛날에 자신의 가족과 국가 혹은 신을 위해 싸웠던 사람들은 가까운 미래의 투쟁에서는 마음껏 먹거나 적어도 굶어죽지 않을 만큼 먹는 것 외에는 그 어떤 이상도 갖지 못할 운명에 처할 것 같다.

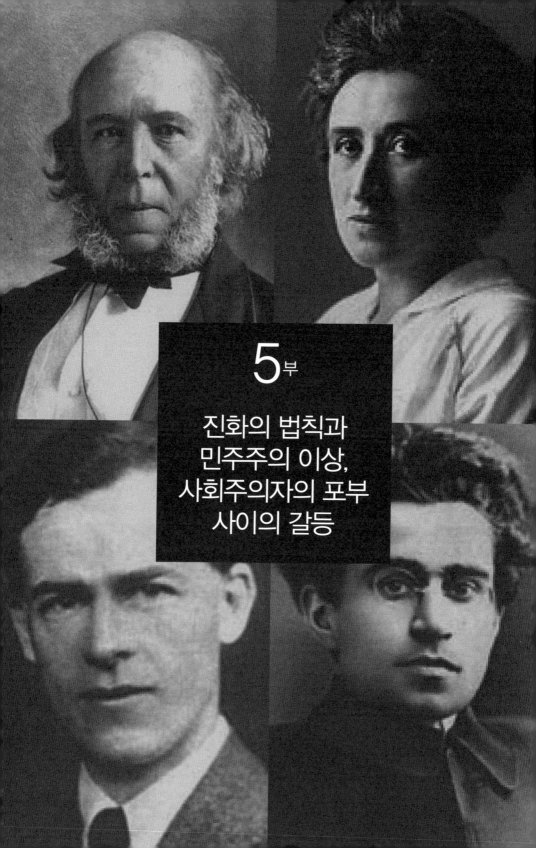

5부

진화의 법칙과
민주주의 이상,
사회주의자의 포부
사이의 갈등

진화의 법칙과 민주주의 이상, 사회주의자의 포부

1. 생명체들과 환경의 관계

모든 생명체들의 생존은 환경의 지배를 엄격히 받으며, 이 환경에서 일어나는 아주 작은 변화라도 오래 지속될 경우에는 환경 안에 서식하는 모든 생명체를 영원히 바꿔놓을 수 있다. 이 변형의 과정은 오늘날 완벽하게 알려져 있다. 발생학은 지질시대들이 이어지는 동안에 일어난 엄청난 변화를 우리들에게 보여주고 있다.

환경의 변화가 매우 커야만 이런 변형이 일어나는 것은 아니다. 그러나 환경의 변화가 매우 오랫동안 이어져야 한다. 만일 변화가 지나치게 빠르다면, 그 같은 급변은 죽음을 낳지 변화를 낳지 못할 것이다. 겨우 몇 도에 지나지 않는 기온의 상승이나 하락도 몇 세대 동안 지속된다면 느린 적응을 통해서 한 나라의 식물분포가 완전히 바뀔 수 있다. 퀸톤(René Quinton)은 기온의 아주 작은 변동이 초래하는 변화의 흥미로운 예를 하나 제시하고 있다.

"생명체들은 지구의 기온 하락을 스스로 상쇄하기 위해 자신의 신체 조직 안에 인위적으로 그 전의 높은 기온을 간직하는 성향을 갖고 있다. 이 성향이 대단히 중요하다. 이 성향이 생식기관의 진화와 그에 따른 골격계통의 진화를 결정한다는 점을 우리는 알고 있다. 이 성향은 또한 다른 모든 조직의 발달에 변형을 야기하고 따라서 진화 자체에 변형을 야기한다.

조금만 생각해봐도 이 같은 현상이 이해될 것이다. 원시적인 형태의 어떤 생명체가 있다고 가정해보자. 지구의 기온이 떨어지기 시작한다. 이 생명체의 생명은 과거의 높은 기온에 맞추려는 경향이 있다. 이 생명체는 신체 조직들 안에서 열의 생산을 통해서만, 말하자면 연소를 통해서만 그렇게 할 수 있다. 모든 연소는 연소 가능한 물질과 산소를 요구하고, 여기서 연소의 요구사항을 만족시키기 위해 소화계통과 호흡계통의 발달이 결정된다. 이 물질들과 산소를 신체 조직으로 옮길 필요성이 순환계통의 진화를 요구한다. 이때 연소가 증가할수록 연소 가능한 물질과 산소를 조직으로 옮길 필요성 또한 더 커진다. 생식계통과 연결되어 있는 이 3가지 계통의 발달로부터 당연히 신경계통의 발달이 이뤄진다. 마지막으로, 열을 생산하는 것만으로는 충분하지 않다. 열을 간직할 수 있어야 한다. 따라서 외피의 진화가 결정된다. 그러나 지구의 기온 하락이 진행됨에 따라, 생명체와 주위의 기온 차이도 더욱 커진다. 그래서 보다 빠른 연소와 보다 완벽한

생명체가 끊임없이 요구된다. 이런 이론적 관점을 확증하길 원한
다면, 다양한 집단의 동물들을 지구에 등장한 순으로 고려하기
만 하면 된다. 그러면 동물들의 신체기관들의 효율적 발달이 그
순서대로 이뤄졌다는 사실이 관찰될 것이다."

　　육체적 환경에 진리인 것은 도덕적 환경에도 그대로 진리이며 사
회적 환경에는 특히 더 진리이다. 살아 있는 존재들은 언제나 자신
을 환경에 적응시키려는 경향을 보인다. 그러나 변화하려는 성향에
맞서는 유전의 힘 때문에, 생명체들은 극도로 느리게만 적응한다.
우리가 역사 시대의 짧은 기간만을 고려할 때, 이 같은 사실 때문에
종(種)들이 마치 변화하지 않는 것처럼 보인다. 우리가 사람들을
아주 짧은 시간 동안 살필 때, 마치 사람들이 변화하지 않는 것처럼
느껴지는 것과 마찬가지이다. 사람은 눈에 띄게 변화하지 않는다.
그럼에도 불구하고 사람이 청춘에서 쇠약을 거쳐 죽음에 이르는 느
린 과정은 단 한순간도 멈추지 않는다. 우리가 눈으로 확인하지 못
함에도 불구하고, 이 과정은 지금 이 순간에도 일어나고 있다.
　　그렇다면 모든 생명체들은 자신의 육체적 혹은 도덕적 환경의
지배를 받는다. 만일 생명체들이 문명과 대륙과 기후 같이 느리게
변화하는 환경 안에 있다면, 생명체들은 변화에 적응할 시간적 여
유를 충분히 갖는다. 그러나 환경을 폭력적으로 바꿔놓는 특별한
상황이 돌발한다면, 적응은 불가능해진다. 따라서 생명체는 사라
지는 운명을 맞게 된다. 만일 지질학적 격변이 일어나서 프랑스의
기온이 극지방이나 적도의 기온으로 바뀐다면, 프랑스는 3, 4세대

안에 주민들의 다수를 잃을 것이고 프랑스의 문명은 현재 상태를 유지할 수 없게 될 것이다.

그러나 이 같은 급작스런 재앙은 지질학에 알려져 있지 않다. 지구 표면에 일어난 대다수의 변형은 아주 느리게 진행되었다.

지금까지 사회적 환경도 마찬가지였다. 정복에 의한 파괴의 경우를 제외하곤, 문명은 언제나 점진적으로 변화했다. 많은 제도들이 사라졌고, 많은 신(神)들이 사라졌다. 그러나 신들과 제도들은 똑같이 오랜 기간 쇠퇴의 시기를 거친 뒤에야 대체되었다. 위대한 제국들도 사라졌다. 그러나 이 제국들도 마찬가지로 언제나 오랜 기간의 쇠퇴기를 거친 뒤에야 사라졌다. 사회들도 생명체들도 이 쇠퇴를 피하지 못한다. 로마의 권력은 최종적으로 야만인들의 침공에 의해 약해졌다. 그러나 로마가 마지막으로 야만인들에게 자리를 내어준 것은 몇 세기에 걸쳐 해체가 서서히 진행된 다음의 일이었다.

그러나 세계사에 지금까지 유일했던 어떤 현상 때문에, 현대의 과학적 및 산업적 발견들은 1세기도 채 안 되는 짧은 기간에 인간의 생존의 조건에, 우리 인간이 나일 강과 칼데아의 평원에 처음 문명의 씨앗을 뿌린 이래로 역사가 기록한 그 모든 변화보다 더 큰 변화를 초래했다. 역사가 아주 깊은 사회들도 마치 영원할 것처럼 여겨지던 사회의 바탕이 깨어지는 것을 목격했다. 오늘날엔 환경이 너무 갑자기 변화하기 때문에 사람이 적응할 시간을 제대로 갖지 못하고 있다. 그 결과 정신세계에 큰 혼란이 빚어지고, 유전으로 내려오는 정서와 현대의 필연이 요구하는 존재의 조건과 사상 사이에 충돌이 심하게 일어나고 있다. 당연히 불안도 커지고 있다. 어딜 가나 옛 사상과 새로운 필연에 의해 탄생한 새로운 사상 사이에 충돌이 일어나고 있다.

그럼에도 우리는 이 모든 충돌에서 어떤 결과가 나올 것인지 모른다. 우리는 단지 충돌이 벌어지고 있다는 사실만을 언급할 수 있을 뿐이다. 여기서 이 책이 파고들고 있는 주제와 관계있는 충돌들을 고려하면서, 우리는 일부 충돌은 매우 심각하다는 사실을 확인할 것이다.

2. 진화의 법칙과 민주주의 개념들의 충돌

이미 나타나고 있거나 가까운 미래에 펼쳐질 충돌 중에서 가장 두드러진 충돌은 예전에 인간의 상상력이 창조한 세상에 대한 이론적 개념들과 과학이 우리 앞에 펼쳐 보이는 현실 사이에 이미 존재하고 있는 그 대립일 것이다.

우리 문명이 지금도 여전히 그 바탕으로 삼고 있는 종교적 개념들과 현대의 발견에 따른 과학적 개념들 사이에만 명백한 모순이 존재하는 것은 아니다. 종교적 개념들과 과학적 개념들 사이의 불일치는 이제 더 이상 과격하지 않다. 시간이 많이 흐름에 따라 각이 많이 무디어졌다. 지금은 새로운 과학적 원칙들과 현대의 국가들이 제도의 근본으로 삼고 있는 정치적 개념들 사이에 대립이 심화되고 있다.

철학자들의 꿈에 따라 움직이던 프랑스 혁명의 지도자들이 인도주의적 이상이 승리하는 것을 보고 또 철학자들의 꿈을 종합한 구호인 평등과 자유, 박애를 공공건물에 새겼을 때, 현대 과학은 아직 태어나지도 않았다. 그래서 프랑스 혁명의 지도자들은 자연 상태와 인간의 타고난 선, 사회에 의한 인간의 타락 등을 내세울 수 있었다. 그래도 아무도 이 같은 주장에 이의를 제기하지 못했다. 그래서 프랑스 혁명의 지도자들은 사회가 자신들의 의지에 따라 언제든지 다시 세울 수 있는 인공물이라도 되는 것처럼 행동할 수 있었다.

그러나 새로운 학문들이 탄생하여 그런 인식이 허황되다는 점을 보여주었다. 무엇보다 진화의 원칙이 자연 속에서 투쟁이 끊임없이 일어나고 있고 또 그 투쟁은 언제나 약자의 소멸을 낳는다는 점을 보여주면서 그 같은 생각이 엉터리라는 점이 확인되었다. 진화의 원칙은 틀림없이 잔인한 법칙이지만 모든 진보의 기원이기도 하다. 이 진보가 없었더라면 인간은 원시적인 야만의 상태에서 절대로 벗어나지 못했을 것이고 문명도 이루지 못했을 것이다.

이 과학적 원칙들이 민주적인 것으로 보이고, 또 민주주의가 과학적 원칙들과 완전히 반대라는 점을 드러내지 않고 그 원칙들을 동화시킬 수 있었던 것은 종교의 역사를 연구한 사람들만 쉽게 이해할 수 있는 어떤 현상과 아주 비슷하다. 종교를 연구한 사람들은 신자들이 언제나 자신들의 경전에서 너무도 터무니없는 결론까지 아주 쉽게 끌어낼 준비가 되어 있다는 사실을 잘 알고 있다. 실은 자연의 법칙보다 더 귀족적인 것은 없다. 누군가가 말했듯이, "인간 사회의 법칙은 귀족주의이다. 마치 선택이라는 이름으로 귀족주의가 종의 법칙이듯이 말이다". 신학자들이 예전에 성경과 지질학의 발견들을 서로 조화시키려고 노력할 때처럼, 우리는 지금 새로운 과학적 자료와 민주주의의 환상을 일치시키느라 힘들어 하고 있다. 우리는 계략을 동원함으로써 이 차이의 일부를 숨기고 있다. 그러나 이 차이는 날이 갈수록 뚜렷해지면서 지금은 모든 사람들의 눈에 분명히 보이게 되었다.

현실에 매우 분명하게 나타나고 있음에도 불구하고, 이 갈등이 중요하게 받아들여질 것 같지는 않다. 이 갈등이 철학적 논의의 영역을 벗어날 만큼 중요성을 지니게 될 것인지조차도 의심스럽다. 진실을 말한다면, 이 논쟁은 순전히 이론적이다. 사실들을 보면 전혀 모순이 없다. 이 사실들이 인간의 욕망보다 위인 자연의 법칙의 결과이고 따라서 인간이 그 영향에서 벗어날 길이 없는데, 어떻게 모순이 있을 수 있겠는가?

민주주의의 진정한 본질이 무엇인지에 대해 생각해보자. 만일 외형에도 불구하고 민주주의가 실제로 출생의 우월을 포함한 온갖 종류의 우월에 유리하게 작용한다면, 그것은 귀족주의나 다름없다. 말하자면 민주주의도 엘리트의 형성에 이로운 것이다. 그런 식이라면, 민주주의와 진화의 법칙 사이에는 전혀 모순이 존재하지 않는다.

이를 확인하기 위해 사람들이 민주주의를 어떤 식으로 정의하고 또 민주주의의 정신을 어떤 식으로 받아들이는지를 보도록 하자. 프랑스 비평가 부르제는 이렇게 말하고 있다.

"귀족주의와 민주주의라는 용어가 진정으로 무슨 의미인지를 알려고 노력한다면, 귀족주의는 소수의 탁월한 개인을 배출하는 것을 목표로 삼는 제도라는 사실이 확인될 것이다. '인간들은 소수를 위해서 산다'는 격언을 적용한 것이 귀족주의이다. 반대로 민주주의는 가능한 한 많은 개인들의 행복과 개화에 목적을 둔 제도를 말한다. 귀족주의 사회의 정점은 극히 탁월한 인물이다. 말하자면 이 드문 인물은 그를 뒷받침할 운명을 타고난 수많은 사람들이 노력한 최종적인 결과물인 셈이다. 민주적인 사회의 정점은 일과 즐거움이 다수에게 골고루 분배되는 공동체이다. 현대 세계, 특히 프랑스가 두 번째 형태로 향하고 있다는 사실은 그리 주의를 기울이지 않아도 쉽게 관찰된다. 현대 사회의 기이한 점은 조직화된 대중이 개인의 독창력을 대체하고, 엘리트 계급의 권력이 사라지거나 축소되는 한편 군중이 도래하고 있다는 점이다."

두말할 필요도 없이 이런 것들이 민주주의의 이론적 경향들이다. 여기서 현실도 이 경향들과 일치하는지를 보도록 하자.

민주주의는 모든 사람들의 평등한 권리와 자유로운 경쟁을 근본적인 원칙으로 제안하고 있다. 그러나 누가 이 경쟁에서 승리를 거둘 것인가? 가장 능력 있는 사람, 말하자면 유전으로 인해 소질을 다소 타고나고 또 교육과 부의 혜택을 받은 사람이 아니고 누가 승리를 하겠는가? 오늘날 우리는 선천적 권리를 부정한다. 선천적 권리에 사회적 특권까지 더함으로써 선천적 권리를 더욱 키우지 않기 위해서라도 이 권리를 부정해야 한다. 그러나 실제로 보면 선천적 권리가 언제나 힘을 발휘하고 있다. 오히려 예전보다 힘이 더 커졌다. 왜냐하면 자유로운 경쟁이 타고난 지적 재능과 결합하면서 유전적 선택에 더욱더 유리하게 작용할 것이기 때문이다. 민주적인 제도들은 언제나 온갖 종류의 엘리트에 유리하다. 엘리트들이 민주적인 제도를 옹호하고 다른 제도보다 민주적인 제도를 더 선호하는 이유도 거기에 있다.

민주주의가 옛날의 귀족의 권력과 아주 비슷한 권력을 갖는 계급을 낳고 있다는 사실을 부정할 수 있을까? 프랑스 사회학자 타르드(Gabriel Tarde)는 이 주제에 대해 이 같이 말하고 있다.

"프랑스 민주주의와 같은 민주주의에서, 유전적으로나 선택적으로 탁월한 존재로 인정받는 사람들로 이뤄진, 이미 확고히 자리를 잡았거나 자리를 잡고 있는 어떤 사회적 계급조직이 분명히 발견될 것이다. 프랑스에서 과거의 귀족이 누구에 의해 대체되고 있는지를 확인하기는 어렵지 않다. 첫째, 행정 계급조직이 갈수록 더 복잡해지고 있고 조직 내 계급의 숫자를 늘림으로써 더욱 위로 향하고 있으며 또 공무원의 숫자를 증가시킴으로써 외적으로도 확장하고 있다. 군사 계급조직도 이와 똑같이 하고 있다. 둘째, 고위 성직자들과 군주들, 수도사와 귀족, 수도원과 성(城)이 약화되고 저널리스트와 금융가, 예술가들과 정치인, 극장과 은행, 대형 상점 등이 크게 두드러졌다. 모든 명사들이 자기들끼리 서로 만나고 있다. 평판과 명예를 누리는 이런 다양한 부류들이 계급조직의 상층부를 이루고 있지 않는가? 이 같은 귀족주의는 단순화되거나 약화되기는커녕 바로 민주주의의 변형 때문에 점점 더 당당해지고 있다."

그러므로 우리는 민주주의가 귀족주의와 마찬가지로 특권계급을 만들어낸다는 사실을 잘 알아야 한다. 유일한 차이가 있다면 민주주의에서는 이 특권계급이 폐쇄된 것처럼 보이지 않는다는 점이다. 누구나 특권계급으로 들어갈 수 있거나 들어갈 수 있다고 생각한다. 그러나 지적 소질을 가진 사람만이 특권계급으로 들어갈 수 있다. 그런데 이 지적 소질은 타고나는 것이며, 지적 소질을 가진 사람은 그걸 타고나지 못한 사람들에 비해 월등히 유리한 입장에 선다. 이 같은 사실에서 엘리트가 민주적인 제도의 혜택을 받는다는 결론을 끌어낼 수 있다. 민주적인 제도가 더욱 팽배해질수록 엘리트들에겐 더욱더 유리해질 것이다. 군중이 민주적인 제도를 멀리할 날은 아직 멀다. 그러나 곧 제시할 이유들 때문에 결국엔 그런 날이 오고 말 것이다. 한편 민주주의는 근본적인 본질에서 비롯된 다른 위험들에도 노출되어 있다. 우리는 그 위험들까지 고려해야 한다.

첫 번째 위험은 민주주의가 많은 비용을 요구한다는 점이다. 프랑스 경제학자 레옹 세는 민주주의가 통치제도 중에서 가장 비용이 많은 드는 제도가 될 것이라는 점을 이미 오래 전에 지적했다. 프랑스의 한 잡지도 이 주제에 대해 매우 탁월한 분석을 내놓았다.

"옛날에는 군주의 권력 남용만 있어도 사람들이 쉽게 분개했다.
또 조정의 알랑쇠들이 군주를 유혹해서 자신들에게 혜택과 연금을 많이 주도록 해도 사람들이 분개했다. 그러나 국민이 왕인 지금 그 알랑쇠들이 사라졌는가? 반대로 알랑쇠들의 숫자가 그들이 섬기는 다양하고 무책임한 주인의 공상 때문에 오히려 더 늘어나지 않았는가? 알랑쇠들은 더 이상 화려한 장식을 한 사람들이 모이던 베르사유 궁전에 있지 않다. 알랑쇠들은 프랑스의 도시와 시골에 우글거리고 있다. 보통선거가 권력을 주는 곳에 특히 알랑쇠들이 많다. 알랑쇠들은 온갖 약속을 남발한다. 터무니없는 혜택을 약속하고, 고용의 창출을 약속하고, 공공 개발을 약속하는 등 인기를 끌 온갖 수단을 다 동원하고 선거에도 온갖 속임수를 다 쓴다. 의회에 들어가면 알랑쇠들은 약속한 혜택을 실천하고 예산을 축내가며 선거구의 주민들을 위하는 일에 몰두한다. 그것은 곧 지역의 편협한 경쟁이 국가의 이익을 물리치고 승리하는 것이고 또 군(郡)이 프랑스라는 나라를 누르고 승리를 거두는 것이다."

유권자의 요구가 간혹 과도할 때가 있다. 그럼에도 불구하고 재선을 바라는 의원은 유권자의 요구를 받아들여야 한다. 의원은 종종 포도주 상인의 명령에 따라야 한다. 유권자는 불가능한 것도 요구한다. 그래도 의원은 그 요구를 들어주겠다고 약속해야 한다. 따라서 개혁들이 그 간접적인 효과에 대한 연구까지 충분히 하지 않은 가운데 성급히 선언되었다고 볼 수 있다. 권력을 쥐고자 하는 정당은 경쟁을 벌이는 정당의 약속을 능가할 공약을 제시해야만 권력을 쥘 수 있다는 사실을 잘 알고 있다.

"모든 집단의 아래에는 그 당을 괴롭히고 모욕하고 부정하는 새로운 집단이 일어나고 있는 것이 보인다. 국민의회의 시대에는 국민의회 밑에 산악당이 생겨나려고 위협하고 있었고, 산악당은 코뮌을 두려워했으며 코뮌은 주교들에게 지나치게 미온적으로 비칠까 두려워했다. 선동가 집단의 깊은 속까지 이 법칙이 지배하고 있다. 그러나 우리는 이런 과격한 집단을 조사하는 과정에 한 집단과 다른 집단이 더 이상 명쾌히 구분되지 않는 모호한 영역이 있다는 사실을 발견한다. 우리가 푸셰(Joseph Fouché)와 탈리앵(Jean-Lambert Tallien), 바라(Paul Barras)와 같은 가장 열렬하고, 가장 '순수'하고, 가장 지독한 영혼들을, 말하자면 단두대로 사람들을 보낼 존재나 독재자의 시종에 어울릴 사람들을 발견하는 곳이 바로 그런 곳이다. 이처럼 정당들이 극단의 끝에서 서로 만나는 것은 정치의 변함없는 법칙이다. 우리는 그런 법칙을 매우 명확히 보여준 경험에서 이제 막 벗어났다."

이처럼 군중이 민주적인 정부에 개입하는 것은 비용의 증가뿐만 아니라 대중의 의문스런 환상, 즉 모든 병을 법으로 치유할 수 있다는 환상 때문에 더 심각한 위험이 되고 있다. 이 때문에 의회들은 아무도 그 결과를 예견하지 않는 가운데서 법률과 규제를 엄청나게 많이 제정하게 되었다. 이 법률과 규제들은 수천 개의 굴레가 되어 시민의 자유를 억압하고 치료해야 할 병을 더욱 늘리는 결과밖에 낳지 않는다. 이탈리아의 탁월한 경제학자인 루자티(Luigi Luzzati)는 이렇게 쓰고 있다. "국가의 제도는 인간의 천박한 본성을 바꾸지도 못하고 인간의 영혼이 결여한 미덕을 고취시키지도 못하고 또 저축을 하도록 임금을 올려주지도 못한다. 왜냐하면 우리가 국가 경제의 냉혹하고 보편적인 조건에 좌우되기 때문이다."

이것이 철학자들에게는 매우 기본적인 주장처럼 보일 것이다. 그러나 1세기에 걸쳐 전쟁과 피 뒤기는 혁명과 수백만 명의 인명 손실이 있기 전까지 대중이 이 주장을 이해할 기회는 전혀 없었을 것이다. 그런 혹독한 대가를 치르고서야 기본적인 진리들의 대부분이 이해되기에 이르렀다.

민주적인 제도들의 또 다른 결과는 내각이 대단히 불안정하다는 점이다. 그러나 여기에는 그 같은 단점을 상쇄시킬 이점이 있다. 이 불안정은 모든 장관들에게 필요한 행정에 진정한 권력을 주는 결과를 낳고 있다. 장관에겐 행정의 기존 조직과 전통을 바꿔놓을 시간이 전혀 없는데, 이 같은 사실이 행정에 권력을 실어준다. 이외에, 자신의 존재가 일시적이라는 사실을 알고 있으며 또 무엇인가를 뒤에 남기고 싶어 하는 장관은 자유주의적인 제안들의 영향을 받을 수 있다. 장관의 빈번한 교체가 없었더라면, 프랑스에서 많은 바람직한 사업들이 불가능했을지도 모른다.

민주적인 제도들의 결과 중 하나인 이런 변화의 용이성이 혁명을 쓸모없게, 따라서 매우 드물게 일어나도록 만든다는 점도 기억해야 한다. 라틴 민족에게 이는 절대로 사소한 이점이 아니다. 민주주의의 보다 심각한 불편은 민주주의를 통치하는 사람들이 점점 더 평범해지고 있다는 점이다. 민주주의 국가의 정치인들에게는 한 가지 자질 외에는 별로 필요한 것이 없다. 어떠한 주제에 대해서 언제든 말을 하고 주장을 펴거나 적들을 공격할 준비가 되어 있으면 된다. 연설을 하기 전까지는 파스칼이나 뉴턴만큼이나 탁월해 보이던 정신의 소유자들도 의회 안에서는 형편없는 인간이 되어버린다. 깊이 생각하지 않고 말을 해야 하는 필요성이 객관적인 판단력을 가진 가치 있는 사람들의 의회 진출을 막고 있다.

가치 있는 사람들은 다른 이유로도 의회에서 배제된다. 특히 민주주의가 시민을 통치하는 사람들의 탁월성을 참아주지 못한다는 점 때문에 생각 있는 사람들이 의회에 진출하지 못한다. 군중과의 직접적 접촉에서 선출되는 사람들은 군중의 열정과 열망에 아첨하면서 터무니없는 약속을 함으로써만 군중의 마음을 얻는다. 사람들이 언제나 자신과 비슷한 사람을 찾도록 만드는 바로 그 본능 때문에, 군중은 터무니없거나 평범한 정신의 소유자들을 추구하며 민주적인 정부의 핵심에 그런 사람들을 더 많이 앉히고 있다. 어느 정치잡지에 실린 글을 보자.

"대중은 자연히 교양 있는 사람들보다 천박한 정신의 소유자를 더 좋아하며 차분한 사상가보다 곧잘 흥분하는 사람들에게 충성하려 한다. 그리고 대중은 차분한 사상가를 선택하지 않음으로써 그 사상가들에게 뜻을 펼 기회를 주지 않는다. 따라서 정치에서 중요하게 여겨지는 일들의 수준이 지속적으로 떨어지고 있다. 아울러 중요한 일을 결정할 때 하는 숙고의 수준도, 선출되는 사람들의 수준도, 이 사람들을 움직이는 동기들의 수준도 함께 떨어지고 있다. 우리가 지금 눈으로 보고 있는 실상이 그렇다. 낮고 불행한 상태로 더 이상 떨어지지 않길 원한다면, 우리는 이 문제를 깊이 들여다보아야 한다. 문제가 얼마나 심각한지 모른다. 지금은 학식 있고 재능 있는 사람들까지도 군중의 비위를 맞추기 위해서 군중 앞에서 부에 대한 탄압을 목표로 제시하는 것이 최고라는 사실을 깨닫고 있다. 아무도 감히 군중을 비난하려 들지 않는다."

이 악덕은 모든 민주주의에 공통적이며 민족성에 따른 결함이 아니다. 왜냐하면 프랑스에서 관찰되는 이 현상이 미국과 같은 곳에서는 더 심하게 나타나기 때문이다. 미국에서는 정치인들의 지적 및 도덕적 수준의 저하가 날로 더 뚜렷해지고 있다. 미국의 미래까지 어둡게 할 정도이다. 정치 활동이 능력 있는 사람들로부터 혐오의 대상이 되고 있기 때문에 주로 능력이 떨어지는 사람들이 정계로 진출하고 있다. 그래도 미국의 결함은 유럽만큼 심각하지는 않다. 왜냐하면 미국의 경우 정부의 역할이 매우 작아서 정치인의 자질이 그다지 중요하지 않기 때문이다.

민주주의의 가장 큰 위험의 하나인 매수(買收)가 발견되는 곳도 미국이다. 어느 나라도 매수 문제가 미국만큼 심각하지 않다. 미국에는 공공 서비스의 모든 분야에 정도만 다를 뿐 부패가 만연해 있다. 선거도, 면허도, 허가도 돈 없이는 거의 불가능하다. '컨템퍼러리 리뷰'에 따르면, 미국 대통령 선거에는 2억 프랑이 든다. 이 돈은 미국의 부호들이 내놓는다. 권력을 잡는 정당은 이 돈을 거의 보상 받는다. 승리를 거둔 정당이 가장 먼저 하는 일은 모든 관리들과 공무원들을 한칼에 해고하는 것이다. 그 자리는 당연히 새로 정권을 잡은 정당의 유권자들에게 주어진다.

미국은 전통도 없고 거의 모든 주민들이 상업과 산업에 종사하고 평등이 완벽하게 이뤄지고 있는 나라이다. 또 재판관을 포함한 중요한 자리를 차지한 사람들이 끊임없이 바뀌며 가게 주인 이상의 대우를 받지 않는 나라이다. 이런 나라에는 딱 한 가지 구별밖에 존재하지 않는다. 재산의 구별이다. 따라서 한 개인의 가치와 권력과 사회적 지위는 그가 가진 돈으로만 측정된다. 그렇기 때문에 돈을 버는 것이 끊임없이 쫓아야 할 이상이며, 모든 수단은 그 이상을 실현하는 수단이 된다. 어떤 경력의 중요성은 그것의 결과로만 평가된다. 정치도 그 종사자들에게 보상을 해줘야 하는 단순한 직업으로 여겨지고 있다. 이 같은 인식이 매우 위험하고 매우 천박할 수 있음에도 불구하고, 미국의 대중은 철저히 그런 식으로 생각한다.

미국이 아닌 다른 국가였더라면 이 같은 도덕적 상태로 인해 사회에 심각한 혼란이 야기되었을 것이다. 남미의 라틴 공화국에서 일어난 일들을 우리는 잘 알고 있다. 그러나 미국인들은 이 모든 장애물들을 극복할 수 있는 최고의 자질과 에너지를 갖고 있다. 금융업자들이 공적인 일에 개입할 위험이 아직 그다지 뚜렷해 보이지 않기 때문에, 미국의 대중은 아직 그 문제로 고민하지 않는다. 아마 이 위험이 머지않아 나타날 텐데, 그런 상황이 벌어지면 미국인들은 그 악의 치료에 에너지를 쏟을 것이다. 미국인들이 그런 문제의 해결을 위해 취하는 절차를 보면 다소 느닷없는 것 같지만 꽤 효과적이다. 우리는 미국인들이 자신들을 괴롭히는 중국인과 흑인들을 어떤 식으로 제거했는지 알고 있다. 금융업자들과 부정한 재판관들이 미국인들을 지나치게 괴롭히게 될 때, 미국인들은 금융업자들과 부정한 재판관들이 미덕의 가치를 다시 생각하도록 만들기 위해 서슴지 않고 그 중 몇 사람을 처벌할 것이다.

지금까지 논한 부도덕성은 주로 미국 정치인들의 문제이며 상업 및 산업계층에는 아주 조금밖에 해당되지 않는다. 미국에서도 앵글로색슨 국가에서와 마찬가지로 민간사업에 대한 정부의 간섭이 매우 적기 때문에 이 같은 상황의 영향이 매우 제한적일 것이라는 점을 나는 강조하고 싶다. 그러나 라틴 국가들에서는 정부의 간섭이 거의 보편적인 현상이다.

정부의 간섭이 적다는 사실이 매우 중요하다. 미국 민주주의가 라틴 민족의 민주주의와 달리 활기차게 돌아가는 이유도 이 같은 사실로 설명된다. 민주적인 제도들은 정부의 지속적인 개입이 없어도 일들을 처리해나갈 수 있을 만큼 독창력과 의지력을 충분히 갖추지 못한 국가에서는 번창할 수 없다. 국가 권력의 영향이 극도로 제한적일 때, 공무원들의 부패는 그다지 심각한 결과를 낳지 않는다. 반대로 국가 권력의 영향이 클 때, 부패는 곳곳으로 퍼져나가고 곧 혼란이 일어난다. 남미의 라틴 공화국들의 예가 의지력과 도덕 또는 활력을 결여한 국가의 민주주의를 기다리고 있는 운명이 어떤 것인지를 잘 보여주고 있다. 권위에 대한 욕구와 불관용, 법에 대한 경시, 실용적 문제들에 대한 무시 등이 약탈 욕구와 함께 급속도로 커간다. 이어서 무질서가 따르고 그 뒤에는 독재가 따른다.

이런 식의 종말이 언제나 민주주의 정부들을 위협하고 있다. 사회주의에 바탕을 둔 민중 정부가 이 위협에 특히 더 취약하다.

그러나 지금까지 고려한, 도덕성 때문에 생긴 위험 외에도, 민주주의는 맞서 싸워야 할 다른 어려움들을 안고 있다. 민중계급의 심리상태에서 비롯되는 어려움들이다.

민주주의의 가장 무서운 적들은 사람들이 찾는 곳에서는 결코 발견되지 않는다. 민주주의는 귀족주의의 위협이 아니라 민중계급의 위협에 시달리고 있다. 군중은 통치자들의 불화와 무질서로 인해 고통을 받기 시작하는 즉시 독재자에 대해 꿈꾸기 시작한다. 자유로운 제도들을 뒷받침할 자질을 갖추지 않은 국민들의 역사를 보면 어려운 시기에 꼭 그런 일이 벌어졌다. 고대 로마에서 술라와 마리우스, 그리고 내전에 이어 카이사르와 티베리우스, 네로가 등장했다. 프랑스에서도 국민회의 뒤에 보나파르트가 등장했고, 1848년 혁명 뒤에 나폴레옹 3세가 등장했다. 시대를 통틀어 보통선거의 아들들인 이 독재자들은 언제나 군중으로부터 숭앙을 받았다. 민중의 가슴이 그들의 편이 아니었더라면, 어떻게 그들이 권좌에 오를 수 있었겠는가? 민주주의의 강력한 옹호자 중 한 사람인 프랑스 신학자 셰러(Edmond Schérer)는 이같이 썼다.

"용감하게 진실을 말하도록 하자. 프랑스의 경우 루이 나폴레옹을 공화국의 대통령에 앉히고, 12월 2일 쿠데타의 불법행위를 승인하고, 제국을 창조하고, 1870년에 이 한탄스런 모험가의 정책을 다시 인정해 준 4차례의 국민투표를 고려하지 않는다면, 보통선거의 가장 특징적인 성격을 절대로 이해하지 못한다."

지금까지의 역사를 보면 왕들을 심판한 사람들은 많았다. 그러나 감히 민중을 심판하겠다고 나선 사람은 거의 없었다.

3. 민주주의 사상과 사회주의자의 포부 사이의 충돌

민주적인 제도들의 장점과 단점은 앞에서 살핀 대로이다. 민주적인 제도들은 강하고 활력적인 민족에게, 말하자면 개인이 자신의 노력을 믿는 것이 습관이 된 그런 민족에게 잘 어울린다. 민주적인 제도 자체에는 약간의 진보라도 가능하게 하는 힘이 전혀 없다. 민주적인 제도는 온갖 종류의 노력이 가능한 분위기를 조성한다. 이 관점에서 보면 민주적인 제도에 견줄 만한 것은 없다. 어떠한 것도 민주적인 제도를 대체하지 못한다. 또 어떠한 제도도 민주적인 제도만큼 폭넓은 발달의 자유를 주지도 못하고 인생에서 성공할 기회도 주지 못한다. 민주적인 제도가 모든 개인에게 약속하는 자유와 평등 덕에, 이 제도는 온갖 종류의 탁월이 발달할 토양을 만든다. 무엇보다도 지능의 탁월에, 말하자면 모든 중요한 발전의 씨앗이 될 수 있는 바로 그 탁월에 유익하다. 그러나 이 평등과 자유가 타고나는 것이 똑같지 않은 경쟁자들의 투쟁에 있어서도 지적 유산을 잘 물려받은 사람들과 그보다 지적 능력이 떨어지는 사람들이 똑같은 입장에 서도록 할 수 있을까? 이 평등과 자유는 지적 유산을 제대로 물려받지 않은 사람들에게 경쟁자들을 이길 기회를 주기보다는 경쟁자들에게 심하게 짓밟히지 않을 기회를 주는 것은 아닐까? 요약하면, 활력과 용기가 없는 약한 자들이 자신들이 갖지 못한 힘을 자유로운 제도에서 발견할 수 있을까? 이에 대한 대답은 부정적인 것 같다. 또 평등과 자유가 커질수록, 무능한 사람들이나 보통 정도의 능력을 가진 사람들의 예속은 더욱 심화되는 것 같다. 이 예속을 치유하는 것이 아마 현대의 가장 힘든 문제일 것이다. 만일 자유에 어떠한 제한도 두지 않는다면, 지적 유산을 물려받지 못한 사람들의 처지는 날로 악화될 수 있다. 그러나 만일 개인의 자유를 제한하면서 국가만이 온갖 임무를 수행하게 된다면, 그것이 바로 국가 사회주의이다. 국가 사회주의의 결과는 애초에 치료하고자 했던 병보다 더 나쁜 쪽으로 나타날 것이다. 그렇다면 남아 있는 유일한 수단은 강한 자의 이타적인 정서에 호소하는 것뿐이다. 그러나 지금까지 종교만이, 그것도 믿음이 깊을 때에만 그런 정서를 일깨울 수 있었으며 그때에도 이 정서는 사회의 기반으로는 매우 약한 모습을 보였다.

약하고 적응이 제대로 되지 않은 개인들의 운명은 귀족주의적인 헌법을 가진 국가들보다 미국과 같이 자유와 평등이 완벽히 이뤄진 국가에서 확실히 더 어렵다. 민중 정부에 관한 자신의 책에서 미국에 대해 논하는 대목에서, 영국 역사학자 메인은 이렇게 표현하고 있다. "약자를 그처럼 무자비하게 벽으로 밀어붙이는 공동체는 지금까지 없었다. 이 공동체 안에서 성공한 사람들은 거의 예외 없이 강한 사람들이다. 또 이 공동체에서는 아주 짧은 시간 안에 개인의 부와 사치에 불평등이 매우 심하게 일어났다."

분명 이런 것들은 자유를 바탕으로 삼는 모든 제도에 반드시 나타나게 되어 있는 단점들이다. 그럼에도 불구하고 이 단점들은 진보의 불가피한 조건이다. 우리가 스스로에게 던질 수 있는 질문은 이것이다. 발전에 필요한 요소들을 버리고 오직 즉각적이고 눈에 두드러지는 대중의 이익만을 고려할 것인가? 아니면 자연이 세대를 내려가며 되풀이하는 불평등의 결과를 온갖 방법을 동원해 끊임없이 바로잡으려 노력할 것인가? 탱빌은 이렇게 말한다.

> "귀족적인 개인주의와 민주적인 연대 의식 중에서 어느 것이 옳은가? 어느 것이 인류의 진보에 더 바람직할까? 몰리에르 같은 사람 하나와 괜찮은 교사 200명 중에서 어느 쪽이 더 소중할까? 풀턴이나 와트 같은 사람과 100개의 상호협동조합 중 어느 것이 인류에 더 큰 혜택을 안겨줄까? 분명히 개인주의가 앞서고 민주주의가 뒤떨어진다. 그런데 분명한 것은 인간의 꽃은 하찮은 사람들 사이에서 피어난다는 사실이다. 쓸모없고, 평범하고, 저급한 본능에 휘둘리고, 또 종종 시기심에 불타기도 하고, 공허한 마음을 가졌고, 간혹 위험하기도 하고 늘 어리석기만 한 이 존재들만이 진정한 인간 존재들이 아닌가."

이론적으로는 자연의 법칙을 거꾸로 돌리는 것이 가능할 것이다. 소수의 강한 자들을 다수의 약한 자들을 위해 희생시키면 된다. 사회주의자들이 추구하는 이상에서 상투적인 말을 걷어낸다면, 그들이 추구하는 것이 바로 이것이다.

그런 이상이 실현된다고 가정해보자. 개인은 사회주의자들이 제안한 한계와 규제의 그물망에 갇혀 있다. 자본과 지능, 경쟁이 억압당하고 있다. 평등의 이론을 충족시키려다 보니, 국민이 아주 허약해졌다. 외국이 침공해오는 순간 무너지고 말 정도가 되었다. 그렇다면 군중이 그런 현실로 인해 한 순간이라도 누릴 수 있는 이점이 무엇인가?

슬프게도, 전혀 이점이 없다. 군중은 처음에도 아무것을 얻지 못할 것이며 설령 얻는다 하더라도 금방 모든 것을 잃고 말 것이다. 노동자를 부유하게 만드는 발전은 오직 탁월한 정신의 소유자에 의해서만 실현된다. 오직 그런 정신의 소유자들만이 문명의 복잡한 기계를 작동할 수 있다. 탁월한 정신의 소유자들이 없으면, 한 국가는 곧 영혼이 없는 육체로 전락하고 말 것이다. 작업장은 그것을 짓고 작동할 엔지니어가 없는 상태에서는 지속적으로 운영되지 못할 것이다. 이 작업장은 선원이 없는 배처럼 파도에 이리저리 떠밀리다가 암초를 만나자마자 거기에 걸려 침몰하고 말 것이다. 위대하고 강한 사람들이 없다면, 평범한 사람들의 미래는 분명 그 어느 때보다 더 비참해질 것이다.

이성에 의한 결론은 그렇다. 그러나 그 증거는 모든 사람들에게 두루 보이지 않는다. 왜냐하면 이 문제가 아직 경험을 통해 검증되지 않았기 때문이다. 사회주의라는 신앙의 사도들은 논쟁으로는 절대로 설득당하지 않을 것이다.

민주주의는 바로 그 바탕을 이루는 원칙 때문에 자유와 경쟁을 선호하고, 이 자유와 경쟁은 반드시 가장 유능한 사람들의 승리를 낳게 되어 있다. 반면 사회주의는 경쟁의 억압과 자유의 폐지와 보편적인 평등을 목표로 잡고 있다. 그렇기 때문에 사회주의의 원칙과 민주주의의 원칙 사이에는 분명히 극복 불가능한 모순이 있다.

지금의 사회주의자들은 마침내 이 같은 사실을 알게 되었다. 적어도 본능적으로는 알고 있는 것 같다. 왜냐하면 사회주의자들이 모든 인간은 똑같은 능력을 갖고 있다는 생각을 품고 있으면서도 이 같은 모순을 공개적으로 인정하지 못하고 있기 때문이다. 매우 혼란스럽고 무의식적이면서도 매우 현실적인 이 본능에서 민주주의 제도에 대한 사회주의자들의 증오가 비롯된다. 그런데 이 증오는 프랑스 혁명의 지도자들이 구체제에 대해 느낀 증오보다 훨씬 더 강하다. 사회주의자들이 절대적인 어떤 독재제도를 통해서 인간의 타고난 불평등과 자유의 효과를 파괴하고자 하는 그 욕망만큼 덜 민주적인 것은 없다. 사회주의자들이 채택할 절대적 독재제도는 모든 경쟁을 억누르고, 유능한 사람에게나 무능한 사람에게나 똑같은 액수의 월급을 주고, 타고난 불평등에서 비롯된 사회적 불평등을 행정적 조치를 통해 끊임없이 파괴할 것이다.

오늘날 군중을 향해서 이런 이상의 실현이 아주 쉽다고 외칠 아첨꾼들은 절대로 부족하지 않다. 이 위험한 예언자들은 자신들이 그 인기의 결실을 따먹을 수 있을 만큼은 살겠지만 사건들의 전개를 통해서 자신들이 사기꾼으로 확인될 만큼 오래 살지는 않을 것이라는 점을 잘 알고 있다. 그래서 아첨꾼들에겐 잃을 게 하나도 없는 것이다.

민주적 이상과 사회주의자들의 포부 사이의 이런 갈등은 지금까지 생각이 깊지 않은 사람들에게는 보이지 않았다. 대부분의 사람들은 사회주의를 민주적인 아이디어의 필연적 발달이나 예측 가능한 결과로만 생각하고 있다. 실제로 보면 사회주의와 민주주의 사이에는 결코 건널 수 없는 심연이 버티고 있다. 사회주의자는 프랑스 혁명의 원칙에 충실했던 민주주의자와는 거의 아무런 관계가 없다. 이 둘의 관계에 비하면 오히려 무신론자와 독실한 신앙인의 관계가 더 가까운 편이다. 민주주의 원칙과 사회주의 원칙 사이의 거리는 아직 드러나지 않고 있다. 그러나 곧 그 차이는 번쩍번쩍 빛을 발할 것이며 그러다 엄청난 폭발이 일어날 것이다.

현재나 앞으로 진정한 갈등이 일어날 곳은 민주주의와 과학 사이가 아니고 사회주의와 민주주의 사이이다. 민주주의는 간접적으로 사회주의를 낳았지만 아마 이 사회주의로 인해 사라질 것이다.

사회주의가 약하다는 점을 입증할 목적으로 사회주의에 뜻을 추구할 기회를 허용하는 것은 꿈에도 생각해서는 안 된다. 왜냐하면 사회주의가 즉시 독재자를 탄생시키고 이 독재자는 그 즉시 모든 민주주의 제도들을 억압할 것이기 때문이다. 민주주의자들이 가공할 만한 적인 사회주의와 부닥쳐야 할 때는 미래가 아니라 바로 지금이다. 모든 정당들이 예외 없이 힘을 합쳐 사회주의의 위험에 맞서야 하며, 사회주의와 동맹관계를 맺는 정당이 나와서는 안 된다. 우리는 현재의 통치제도의 이론적 가치에 대해 이의를 제기하고 또 사건의 전개가 다른 식으로 펼쳐지면 좋겠다는 바람을 품을 수는 있다. 그러나 그런 생각은 어디까지나 생각만으로 그쳐야 한다. 공통의 적 앞에서, 모든 정당들이 각자의 포부를 불문하고 뭉쳐야 한다. 정당들이 통치의 변화를 통해서 어떤 것이든 얻을 가능성은 아주 희박하다. 오히려 정당들은 모든 것을 잃을 위험에 노출될 것이다.

이론적인 관점에서 본다면 민주적인 사상이 그 바탕을 종교적 사상의 바탕보다 조금도 더 튼튼히 다져놓지 못한 것이 사실이다. 그러나 이 같은 결함은 예전에 종교적 사상에 아무런 영향을 미치지 않았듯이 민주적 사상의 운명에도 아무런 방해가 되지 않을 것이다. 정부 형태를 불문하고, 오늘날엔 민주주의가 각국에서 대세를 이루고 있다. 우리는 지금 인류에 도움이 되지 않을 중대한 사회 운동 하나가 막 발아하려는 시점에 있다. 현재 민주주의의 최대의 적이자 민주주의를 뒤엎을 수 있는 유일한 적은 사회주의이다.

2장

민족 및 계급 투쟁

1. 개체들과 종들의 자연적 투쟁

자연이 종(種)의 향상을 위해 발견한 유일한 과정은 이 세상이 키울 수 있는 것보다 훨씬 더 많은 수의 생명체를 태어나게 만들어 생명체들 사이에 투쟁이 영원히 벌어지도록 만드는 것이다. 이 투쟁에서는 가장 강하고 가장 적응이 잘 된 존재만이 살아남을 수 있다. 이 투쟁은 서로 다른 종들 사이에서만 일어나는 것이 아니라 같은 종의 개체들 사이에서도 일어나고 있다. 그런데 같은 개체들 사이의 투쟁이 가장 치열할 때가 종종 있다.

이 선택의 과정을 통해서 모든 생명체들은 세상이 존재한 이래로 서서히 완벽 쪽으로 변화해 왔다. 인간도 이 과정을 통해서 지질시대의 원시적인 유형에서 진화해왔으며, 야만적이었던 우리의 조상도 서서히 스스로를 향상시켜 문명을 이룰 수 있었다. 정서적인 관

점에서 본다면, 적자(適者)만 살아남는 이 생존투쟁은 극도로 야
만적인 것처럼 보일 수 있다. 그러나 이 투쟁이 없었더라면 우리는
불확실한 먹이를 놓고 모든 동물들과 더 치열하게 경쟁을 벌여야
했을 것이다. 자연이 자신의 창조물에 강요하고 있는 투쟁은 보편
적이고 항구적이다. 투쟁이 전혀 없는 곳에는 진보도 전혀 없을 뿐
만 아니라 급속도로 쇠퇴하는 경향까지 나타난다.

　자연주의자들은 모든 생명체 사이에 만연한 이 투쟁을 보여준
다음에 그와 똑같은 투쟁이 우리 자신의 몸 안에서도 일어나고 있
다는 점을 보여주었다. 쿤슬러(Kunstler)는 이렇게 쓰고 있다.

　　"생명체들의 신체 각 부분들은 상호 조화를 위해 노력하기
　　는커녕 반대로 서로 영원히 투쟁을 벌이는 상태에 있다. 한
　　부분의 발달은 상관적인 결과에 따라서 다른 부분의 중요
　　성의 하락을 초래한다. 달리 말하면, 향상되는 어느 한 부
　　분은 다른 부분들의 희생으로 그렇게 된다.
　　프랑스 박물학자 생틸레르(Geoffroy Saint-Hilaire)는 '신
　　체기관들의 평형원칙'이라는 학설을 제시하면서 이미 이 현
　　상에 대해 대략적으로 설명했다. 식균작용이라는 현대이론
　　도 이 원칙에 그리 많은 것을 더 더하지 않지만 이 현상이
　　전개되는 과정을 조금 더 명확하게 설명하고 있다.
　　신체기관들은 서로 투쟁을 벌이는 선에서 그치지 않는다.
　　신체의 모든 부분들에서 그런 투쟁이 벌어진다. 예를 들어
　　세포 안에서도 다양한 요소들 사이에 이런 투쟁이 관찰된

다. 보다 약한 요소들의 진화는 약해지거나 멈춘다. 이 요
소들의 진화는 보다 강한 요소들을 위해 잔인하게 희생될
것이다. 그러면 강한 요소는 더욱 더 번창하게 될 것이다.
사건들의 진행을 보면 생명체들은 일정한 양의 진화의 힘
을 갖고 있는 것처럼 보인다. 만일 사고로 인해 이 진화의
힘이 어떤 한 신체기관이나 과정으로 향하게 되면, 다른
신체기관들은 다소 정체되는 모습을 보이거나 쇠퇴할 것이
다. 이 같은 사건들을 종합하면, 이 현상이 장자상속법
을 준수할 경우에 나타나는 결과와 비슷하다는 생각이 든
다. 자식들 중 어느 한 자식이 부모의 재산 분배에서 유리
한 입장에 설 때, 다른 자식들의 몫은 그로 인해 줄어들 것
이다."

자연은 약자에게 절대로 관용을 베풀지 않는다. 약한 존재들은
예외 없이 즉시 사라지는 운명에 처한다. 자연은 오직 육체적으로
나 지적으로 강한 자만을 지킨다.
지능이 각 개인의 뇌의 물질과 관련이 깊기 때문에, 자연의 눈으
로 보면 살아 있는 생명체의 권리는 그 생명체의 두개골의 용량과
밀접한 관계가 있다. 이 한 가지 사실만으로 인간은 열등한 동물들
을 죽일 권리를 주장할 수 있다. 만일 열등한 동물들이 자연의 자
문을 구할 수 있다면, 이 동물들은 틀림없이 자연의 법칙이 매우 악
랄하다고 투덜거릴 것이다. 이 동물들이 들을 수 있는 유일한 위안
은 자연에는 마찬가지로 악랄한 다른 죽음들도 많다는 사실이다.

식용 동물들의 경우에 아주 잘 발달한 신경계를 갖고 있다면 푸주한의 칼을 피하기 위해 일종의 노동조합 같은 것을 형성할 수 있을 것이다. 그러나 이 동물들은 그렇게 한다고 해도 얻을 게 그다지 많지 않을 것이다. 이 동물들이 사육사의 관심을 끌지 못하고 또 보살핌을 받지 않고 홀로 활동한다 한들, 이 동물들의 운명이 나아질 것 같은가? 아직 개척되지 않은 땅이라면, 이 동물들은 그래도 초원에서 먹을 것을 어렵사리 구할 수 있을 것이다. 그러나 그곳에는 육식동물의 이빨이 기다리고 있다. 만일 이 동물들이 육식동물을 피한다 하더라도, 죽음을 조금 늦추는 결과밖에 되지 않는다. 이 동물들이 늙어서 동료들과의 경쟁에서 먹이를 제대로 확보하지 못하면 서서히 굶어서 죽어갈 것이다.

그러나 자연은 약자들에게 적의 숫자가 많음에도 불구하고 그 적들의 식욕을 물리게 할 만큼 생식력을 확보함으로써 세대를 내려가며 스스로를 영속시킬 수단을 주었다. 예를 들어 암컷 청어는 1년에 알을 6만 개 이상 낳는다. 그러면 종을 지켜나갈 수 있을 만큼 충분한 수의 청어가 포식자들을 피할 수 있다.

자연은 가장 열등한 종, 그러니까 사람들의 눈에 잘 보이지도 않는 기생충의 영속성에 대해서도 가장 고등한 생명체들의 생존에 대한 관심 못지않은 관심을 기울이고 있는 것으로 드러날 것이다. 아주 위대한 천재의 삶도 자연의 입장에서 보면 아주 미천한 미생물의 존재 그 이상의 중요성을 지니지 않는다. 자연은 잔인하지도 않고 친절하지도 않다. 자연은 다만 종을 생각하며 개체에는 잔인할 정도로 무관심하다. 우리 인간이 말하는 정의를 자연은 모른다. 인간으로서는 자연의 법칙에 항의할 수 있을지는 몰라도 자연을 참아내는 방법밖에 없다.

2. 민족들 간의 투쟁

인간은 모든 생명체들이 복종하고 있는 자연의 엄격한 법칙에서 나름대로 벗어나는 데 성공했을까? 한 민족과 다른 민족의 관계가 문명 덕에 다소 부드러워졌을까? 인간의 사회에서 벌어지는 민족 간의 투쟁은 종들 간의 투쟁보다 덜 가혹할까?

역사는 우리들에게 정반대의 사실을 가르쳐주고 있다. 역사는 민족들이 언제나 투쟁을 벌이고 있음을 보여주고 있다. 세상이 시작된 이래로, 최강자의 권력이 민족들의 운명을 좌지우지했다.

이것은 과거의 법칙임과 동시에 현재의 법칙이다. 이것이 미래의 법칙이 되지 않을 것이라고 말해주는 것은 지금 아무것도 없다.

오늘날 이에 항의할 신학자와 박애주의자가 없는 것은 아니다. 신학자들과 박애주의자들은 수없이 많은 책을 남겼다. 그들은 책 속에서 호소력 넘치는 글로, 하늘 높은 곳에서 세상을 지휘하는 일종의 신성한 힘과 같은 권리와 정의에 호소했다. 그러나 사실들은 언제나 신학자와 박애주의자들의 호소를 공허하게 만들었다. 이같은 사실은 권리란 것은 스스로를 지킬 힘을 갖고 있을 때에만 존재한다는 이야기를 들려주고 있다. 우리는 힘이 권리보다 더 위대하다고 말할 수는 없다. 왜냐하면 힘과 권리가 똑같은 것이기 때문이다. 어떠한 권리도 힘이 뒷받침되지 않으면 실현되지 못한다. 어떤 나라가 권리와 정의만을 믿고 군대를 해체한다면 즉시 이웃 국가의 침공을 받아 약탈당하고 노예가 될 것이라는 점을 의심할 사람은 아무도 없을 것이다. 만일 터키와 그리스, 포르투갈, 스페인, 중국 같은 약한 국가들이 지금도 생존할 수 있다면, 그것은 그 국가들을 갖기를 원하는 강대국 사이의 경쟁 때문이다. 강대국들은 자국만큼 강한 국가들을 건드리지 않기 위해 약한 국가들을 조심스럽게 약탈하고 조금씩 동화시켜 나갈 수 있다. 이런 식으로 보스니아와 몰타, 키프로스와 이집트, 트란스발과 쿠바, 필리핀은 다른 나라에 야금야금 빼앗겼다. 실질적인 방어력이 없는 국가들의 입장에서 보면 강대국들은 그 국가들의 영토를 침공하면서 양심의 가책을 전혀 느끼지 않는다.

국가의 권리는 그 국가가 권리의 방어에 동원할 수 있는 무력에 따라 정해진다는 사실을 어느 국가도 망각해서는 안 된다. 양(羊)에게 인정된 유일한 권리는 자신의 두뇌보다 훨씬 뛰어난 두뇌를 가진 존재들에게 고기를 제공하는 것뿐이다. 흑인에게 유일하게 인정된 권리는 자기 나라가 백인에게 침공당하고 약탈당하는 것을 지켜보는 것이며 거기에 저항한다면 총에 맞아 죽을 권리밖에 없다. 만일 흑인들이 저항하지 않는다면, 그들은 간단히 자신의 모든 소유물을 내려놓고 침략자들의 부를 위해 채찍질을 당하며 일을 하게 될 것이다. 아메리카 원주민들의 역사도 그랬다. 오늘날 아프리카 주민들의 이야기도 그렇다. 흑인들은 지금 힘이 약한 데 대한 교훈을 뼈저리게 배우고 있다.

아프리카나 다른 약소국들의 현실을 무시하더라도, 우리는 일상의 관찰을 통해서도 인간의 법칙은 자연의 법칙을 절대로 바꿔놓지 못하며 또 자연의 법칙이 민족 간의 관계를 지속적으로 결정하고 있다는 사실을 인정할 수 있어야 한다. 권리와 정의에 관한 이론은 아무런 쓸모가 없다. 국제관계는 세계가 시작된 그때나 지금이나 똑같다. 국력이 서로 같지 않은 국가들의 관계에서는 권리와 정의는 아무런 역할을 하지 못한다. 정복하든가 정복당하든가, 아니면 사냥꾼이 되든가 사냥감이 되든가 둘 중 하나이다. 그러한 것이 언제나 법이었다. 외교관의 미사여구와 연설가의 설교는 사교계의 사람들이 코트를 걸치며 예의상 한마디씩 던지는 말을 상기시킨다. 사교계의 사람은 당신이 지나갈 수 있도록 뒤로 물러서면서 다정한 목소리로 당신의 먼 친척에 대해서까지 안부를 물을 것이다. 그러나 자신의 이해관계가 걸린 어떤 상황이 발생하면 그의 태도는 돌변할 것이다. 즉시 그에게서 가식적인 감정들이 싹 사라질 것이다. 물론 예외적인 사람들도 있다. 동료를 위해서 자신을 희생시킬 용감한 사람도 있는 것이다. 그러나 그런 사람은 무척 드물기 때문에 영웅으로 여겨지면서 그 이름이 후대까지 기억될 것이다.

민족 간의 투쟁이 미래에는 과거보다 덜 폭력적일 것이라고 믿을 이유는 거의 없다. 반대로 미래의 투쟁이 훨씬 더 폭력적일 것이라고 믿을 이유들이 있다. 과학이 발달하지 않아서 국가가 거리에 의해 다른 국가로부터 분리되어 있을 때에는 투쟁의 원인이 드물었다. 오늘날에는 투쟁의 원인이 점점 더 많이 생기고 있다. 예전의 국제투쟁은 큰 이해관계나 정복자들의 변덕에 의해 시작되었다. 그러나 미래에는 국제투쟁의 중요한 동기들은 국가들의 생명이 걸려 있는 경제적 이해관계가 될 것이다. 이 경제적 이해관계의 중요성을 우리는 이미 확인했다. 미래에 국가들 사이의 투쟁은 생명을 위한 투쟁이 될 것이며, 한쪽 당사자의 완전한 절멸이 아니고는 좀처럼 끝나지 않을 것이다.

이것은 근본적인 진리이다. 이런 진리를 숨기는 것은 아무에게도 이롭지 않다. 아니 숨기기를 바라는 것 자체가 매우 위험한 짓이다. 작은 나라도 충분히 활력적으로 움직인다면 스스로를 매우 잘 지킬 수 있다. 오늘날 많은 국가들이 예산의 3분의 1을 군사비로 지출하고 있다. 만일 예산이 현명하게 집행된다면, 이웃 나라의 공격에 맞서서 자국을 지키는 비용은 훨씬 더 낮아질 것이다.

3. 계급 투쟁

집단주의자들은 자신들의 주장, 즉 역사는 다양한 계급들이 경제적 이해관계를 놓고 벌이는 투쟁이 될 것이며 이 투쟁은 모든 계급들이 단 하나의 계급 즉 노동계급으로 흡수되는 것으로 끝날 것이라는 주장을 자신들의 최고 성직자인 칼 마르크스의 이론에서 끌어내고 있다.

첫 번째 주장인 계급 투쟁은 인류 역사만큼이나 진부하다. 타고난 불평등 때문이거나 아니면 단순히 사회적 필연 때문에 일어난 부와 권력의 불평등한 분배라는 사실 하나 때문에, 인간은 언제나 계급으로 나뉘었다. 이 계급의 이해관계가 반드시 다소 충돌을 빚게 되고 따라서 투쟁이 일어나게 되어 있다. 그러나 이 투쟁이 종지부를 찍을 수 있다는 생각은 현실과 완전히 모순된다. 투쟁을 종식시키는 것도 그다지 바람직하지 않다. 개인이나 민족, 계급의 투쟁이 없었더라면, 한마디로 말해 보편적인 투쟁이 없었더라면 인간은 야만의 상태에서 절대로 벗어나지 못했을 것이며 결과적으로 문명을 이루지도 못했을 것이다.

우리가 본 대로 동물 종의 관계와 인간들의 관계를 지배하는 투쟁의 성향은 또한 개인과 계급 간의 관계에도 팽배하다. 영국 사회학자 키드는 이렇게 쓰고 있다.

> "우리가 살고 있는 이 세상을 그냥 한번 돌아보라. 인간이 동료와의 사이에 유지하고 있는 경쟁이 문명을 이끌고 지배하는 특성이라는 사실이 쉽게 확인될 것이다. 사회의 전체 조직에서도 그같은 사실이 확인된다. 만일 우리의 일상생활의 동기를 조사하고 우리가 접하는 사람들의 삶을 조사한다면, 대다수의 사람들에게 제일 먼저 떠오르는 생각이 그 세계 안에서 우리 자신을 어떻게 지킬 것인가 하는 문제일 것이다. ⋯ 산업의 수단이 칼보다 훨씬 더 효과적이고 치명적인 무기라는 것이 확인된다."

계급 투쟁만 있는 것이 아니다. 같은 계급 안의 개인들 사이에도 투쟁이 있다. 자연 속의 투쟁이 그렇듯, 개인들 사이의 투쟁이 가장 맹렬하다. 사회주의자들도 지금의 사회를 파괴한다는 공통의 목적을 위해 때때로 단결하고 있음에도 불구하고 모일 때마다 언제나 폭력적인 불화를 보이고 있다.

오늘날의 투쟁은 과거 어느 때보다 더 폭력적인데, 거기에는 여러 가지 원인이 있다. 그 중에서 우리 인간이 자연에 없는 정의와 평등이라는 괴물을 추구해왔다는 사실이 가장 중요한 원인이다. 이 공허한 노력이 인간에게 그 어떤 고통보다도 더 심한 고통을 안겨 주었고 앞으로도 안겨줄 것이다. 부즈(Bouge)가 이를 아주 정확히 분석하고 있다.

"사회정의 같은 것은 절대로 없다. 왜냐하면 자연 자체가 정의롭지 못하기 때문이다. 불공정과 불평등은 요람에서부터 우리 인간과 함께한다.
요람에서 무덤까지, 말하자면 자연이 자기 뜻대로 축복이나 부담을 늘리거나 줄이는 인간의 일생 동안에 언제나 자연의 불평등이 따르고 있다.
불평등의 형태도 얼마나 다양한가! 타고난 불평등, 출생과 상속의 기회, 육체적 아름다움이나 추함, 지적 불균형, 운명의 불평등 등등."

사회주의가 생겨나기 오래 전에, 종교도 민족들 사이의 투쟁과 계급들 사이의 투쟁, 개인들 사이의 투쟁을 종식시킨다는 꿈을 꾸었다. 그러나 종교가 노력한 결과는 무엇이었는가? 종교가 없애기를 원했던 바로 그 투쟁을 더욱 심화시키기만 한 것은 아닌가? 종교가 부추긴 전쟁들이 가장 잔인한 전쟁이었고 또 가장 큰 정치적 및 사회적 재앙이었지 않은가?
문명의 진보로 인해 계급 투쟁이 종식될 것이라고 기대할 수 있을까? 반대로 계급 투쟁이 과거보다 훨씬 더 치열해질 것이라고 모든 것들이 입을 모아 말하는 것 같다.

이처럼 계급 투쟁이 심화되는 데는 두 가지 원인이 있다. 첫 번째는 계급들 사이의 분리가 더욱 심화되고 있다는 점이다. 두 번째는 새로운 방식의 연합이 다양한 계급들에게 자신들의 요구를 방어할 힘을 부여한다는 점이다.

첫 번째 원인에 대해서는 이의를 제기하기 어려울 것이다. 예를 들어 고용주와 노동자, 재산가와 무산가의 차이는 옛날의 신분제도에 따른 차이, 예를 들자면 평민과 귀족의 차이보다 훨씬 더 두드러진다. 옛날엔 출생에 의해 생긴 거리는 좁혀질 수 없는 것으로 여겨졌다. 그 거리는 신의 뜻이었고 별 이의 없이 받아들여졌다. 악랄한 착취가 간혹 폭동을 불러일으킬 수 있었지만 평민은 오직 학대에 대해서만 반란을 일으켰을 뿐 기존의 질서에 대해 반란을 일으키지는 않았다.

그러던 것이 지금은 많이 달라졌다. 사람들은 착취에 대해 반란을 일으키지 않고 사회체제 전체에 대해 반란을 일으키고 있다. 현재 사회주의는 상류층을 파괴하기를 원한다. 오직 상류층의 자리를 차지하고 상류층의 부를 소유하기 위해서이다. 부알리는 이렇게 말한다. "목적은 분명하다. 단도직입적으로 말하면 부르주아 계급의 재산을 몰수할 민중계급을 형성하는 것이다. 사회주의자들은 가난한 사람이 부자를 추격하길 원한다. 그러면 정복에 따른 이익의 분배는 피정복자에게서 빼앗은 전리품을 독점하는 것으로 해결될 것이다. 티무르와 칭기즈칸도 무리를 이끌고 이와 똑같은 목적을 추구하고 나선 인물들이다."

이 정복자들도 똑같은 동기를 갖고 있었던 것이 사실이다. 그러나 당시 정복자들의 협박을 받은 사람들은 자신들이 구원 받을 수 있는 유일한 기회는 힘을 키워 스스로를 지키는 것이라는 사실을 매우 잘 알았다. 반면에 지금 새로운 야만인들의 공격을 받고 있는 사람들은 야만인들과 협상을 벌이고 일련의 양보로 생존을 조금씩 연장하는 문제에 대해서만 생각하고 있다. 이 양보가 오히려 야만인들이 공격을 위해 결집하도록 고무하고 야만인들의 경멸을 살 뿐인데도 말이다.

미래의 투쟁은 과거의 정복 전쟁과 달리 적을 약탈하려는 욕망에서 비롯되는 투쟁이 아니라는 사실 때문에 더욱 과격해질 것이다. 옛날에는 정복에 성공하기만 하면 정복군은 적에게 무관심했다. 지금은 전투원들 사이에 증오가 격렬하게 폭발하고 있다. 증오는 점점 더 종교적인 형태를 띠는 경향을 보이고 있고 따라서 더욱 맹렬해지고 적을 종속시키려는 특징을 보이고 있다.

우리는 앞에서 계급 간 증오의 가장 중요한 원인 하나가 당사자들이 서로에게 품고 있는 오해라는 사실을 확인했다. 믿음의 바탕을 연구하면서, 우리는 존재들의 관계가 오해의 영향을 상당히 많이 받는다는 것을 보았다. 그런데 이 오해의 뿌리가 워낙 깊기 때문에 이 원인을 완전히 제거하는 것은 불가능해 보인다. 인류 역사상 가장 치열했던 전쟁들과 세상을 피로 물들이며 문명과 제국에 가장 큰 영향력을 행사한 종교적 투쟁도 종종 오해에서 비롯되었다.

어떤 사상이 그 허위성 때문에 힘을 얻는 경우가 매우 자주 있다. 터무니없는 사상도 충분히 되풀이하기만 하면 군중에게는 찬란한 진리가 된다. 엉터리 사상의 씨앗을 뿌리는 것만큼 쉬운 일도 없다. 엉터리 사상은 한번 뿌리를 내리기만 하면 종교의 교의가 갖는 그 무한한 힘을 얻는다. 엉터리 사상은 신앙을 고취시키고, 그렇게 되면 어떤 것도 그 신앙에 맞서지 못하게 될 것이다. 중세에 서양의 반이 너무도 터무니없는 개념들 때문에 동양을 공격했다. 바로 그런 그릇된 사상 때문에 무함마드의 후계자들은 거대한 제국을 세웠다. 또 유럽도 뒷날 그런 엉터리 사상 때문에 피에 흠뻑 젖고 불길에 휩싸였다. 이런 대변동을 일으킨 사상들의 허위성이 이 사상들의 아들 격인 사상에도 그대로 나타나고 있다. 오늘날 보면 이 사상들은 단지 모호한 단어들의 나열에 지나지 않는다. 그 사이에 몇 세기의 세월이 흐르면서 이 사상들은 힘을 다 소진했다. 그래서 우리는 이 사상들이 한때 행사했던 그 힘을 더 이상 이해하지 못한다. 그럼에도 이 엉터리 사상들은 한때 불가항력이었다. 이성마저도 그런 사상을 막는 데 무력했던 때가 있었기 때문이다. 괴물을 죽일 수 있는 힘을 가진 유일한 것은 시간이다. 절대로 이성은 그런 힘을 갖고 있지 않다.

엉터리 단어들이 절대적인 힘을 발휘한 것은 과거의 일만이 아니다. 민중의 정신이 변했지만 민중의 믿음들은 언제나 엉터리이다. 민중의 정신을 흔들어놓는 단어들은 언제나 기만적이다. 터무니없는 사상이 새 이름으로 과거의 마법을 그대로 간직하고 있다.

3장

사회주의의 근본적인 문제
- 부적응자

1. 부적응자의 증가

이 시대의 가장 중요한 특징에 대해 말할 때, 우리는 이런저런 이유로 현대 문명의 요구에 적응하지 못한 많은 개인들이 사회에서 제자리를 찾지 못하고 있다는 사실에 대해 반드시 언급해야 한다. 이들이 활용 불가능한 낙오자 집단을 이루고 있다. 바로 부적응자이다.

어느 사회든 늘 이런 개인들이 어느 정도는 있었다. 그러나 그 숫자가 지금처럼 많았던 적은 없었다. 산업과 과학, 무역, 예술에 적응하지 못하는 이들이 점점 늘어만 가고 있다. 출신 성분의 다양성에도 불구하고, 부적응자들은 한 가지 공통적인 정서로 뭉치고 있다. 바로 자신들이 적절한 자리를 찾지 못하고 있는 그 문명에 대한 증오이다. 추구하는 목적이 무엇이든, 모든 혁명은 이 같은 부적응자들이 가장 먼저 가담하려 한다는 사실을 잘 알고 있다. 사회주의가 가장 열성적인 요원을 모집하는 곳도 바로 그들이다.

그들은 숫자도 어마어마할 뿐만 아니라 사회의 모든 계층에 걸쳐 두루 존재하고 있다. 이 같은 사실 때문에 그들은 현대 사회에 아주 위험한 존재들이다. 고대 로마제국을 괴롭혔던 야만인들보다도 더 위험하다. 고대 로마제국은 외부의 침공에 맞서 오랫동안 스스로를 지킬 수 있었다. 그러나 현대의 야만인들은 우리의 담 안에 있다. 고대의 야만인들은 로마의 권력을 시기하면서도 존경했다. 고대의 야만인들은 자신들이 로마제국의 자리를 차지하고 로마의 이름으로 말하는 것을 꿈꾸었을 것이다. 고대 로마는 최후의 마지막 순간까지 야만인들의 눈에 똑같은 명성을 지녔다. 클로비스는 프랑크의 왕이라는 칭호보다 로마의 집정관이라는 칭호를 더 자랑스러워했다.

로마제국의 승계를 다투었던 국가들은 하나같이 자신에게 유리한 쪽으로 로마제국을 간직해나가기를 바랐다. 반대로 새로운 야만인들은 자신들을 내팽개쳤다고 믿는 그 문명의 파괴 외에는 아무것도 바라지 않는다. 새로운 야만인들은 그 문명의 파괴를 열망하고 있으며 자신이 이용할 줄 모르는 문명을 정복하는 일에 대해서는 전혀 신경을 쓰지 않는다. 만일 새로운 야만인들이 코뮌 동안에 파리를 완전히 불태우지 않았다면, 그것은 불을 붙일 수단이 부족했기 때문일 것이다.

부적응자들이 각 사회계층에서 어떻게 생겨나게 되었는지에 대해 상세하게 파고들 필요는 없을 것이다. 산업의 발전이 부적응자의 숫자를 급속도로 키워놓았다는 사실을 보여주는 것만으로도 충분할 것이다. 통계를 보면 노동계층의 임금이 꾸준히 상승했고 또 하류계층들 사이에 부의 분배도 꾸준히 늘어났다. 그러나 이 같은 향상은 어디까지나 일부 노동자들에게만 해당되는 것이었다. 그러면 능력이 평균에 미치지 못하는 노동자들의 형편은 어떠했는가?

옛날의 조합제도에서는 각 직종은 노동자의 수를 제한하고 경쟁을 막는 규제를 따라야 했다. 따라서 열등의 단점이 지나치게 두드러지지 않았다. 조합 구성원의 자질은 매우 높지는 않았지만 그렇다고 매우 낮지도 않았다. 조합의 구성원은 고립되어 있지 않았고 또 유목민도 아니었다. 조합은 노동자의 가족이나 다름없었다. 조합원은 언제든 혼자 있는 경우가 없었다. 그의 상황은 매우 찬란하지는 않았지만 적어도 사회 안에서 자신의 자리를 찾을 수는 있었다.

현대 세계를 지배하는 경제적 필연과 경쟁, 생산의 법칙 등으로 인해 많은 것이 엄청난 변화를 겪었다. 체이슨(Cheysson)의 관찰을 보자. "사회를 하나로 묶었던 고대의 시멘트가 해체되고 있으며, 지금은 이 시멘트의 모래알 하나하나가 서로 각자의 길을 가고 있다. 삶의 경쟁에서 주변 사람들보다 탁월한 사람은 공기보다 가벼운 기체를 넣은 풍선이 끈을 놓으면 공중으로 한없이 높이 떠오르듯 누구나 위로 올라간다. 그리고 도덕적으로나 물질적으로나 모자라는 사람은 낙하산이 그의 하강을 조절하지 않으면 누구나 곤두박질치며 머리를 처박을 것이다. 이는 지휘에서 벗어나고 예속에서 자유로워진 개인주의의 승리이다."

　지금과 같은 과도기에는 무능력하여 적응을 하지 못하는 사람들은 살아가기가 무척 힘들어진다. 그렇지 않아도 이미 깊은 그들의 불행은 불가피하게 더욱더 심화될 것 같다. 왜 그런지 그 이유를 보자.

　지금은 산업이나 예술의 모든 분야에서 가장 뛰어난 사람들은 아주 빨리 앞으로 나아간다. 그러나 능력이 떨어지는 사람은 적절한 자리를 찾아 제품을 생산한다 하더라도 질이 떨어지는 제품을 내놓을 수밖에 없다. 당연히 그의 제품은 아주 낮은 가격에 팔릴 것이다. 그러나 무능력한 사람들이 활동하는 영역의 경쟁이 능력 있는 사람들이 활동하는 영역의 경쟁보다 훨씬 더 치열하다. 무능력한 영역에 사람이 더 많고 또 쉬운 일을 할 수 있는 사람이 더 많기 때문이다. 그 결과 부적응자는 경쟁에서 우위를 확보하기 위해 자신의 임금을 더 낮추게 된다. 고용주도 부적응자가 제작한, 차별성이 없는 제품에는 임금을 가능한 한 적게 주려 한다. 그 제품을 싸게 내놓음으로써 자신의 고객의 수를 늘리기 위해서이다. 따라서 노동자의 임금은 더 이상 내려갈 수 없는 수준으로까지 떨어질 것이다. 그 밑으로 떨어지면 노동자는 자신의 무능력과 경제적 필연의 희생자가 되어 굶어죽게 될 것이다.

　쉬운 일에 종사하는 부적응자들 사이에 벌어지는 이런 경쟁체제는 '스웨팅 시스템'(sweating system: 착취제도)이라 불린다. 드루지에는 다음과 같이 말한다.

"충분한 능력을 갖지 못한 사람이 품질이 떨어지는 제품을 자신의 책임으로 생산하는 곳에서는 어김없이 스웨팅 시스템이 작동하고 있다.

스웨팅 시스템은 다양한 형태를 띤다. 양복 주문을 받아서 그것을 직접 제작하지 않고 낮은 임금으로 다른 사람에게 넘기는 재단사도 노동자의 땀을 쥐어짜고 있다. 또 가사와 아이를 돌보느라 집에서 지내야 하는 가난한 부인들에게 재봉틀 일을 주는 대규모 공장도 노동자의 땀을 쥐어짜고 있다."

이보다 더 슬픈 운명은 없다. 그러나 이런 운명을 피할 수 없게만드는 경제적 필연이라는 사슬보다 더 무거운 것도 없다. 이처럼 형편 없는 임금을 주는 고용주를 비난해야 하는 것인가? 절대로 그렇지 않다. 왜냐하면 고용주도 자기보다 더 높은 자리에 있는 주인의 손아귀에서 꼼짝 못하기 때문이다. 그 주인이란 바로 고객이다. 고용주가 임금을 올리고자 한다면 동시에 제품의 값도 높여야 한다. 그러면 고객들은 그를 버리고 보다 낮은 가격을 제시하는 가게로 갈 것이다. 그렇다면 모든 고용주들이 단합하여 임금을 올리면 될 것이 아닌가? 그러면 아직 낮은 임금에 제작되는 외국 제품이 시장에 넘쳐날 것이고, 부적응자의 운명은 과거보다 더 불행해질 것이다.

이런 운명의 희생자들은 노동조합을 통해서 최저임금을 정착시킴으로써 자신의 병을 치료할 수 있는 방법을 쉽게 찾을 것이라고 생각했다. 거기엔 임금을 최저임금보다 더 낮게 주는 고용주들이 노동자들로부터 버림을 받게 될 것이라는 희망이 깔려 있었다. 또

대도시의 자치정부들이 공공사업에 노동자들을 채용할 때 임금을 어느 선 밑으로 책정하지 못한다고 정해두었기 때문에, 노동자들의 그런 노력이 힘을 얻을 것으로 보였다.

노동자들이 정한 최저임금과 자치정부의 최저임금은 오히려 보호하려던 사람들에게 유익하기보다 해롭게 작용하고 있다. 법이란 것도 경제적 필연 앞에서는 아주 무력하다는 사실만을 보여준 것 외에는 아무런 가치가 없었다. 기술이 뛰어난 노동자나 복잡한 생산도구를 필요로 했던 역사 깊은 몇몇 산업에서, 고용주들은 노동조합의 조건에 동의했다. 복잡한 도구도 필요하지 않고 숙련 노동자도 필요하지 않았던 다른 산업에서는 어려움이 쉽게 극복되었고 곧 모든 것이 고용주에게 유리하게 돌아갔다.

이런 사실들에서 배울 교훈은 루지에가 스웨팅 시스템에 대해 한 말에 잘 담겨 있다. "누구도 고유의 가치를 지닌 노동자를 버리지는 못한다."

사실 이것은 현재의 경제적 필연에 따른 경쟁의 명백한 결과이다. 어딜 가나 능력이 가장 뛰어난 사람이 승리를 거두며 능력이 부족한 사람을 제거하고 있다. 이 법칙은 생명체들이 완벽을 추구하게 만드는 그 선택의 법칙 그대로이다. 아직까지는 인간도 이 법칙에서 벗어나지 못했다.

이 경쟁에서 유능한 존재는 모든 것을 얻을 수 있다. 그러나 능력이 떨어지는 존재는 모든 것을 잃을 수 있다. 따라서 우리는 사회주의자들이 이 법칙의 억제를 바라고 있다고 쉽게 상상할 수 있다. 하지만 사회주의자들이 지배력을 확보한 국가에서 이 법칙을 파괴할 수 있다고 치더라도, 사회주의자들이 영향력을 전혀 행사하지 못하는 나라에서는 이 법칙을 어떻게 파괴할 것인가? 온갖 보호정책을 다 세운다 하더라도, 사회주의자들이 영향력을 행사하지 못하는 나라들의 제품이 금방 시장을 공격해올 텐데 말이다.

동양과 서양의 무역 경쟁을 고려하면서, 우리는 경쟁이 현재의 불가피한 법칙이라는 사실을 확인했다. 세상 어딜 가나 경쟁이 벌어지고 있다. 경쟁을 금지하려는 모든 조치들은 오히려 경쟁의 희생자들에게 더 큰 피해를 입힐 뿐이다. 과학 분야든 산업 분야든, 민간의 이익이든 공공의 이익이든, 노동의 어느 한 분야를 어떤 식으로든 향상시키려는 문제가 불거질 때마다 상업 경쟁은 더욱더 심화되고 있다. 나의 눈으로 직접 확인한 다음의 예는 경쟁의 필요성과 경쟁의 결과를 동시에 보여주고 있다.

엔지니어인 나의 친구가 정부가 지원하는 중요한 사업의 책임자로 임명되었다. 한 국가의 지도를 매우 정밀하게 다시 만드는 작업도 포함된 사업이었다. 그에게 직원을 선택하고 직원의 월급을 책정할 권리가 주어졌다. 단 그 목적으로 그에게 허용된 1년 예산을 넘지 않는다는 조건이 붙었다. 예산이 빠듯하고 고용자들이 많았기 때문에, 이 엔지니어는 액수를 고용자들 사이에 똑같이 나누는 것으로 시작했다. 일을 처리하는 속도도 늦고 솜씨도 형편없다는 사실을 깨달은 나의 친구는 직원들에게 실적을 기준으로 임금을 지급하기로 다시 결정했다. 그러자 능력이 뛰어난 직원은 금방 다른 직원보다 서너 배씩 일을 많이 하는 것으로 드러났다. 따라서 예전 임금보다 배 이상 많이 벌었다. 무능력하거나 어중간한 사람들은 먹고 살 만큼 돈을 벌지 못했고 스스로 물러나게 되었다. 정부에서 받은 예산은 처음에는 겨우 충분할 정도였으나 2년도 지나지 않아서 30% 정도 남게 되었다. 따라서 국가는 이 방법 때문에 더 좋은 제품을 더 싼 값에 확보할 수 있었다. 동시에 유능한 노동자들은 임금이 배로 오르는 이익을 누렸다. 무능력한 탓에 회사를 떠났던 무능한 노동자들을 제외하고는 모두가 만족했다. 제품의 품질과 공공 예산에 똑같이 매우 행복한 결과를 안긴 나의 친구의 조치는 분명히 능력이 떨어지는 직원에게는 매우 불행한 결과를 안겼다. 무능력한 직원에 대한 우리의 동정심이 아무리 크다 하더라도, 그들을 위해 공공의 이익까지 희생시켜야 하는 것인가?

이런 질문을 품는 독자는 금방 가장 중요한 사회문제가 안고 있는 어려움에 직면하면서 사회주의자들이 그 문제의 해결을 위해 제시한 수단들이 무력하다는 사실을 깨닫게 될 것이다.

2. 무적응자의 인위적 생산

라틴 국가들의 경우에는 경쟁에 적응하지 못한 노동자들에다가 인위적으로 생산된 무적응자까지 더해야 한다. 이 인위적 낙오자들은 대학의 예산으로 만들어지고 있다. 박사와 학사, 강사와 교수 중에서 직장을 얻지 못한 사람들은 언젠가 가장 위험한 집단이 될 것이며, 사회는 이들로부터 스스로를 지켜내야 할 것이다.

인위적 폐물인 이 계급은 현대의 산물이다. 이 계급의 기원은 심리적인 것에 있다. 이 계급이 어떤 현대적 사상의 결과물이라는 뜻이다.

시대를 불문하고 사람들은 몇 가지의 정치적, 종교적, 사회적 사상을 기준으로 살아간다. 이 사상들은 논란의 여지가 없는 교의로 여겨졌으며, 모두가 그 영향에서 벗어나지 못했다. 오늘날 그런 사상 중에서 가장 막강한 사상은 대학에서 이론적 공부를 하면 탁월해진다는 생각이다. 옛날에 다소 경시되었던 선생과 대학교수가 갑자기 선호의 대상이 되었다. 자연의 불평등을 치유하고 계급 간의 차별을 없앨 수 있는 사람들이 바로 선생과 대학교수인 것으로 여겨졌다.

이리하여 교육이 만병통치약처럼 되었으며, 젊은이들의 머리에 그리스어와 라틴어, 역사와 과학적 공식을 주입하는 것이 반드시 필요했다. 희생도 비용도 별로 중요하지 않았다. 학사와 박사, 교사의 배출이 라틴 국가들의 가장 중요한 산업이 되었다. 실제로 라틴 국가에서 번영하고 있는 사업은 교육 분야밖에 없다고 해도 과언이 아니다.

라틴 국가의 교육 개념에 대해 살펴보면서, 우리는 프랑스의 교육 방식이 낳은 결과를 보았다. 또한 그 같은 교육방식이 판단력을 왜곡시키고 머릿속을 금방 잊어버릴 용어나 공식으로 채울 뿐 생활에 필요한 것은 전혀 준비시키지 않는다는 것을 보았다. 요약하면 프랑스의 교육방식은 무능하고 쓸모없고 따라서 반항적인 사람들만을 양산하고 있다. 그러나 프랑스의 교육제도가 단순히 옛날처럼 쓸모없는 데서 그치지 않고 폐물과 반항자들까지 양산하고 있는 이유는 무엇인가?

이유는 매우 분명하다. 교과서를 바탕으로 한 이론적 교육이 학생들을 공적인 기능 외에는 어떤 일에도 준비를 시키지 않기 때문이다. 학생들이 공무원이 아닌 다른 경력에는 전혀 쓸모가 없는 존재가 되는 것이다. 그렇기 때문에 학생들은 어쩔 수 없이 국가가 월급을 주는 일자리에 목을 매지 않을 수 없다. 그러나 지원자의 숫자는 엄청나게 큰데 반해 일자리는 매우 적기 때문에, 대다수는 실패하고 생존 수단을 전혀 발견하지 못하고 있다. 이들은 사실 폐물이나 다름없으며 자연히 반란을 꿈꾸게 되어 있다. 수치를 보면 이 폐해가 어느 정도 심각한지 쉽게 파악될 것이다.

프랑스의 대학은 매년 1,200명 정도의 졸업생을 배출한다. 프랑스의 대학이 채용할 수 있는 교수의 자리는 1년에 200개이다. 그렇다면 1,000명이 일단 실업자가 된다는 계산이 나온다. 이들은 자연히 다른 일자리로 눈을 돌린다. 그러나 그들이 가는 곳마다 어떤 일이라도 하겠다고 나서는 졸업자들이 있다. 40명의 등본계원을 뽑는데 지원자가 무려 2,000명 내지 3,000명이나 몰린다. 파리의 학교 교사 150명을 뽑는데 응시자가 무려 15,000명이나 되었다. 낙방하는 사람들은 눈높이를 낮추고 편지를 분류하는 일로 만족하기도 한다. 이처럼 비참한 노동자들의 가슴을 채우고 있을 감정을 짐작하기는 그리 어렵지 않을 것이다.

그러나 관공서에 어렵사리 일자리를 얻는 행운을 누린 사람이라고 해서 그 운명이 부러워할 정도는 결코 아니다. 공무원이 되더라도 평균적인 능력의 노동자들이 버는 정도의 월급밖에 받지 못하며 운신의 폭은 노동자들보다 훨씬 더 좁다.

그런데도 젊은이들이 기를 쓰고 공무원이 되려고 드는 이유는 무엇일까? 실업 상태인 대학 졸업자들이 산업과 농업, 상업 혹은 육체노동을 하지 않으려 하는 이유는 무엇인가?

두 가지 이유가 있다. 첫째, 그들이 이론적 교육만을 받았기 때문에 철저히 무능하여 관료나 판사, 교수 같은 쉬운 일밖에 하지 못하기 때문이다. 그렇다 하더라도 그들은 재교육을 통해 스스로를 다시 준비시킬 수 있다. 그러나 그들은 그런 노력조차 하지 않는다. 이것이 두 번째 이유이다. 육체노동과 산업, 농업을 경시하는 편견 때문이다. 이 편견은 라틴 민족의 국가들에서 예외 없이 발견되지만 다른 곳에서는 보이지 않는다.

라틴 민족들은 겉보기와 달리 민주적이지 않은 기질을 갖고 있다. 예를 들면 영국의 귀족이 매우 소중히 여기는 육체노동이 라틴 민족에게는 창피스럽거나 심지어 불성실한 것으로까지 여겨지고 있다. 말단 공무원과 교수와 등본계원들은 스스로를 기계공과 십장, 정비공, 농부보다 위라고 생각하고 있지만 일에 쏟는 지능과 이성, 독창력을 고려하면 이들보다 못하다. 라틴어 학자나 공무원, 문법이나 역사를 가르치는 교수의 어떤 점이 훌륭한 가구제작자나 정비공, 십장보다 더 지적인 것으로 여겨질 수 있는지 나는 모르겠다. 만일 지적인 관점에서 서로 비교한 다음에 실용적인 관점을 고려한다면, 공무원과 교수들이 훌륭한 노동자보다 훨씬 더 열등하다는 사실이 금방 확인될 것이다. 훌륭한 노동자들이 임금을 더 많이 받는 것은 바로 이 때문이다.

공무원이나 교수에게서 눈으로 확인할 수 있는 유일한 우수성은 그들이 언제나 외투를 입고 있다는 사실이다. 그들이 걸친 외투는 대체로 낡았지만 그래도 외투의 모양새는 갖추고 있다. 반면에 노동자는 작업복을 입고 일을 한다. 만일 이 두 가지 의류가 프랑스에 미치는 심리적 영향을 분석한다면, 그 영향은 아마 일자리를 잃은 변호사들의 집단이 지난 100년 동안 만든 헌법들의 영향보다도 큰 것으로 확인될 것이다. 마법의 반지 같은 것의 힘을 빌려서 우리 모두가 작업복도 외투만큼 근사하다고 믿게 된다면, 우리의 모든 존재 조건은 단 하루 만에 변화할 것이다. 예절과 사고에 혁명이 일어날 것이고, 이 변화의 효과는 과거의 모든 변화를 다 합한 것보다도 더 클 것이다. 그러나 라틴 민족들은 아직까지 그런 편견을 벗어던지지 못했다. 따라서 라틴 민족들은 편견과 그릇된 사상의 무게를 오랫동안 짊어지고 힘들어할 것이다.

라틴 민족이 육체노동을 혐오하는 데 따른 결과는 미래에 훨씬 더 심각해질 것이다. 교육제도 때문에 생긴 부적응자의 집단이 갈수록 더 늘어나고 있는 이유는 이 정서 때문이다. 육체노동이 제대로 평가를 받지 못하고 있는 현실을 보고 또 자신들이 중산층과 대학의 멸시를 받고 있다고 느끼면서, 농민과 노동자는 자신이 열등한 계급에 속하고 있다고 느끼며 어떠한 대가를 치르더라도 그 계급에서 벗어나겠다는 생각을 굳히게 된다. 그렇다면 그들의 유일한 꿈은 어찌하든 자식들을 대학 졸업자로 만드는 것이다. 그런데 엉뚱하게도 농민과 노동자는 자식을 폐물로 만드는 꼴이 되고 만다. 이 자식들은 돈이 없어서 부르주아 계급으로 편입되지도 못하고, 교육 때문에 자기 아버지의 일을 물려받지도 못한다. 이 부적응자들은 자기 부모가 자신을 희생자로 만든 그 실수의 무게를 평생

지고 살아야 할 것이다. 이들은 사회주의자들이 눈독을 들이는 대상이 될 것이다.

대학의 교육 내용과 매우 비민주적인 정신 때문에 현재의 대학은 프랑스에서 가장 부정적인 역할을 맡고 있을 것이다. 육체노동을 경멸하고, 또 이론과 용어와 공식이 아닌 다른 모든 것들을 멸시하고, 학생들로 하여금 학위를 따면 지적 우위를 누리며 상위 계급에 편입되고 돈을 벌고 편하게 살 수 있다고 믿도록 만들면서, 대학은 수치스런 역할을 했다. 많은 돈을 들여 오랫동안 공부를 했음에도 불구하고, 학생들은 정신적 성숙도 이루지 못했고 자신의 계급에서 벗어나지도 못했고 자신의 삶을 다시 처음부터 시작해야 한다는 사실을 깨닫고 있다. 잃어버린 시간과 어떠한 일도 수행하지 못하는 무능력, 그리고 자신을 기다리고 있는 수치스런 빈곤 앞에서, 그들이 어떻게 반란자가 되지 않을 수 있겠는가?

당연히 프랑스의 대학 당국은 이런 현실을 절대로 보지 않는다. 오히려 대학의 일들이 대학을 고무시키고 있다. 대학은 매우 뜨거운 열정으로 무장한 사도들과 똑같다. 대학 당국은 승리의 노래를 부를 이유를 절대로 잊지 않는다. 베랑제(Henry Bérenger)는 이렇게 쓰고 있다. "프랑스의 중등교육의 바탕을 마련하는 책임을 진 리아르(Louis Liard)와 라비스(Ernest Lavisse)가 노력을 기울인 결과를 살피기 전에 그들이 어떤 열정으로 그 일에 임했는지를 확인하기 위해 그들의 책부터 먼저 읽어보아야 한다. 그들은 대학에 속은 사람들, 불행의 수렁에 빠지도록 키워진 사람들, 어딜 가나 지식인 프롤레타리아로 불리는 사람들의 불만에 귀를 기울였는가?"

불행하게도 전혀 그렇지 않았다. 두 사람은 그런 불평에 귀를 기울이지 않았다. 설령 귀를 기울였다 하더라도, 그들은 불평의 뜻을 제대로 이해하지 못했을 것이다. 그들은 형편없는 일을 수행했다. 어쩌면 마라와 로베스피에르가 한 짓보다 훨씬 더 나쁠 것이다. 마라와 로베스피에르는 적어도 정신을 부패하게 만든 죄는 저지르지 않았다. 하지만 리아르와 라비스의 작업이 순전히 그들만의 작업이었을까? 대중의 정신이 강력한 환상에 사로잡혀 있을 때, 그 환상을 충실히 반영하는 꼭두각시에 지나지 않은 두 사람을 우리가 어떻게 탓할 수 있는가?

라틴 교육제도의 가치에 대한 무서운 환상을 깨뜨리는 소리는 아직 들리지 않고 있다. 지금도 더 많은 젊은이들이 꿈과 희망을 실현시키기 위해 대학으로 몰리고 있다. 1878년에 10,900명, 1888년에 17,600명이던 대학생의 숫자가 지금은 27,000명에 이른다. 미래의 사회주의에 합류할 낙오자와 반란자의 규모 치고는 너무 크지 않은가!

그래도 미래의 낙오자의 숫자가 충분히 크지 않다는 듯, 아직도 국가에 대학생들의 숫자를 늘릴 수단을 요구하는 사람들이 있다. 소수의 통찰력 있는 사람들은 위험을 보고 그 점을 지적한다. 그래도 아무런 소용이 없다. 그런 사람들의 목소리는 공허한 메아리만 울릴 뿐이다.

부즈는 하원에서 이렇게 말했다. "장학금 지급에 따라 예산 부담이 늘어나는 것은 그 예산이 낙오자를 양산하는 수단이 되고 있다는 사실에 비하면 아무것도 아니다. 국가가 장학금까지 지급하며 낙오자의 양산을 돕고 나서지 않아도 이미 낙오자들이 충분히 많다."

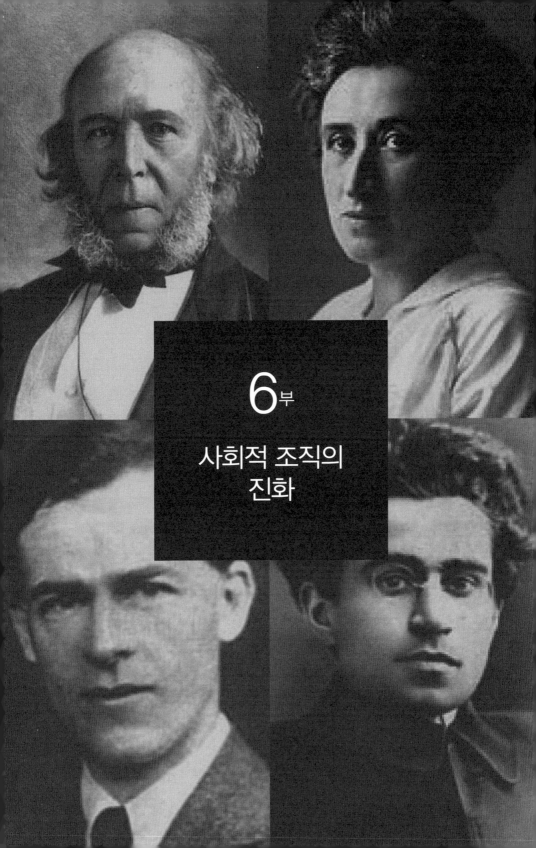

6부

사회적 조직의
진화

부(富)의 원천과 분배:
지능과 자본, 노동

1. 지능

지금부터는 부의 원천에 대해 상세히 들여다볼 것이다. 동시에 부가 사회주의자들의 포부에 따라 생산되고 분배될 수 있는지를 볼 것이다.

사회주의자들은 부의 원천을 두 가지로, 자본과 노동으로 보고 있다. 사회주의자들의 모든 요구는 곧 자신들이 판단하기에 지나치게 많은 것을 챙기는 것 같은 자본에 대한 공격으로 요약된다. 현대의 산업에서 자본의 필요성을 부정할 수 없기 때문에, 사회주의자들은 자본가의 억압을 꿈꾸고 있다.

그러나 자본과 노동 외에 세 번째 부의 원천이 있다. 지능이다. 이것을 사회주의자들은 대체로 거의 가치가 없는 것으로 본다. 그럼에도 불구하고 지능의 역할은 압도적이다. 이런 이유로 지능의 기능부터 먼저 살필 것이다.

문명의 여명기에는 지적인 능력이 손으로 하는 노동의 능력보다 조금도 더 나은 역할을 하지 못했다. 그러나 산업과 과학의 발전으로 인해 지능의 역할이 압도적일 만큼 중요해졌다. 정말로 지능의 중요성은 아무리 과장해도 지나치지 않을 정도이다. 미미한 노동자의 수고는 오직 자기 자신에게만 이롭다. 반면에 지능의 수고는 인류 전체를 풍요롭게 만든다. 어느 사회주의자가 하원에서 "우리 인간의 현실에서 수십 만 명의 가치가 나가는 그런 사람은 있을 수 없다."라고 주장했다. 그러는 그에게 우리는 1세기도 안 되는 시기 동안에도 스티븐슨에서 파스퇴르까지, 그런 사람의 예를 아주 많이 제시할 수 있다. 발명가들이 그런 사람이 아닌가. 한 사람의 발명가는 수십 만 명의 사람보다 더 큰 가치를 지닌다. 발명가가 이룬 발견의 이론적 가치 때문만이 아니다. 그의 발명이 세상에 쏟아낸 부와 모든 노동자들이 그 발명으로 인해 누리는 혜택 때문에도 그렇다. 만일 최후의 심판 때 사람들의 업적을 기준으로 진정한 가치를 판단한다면, 이 천재들의 업적이야말로 얼마나 높은 가치를 지니겠는가! 이 세상에 존재하는 자본의 상당 부분이 바로 그들의 덕이다. 영국 경제학자 맬록(William Hurrell Mallock)은 현재 영국의 세입 중 3분의 1이 엘리트의 능력에서 비롯된 것이며 엘리트가 나머지 전체 인구보다 훨씬 더 많은 것을 생산한다고 주장했다.

사회주의자들은 지적 우월의 중요성을 인정하길 꺼린다. 그들의 최고 성직자인 마르크스는 노동이라는 단어를 육체노동 이상의 의미로 이해하지 않고 있으며 세상을 변화시키고 있는 발명의 정신과 능력과 방향을 부차적인 것으로 떨어뜨리고 있다.

사회주의자들의 입장에서 이런 식으로 지능을 증오하는 데는 그만한 이유가 있다. 평등에 관한 사회주의자들의 모든 사상을 깨뜨리는 영원한 장애물이 바로 이 지능이기 때문이다. 낭트칙령의 폐지와 비슷한 어떤 조치가 취해진다고 가정해보자. 사회주의자들이 지배자가 될 경우에 매우 신속하게 취할 조치와 아주 비슷한 조치이다. 지적으로 우월한 사람들을, 말하자면 과학자와 예술가, 위대한 제조업자, 발명가, 숙련공을 문명화된 유럽에서 추방한다고 상상해보자. 그래서 이들은 예를 들어 아이슬란드 같이 사람들이 거의 살지 않는 작은 영토에서 피난처를 찾을 수밖에 없다. 한걸음 더 나아가 이들이 돈을 한 푼도 갖지 않은 채 추방된다고 상상해보자. 그럼에도 불구하고 그저 황량하기만 한 이 나라가 아주 빨리 세계 제1의 문명과 부를 자랑하는 국가가 될 것임에 틀림없다. 자기 나라에서 추방당한 이 사람들은 이 부를 바탕으로 막강한 용병을 유지할 수 있을 것이다. 따라서 두려워할 게 아무것도 없을 것이다. 나는 이런 가정이 미래에 현실로 나타나지 않을 것이라고 장담하지 못하겠다.

2. 자본

자본은 상품과 도구, 공장, 주택, 대지 등 거래 가능한 가치를 지니는 물건들로 이뤄진다. 돈은 그것들을 대표하는 상징이고, 온갖 종류의 물건들에 대한 평가와 교환을 용이하게 하는 상업적 단위일 뿐이다.

사회주의자들에게는 노동이 가치의 유일한 원천이자 척도이다. 자본은 단순히 노동자에게 훔친, 돈을 지급하지 않은 노동일 따름이다. 지금 이 자리에서 사회주의자들의 이런 주장을 놓고 왈가왈부하는 것은 시간 낭비일 것이다.

자본은 육체적 혹은 지적 노동의 축적이다. 인간을 중세의 노예로부터 해방시킨 것이 자본이다. 인간을 자연의 노예로부터 해방시킨 것도 자본이다. 오늘날 모든 문명의 근본을 형성하고 있는 것도 자본이다. 자본을 박해하면 자본이 사라지거나 숨어버릴 것이다. 그와 동시에 산업을 죽이는 결과가 나타날 것이다. 자본이 더이상 산업을 받쳐주지 못할 것이고 따라서 임금도 불가능해질 것이다. 이런 연쇄적인 현상은 설명도 필요 없을 정도로 진부한 이야기이다.

산업에서 자본의 유용성은 매우 명백하다. 그래서 모든 사회주의자들은 자본가를 억압해야 한다고 목청을 높이면서도 자본을 억압해야 한다고는 좀처럼 목소리를 높이지 않는다. 그럼에도 불구하고 위대한 자본가는 생산비와 상품의 판매가를 낮춤으로써 대중에게 엄청난 기여를 하고 있다. 대규모 제조업자와 수입업자, 상인은 5%내지 6%의 이익으로 만족할 수 있으며 따라서 소규모 제조업자나 상인보다 훨씬 낮은 가격으로 상품을 팔 수 있다. 소규모 제조업자나 상인의 경우에는 전체 수입을 맞추기 위해 상품에 40%내지 50%의 이문을 붙여야 한다.

통계학회에 발표된 다음의 숫자는 매우 흥미로운 정보를 제공한다. 1896년 6월 27일자 '오피시엘'(Officel)에 실렸다. 이 통계는 부의 증가와 동시에 이 부에 참여하는 사람들의 숫자도 증가했음을 보여주고 있다.

프랑스의 소득을 낳은 명목자본은 1800년에 7억1,300만 프랑이었다. 그러던 것이 1830년에 44억2,600만 프랑으로, 1852년에 55억1.600만 프랑으로, 1896년에 260억 프랑으로 높아졌다.

연금 가입자의 숫자는 1830년에 19만5천 명이었다. 이 숫자 역시 1895년에 500만 명으로 높아졌다. 이 수치는 1814년의 수치보다 25배나 큰 것이다.

산업 분야 기업의 활동에 참여하던 사람들의 숫자도 또한 높아지고 있다. 프랑스 금융기관 크레디 퐁시에의 경우 주주가 1888년에 2만2천 명이었으나 지금은 4만 명에 이른다. 철도회사의 주식과 채권을 가진 사람들의 숫자도 늘어 지금 290만 명을 헤아린다.

소유에서도 똑같은 현상이 나타나고 있다. 프랑스의 3분의 2가량이 600만 명의 소유로 되어 있다. 프랑스 경제학자 르로이 볼리외는 "프랑스의 부의 4분의 3과 국민소득의 5분의 4가 노동자와 농민, 하층계급의 사람과 소재산가의 것"이라고 결론을 내렸다. 대규모 재산가들이 갈수록 귀해지고 있다. 통계를 보면 연 7,500프랑 이상의 소득을 누리는 가족의 숫자는 기껏해야 2%에 지나지 않는다. 연 50만 건의 상속 소득 중에서 액수가 2만 프랑을 넘는 것은 2,600건에 지나지 않는다.

따라서 자본은 점점 더 많은 사람들에게로 분산됨과 동시에 전체 규모도 점점 더 커지는 경향을 보이고 있다. 여기서 경제법칙은 사회주의자들이 바라는 방향으로 작용하고 있지만 그 수단은 사

회주의자가 선호하는 것과는 영 딴판이다. 왜냐하면 현실로 나타
난 결과가 자본의 풍요에 따른 것이기 때문이다. 자본의 억압에 따
른 것이 절대로 아닌 것이다.

그러나 여기서 우리는 한 국가의 부를 모두가 공평하게 나눠가
질 경우에 어떤 일이 벌어질 것인지, 그리고 노동자들이 그 같은 조
치로 혜택을 받을 것인지에 대해 물어보아야 한다. 이 문제에 대답
하기는 아주 쉽다.

일부 사회주의자들의 바람에 따라, 프랑스의 전체 부를 2,200
억 프랑 정도라고 생각하고 이것을 3,800만 명의 주민들에게 균등
하게 나눠준다고 가정하자. 프랑스에 현금이 70억 프랑 내지 90억
프랑 정도 밖에 없고 나머지는 주택이나 공장, 토지 등이기 때문에
절대로 불가능한 일이긴 하지만, 여기서 이 부를 모두 현금화한다
고 생각하자. 다시 이 분배가 선언될 때 부동산을 제외한 모든 재
산의 가치가 24시간 안에는 절대로 변하지 않는다고 가정하자. 그
러면 각 개인은 5,500프랑 정도의 자본을 갖는다는 계산이 나올
것이다. 이제 곧 인간 본성이 작동하기 시작할 것이다. 한쪽에는
무능력과 낭비벽, 다른 한쪽에는 능력과 절약과 활력이 있다. 금
방 부의 불평등이 다시 확고해질 것이다. 만일 일률적인 분할을 피
하기 위해 규모가 큰 부만을 분배한다면, 예를 들어 소득 중에서 2
만5천 프랑을 넘는 부분을 몰수하여 가난한 사람들에게 분배한다
면, 가난한 사람들의 소득은 겨우 4.21% 높아질 것이다. 4.21%라
는 무의미한 증가를 위해서, 수백 만 명에게 생존 수단을 제공할 수
많은 산업들이 완전히 황폐해질 것이다. 정말이지, 노동계급도 대

체로 파괴될 것이고 노동자들의 운명은 지금보다 훨씬 더 열악해질 것이다.

정직한 사회주의자라면 모두가 반길 자본의 분산과 함께, 기업의 이익 중에서 자본의 몫이 점점 적어지고 반대로 노동자들의 몫은 점점 더 커지고 있는 것이 확인된다.

3. 노동

앞에 소개한 수치들은 노동의 수익이 점진적으로 증가하고 자본의 수익은 점진적으로 감소했다는 사실을 보여주고 있다. 오랫동안 자본은 명백한 중요성 때문에 노동자들에게 노동을 강요할 수 있었다. 그러나 지금은 노동과 자본의 상대적 역할이 변하였다. 자본과 노동의 관계는 처음에는 주인과 하인의 관계였으나 지금은 그 역할이 역전되고 있다. 지금 하인의 지위로 떨어지고 있는 것은 자본이다. 인도주의 사상들이 보편화되고, 기업의 책임 관리자들이 얼굴도 모르는 주주들의 이익에 점점 더 무관심해지고, 특히 노동조합이 강화됨에 따라, 자본의 힘이 점점 더 떨어지게 되었다.

사회주의자들의 요란한 요구에도 불구하고, 노동계급의 처지가 지금처럼 나았던 적은 지금까지 한 번도 없었던 것이 분명하다. 세계를 지배하고 있는 경제적 필연을 고려한다면, 노동자들이 앞으로 다시는 경험하지 못할 황금시대를 맞을 가능성이 아주 크다. 노동자들의 주장이 지금처럼 공평하게 다뤄졌던 적은 없었다. 또 자본이 지금처럼 덜 억압적이고 덜 강압적이었던 적도 없었다.

맬록이 주장한 것처럼, 지금 노동계급의 소득은 60년 전에 모든 계급의 총 소득보다도 더 크다. 실제로 보면 노동계급은 일부 사회주의자들의 꿈에 따라 국가의 부가 모두 노동자들의 수중에 들어갔을 때 소유할 수 있는 것보다 훨씬 더 많은 것을 소유하고 있다.

프랑스 경제학자 드 포비유(Alfred de Foville)에 따르면, 프랑스의 임금은 1813년 이후로 2배 이상 높아졌지만 돈의 가치는 3분의 1밖에 떨어지지 않았다.

파리의 경우 노동자들의 거의 60%가 매일 5프랑 내지 8프랑을 벌고 있다. 노동국의 통계에 따르면, 숙련 노동자들의 임금은 이보다 훨씬 더 높다. 조립공의 일당은 7.50프랑에서 9.50프랑까지 다양하다. 선반공의 일당은 9프랑에서 10프랑이다. 석공은 하루에 15프랑까지 받는다. 전기공의 일당은 6프랑에서 10프랑이고, 구리주조공은 8.50프랑에서 12.50프랑까지 받는다. 철판제조공은 9프랑에서 10.75프랑까지 받는다. 평범한 십장은 하루에 10프랑을 받으며 뛰어난 십장은 매달 800프랑까지 받는다. 이만하면 르로이볼리외가 주장한 그대로이다. "육체노동자는 우리 문명의 수혜자이다. 주위의 모든 상황이 나빠지고 있는데도 불구하고 노동자의 임금은 높아지고 있다."

4. 자본과 노동의 관계

현재 노동자들의 위치가 매우 만족스러움에도 불구하고, 고용주와 노동자, 말하자면 자본과 노동 사이에는 과거 어느 때보다도 더 팽팽한 긴장관계가 유지되고 있다. 노동자는 욕구가 채워질수록 더욱 많은 것을 요구하고 있다. 노동자가 고용주로부터 얻는 것이 많아질수록, 노동자가 고용주에게 품는 적의도 그만큼 더 커지고 있다. 노동자는 고용주에게서 적을 보는 데에만 익숙해 있고, 고용주도 직원들을 적으로 보는 경향이 있다. 고용주는 마치 직원을 불신하는 것이 자신의 의무인 것처럼 행동하다 결국에는 직원들에 대한 반감을 숨기지 않게 된다.

그러나 노동자들의 명백한 잘못과 부족한 점을 인정한다 하더라도, 우리는 또한 고용주들의 잘못과 부족한 점을 부정해서는 안 된다. 노동자들을 지휘하는 문제는 민감한 심리의 문제이다. 따라서 인간에 대한 진지한 공부가 요구된다. 멀찍이 떨어져서 익명의 군중을 관리하는 현대의 고용주는 자기 직원에 대해 아무것도 모르고 있다. 조금의 기술만 갖춰도, 고용주는 직원들에 대한 이해를 바탕으로 직원들과의 관계를 다시 확립할 수 있다. 협력적인 공장이 번영하고 있는 예를 통해서도 그런 노력의 혜택이 확인되고 있다. 협력의 분위기가 강한 공장에서는 고용주와 직원이 행복한 가족의 관계를 이루고 있다.

그러나 지금 고용주는 자신의 직원들에 대해 모르는 상태에서 중개인을 통해 직원들을 관리한다. 임금인상은 말할 것도 없고 상조회도 운영하고 연금제도까지 마련했음에도 불구하고, 고용주는 노동자들로부터 적대감과 반감만 사고 있다. 과거의 개인적인 관계들이 익명의 엄격한 규율로 대체되고 있는 것이다. 고용주는 종종 직원들이 자신을 두려워하도록 만들며 더 이상 존경의 대상이 되려고 노력하지 않는다. 고용주는 모든 위신을 다 잃어버렸다. 고용주는 직원들을 불신하는 나머지 직원들에게 독창력을 전혀 허용하지 않고 언제나 직원들의 일에 개입하기를 원하고 있다. 고용주는 협동조합이나 공제조합 같은 것을 만들어도 그 운영을 직원들에게 맡기지 않을 것이다. 그래서 직원들은 조합들을 투기나 예속의 도구 아니면 기껏해야 가증스런 자선 정도로만 여기고 있다. 노동자들은 자신들이 착취당하거나 모욕당하고 있다고 상상하며 분노한다. 집단적인 혜택이 노동자들에게 감사하는 마음으로 받아들여질 것이라고 믿는 것은 군중의 심리를 제대로 이해하지 못한 탓이다. 집단적인 혜택은 아무런 이유도 없이 노동자들에게 분개의 감정과 멸시 당하고 있다는 감정을 불러일으킨다. 이런 경우에는 선물보다는 선물을 베푸는 태도가 훨씬 더 중요하다. 노동조합은 그 익명성 때문에 아주 완고한 고용주의 횡포보다 훨씬 더 심각한 횡포를 휘두를 수 있고 또 그렇게 횡포를 휘두르면서도 종교나 다름없는 존경을 받는다. 노동조합은 신망을 얻고 있으며 노동자는 언제나 노동조합의 뜻에 복종한다. 그 복종으로 인해 임금을 잃을 때조차도 노동자는 노동조합의 뜻을 거스르지 않는다.

지금 대규모 산업의 고용주는 자신의 처지가 점점 직원처럼 되어가고 있기 때문에 자신의 노동자들에게 관심을 가져야 할 동기를 전혀 갖고 있지 않다. 대기업의 고용주는 직원을 다루는 방법을 모른다. 반면 소규모 고용주는 자기도 한 사람의 노동자이기 때문에 훨씬 더 엄격한 주인이 될 것이다. 그러나 이 고용주는 노동자들을 다루는 방법을 완벽하게 이해할 것이며 노동자들의 가치를 제대로 평가하고 그들의 자존심을 살려줄 것이다. 현재 작업장의 관리자들은 좋은 대학교를 나온 젊은 엔지니어들이 대부분이며 이론으로 튼튼하게 무장했으나 인생과 사람에 대해서는 무지하다. 이 젊은 관리자들은 자신의 일에 서툴면서도 직원들의 경험이 자신들이 학교에서 배운 추상적인 과학보다 더 우수할 수 있다는 점을 절대로 인정하지 않을 것이다. 젊은 관리자들은 노동계급을 경멸한다는 점에서 보면 그 직무에 부적절하다. 농민의 아들만큼 농민을 경멸하는 사람은 없다. 또 노동자의 아들만큼 노동자를 경멸하는 사람은 없다. 농민의 아들이나 노동자의 아들이 자신의 계급 이상으로 신분 상승을 이루는 데 성공하면 그런 현상이 나타난다. 많은 심리학적 진실들처럼, 이것도 인정하기 좀 불편하긴 하지만 엄연한 진실이다.

젊은 관리자는 지혜보다는 지식으로 무장한 가운데 자신을 제대로 표현하지 못하며 또 자신이 지휘해야 할 사람들의 생각을 상대방의 입장에서 이해해보려는 노력조차 하지 않는다. 게다가 이 관리자는 노동자들에게 영향을 미칠 진정한 수단을 찾으려 노력하지도 않는다. 이런 것들은 학교에서 가르쳐주는 것이 아니다. 이 관리자의 심리 지식은 두세 개의 평범한 아이디어 정도에서 그친다. 기계공은 야비하다거나 술을 많이 마시기 때문에 엄격하게 죄야 한다거나, 주로 주변 사람들이 들려준 이야기에 지나지 않을 것이다. 그는 노동자의 생각이나 인식에 관해 왜곡된 이야기를 듣는다. 그는 자신의 기질에 따라서 연약하거나 터무니없이 독재적일 수도 있을 것이지만 어느 경우든 위엄이나 권위를 전혀 발휘하지 못할 것이다.

고용주들과 노동자들 사이에 지금처럼 팽팽한 관계가 유지되도록 하는 요소는 무엇보다도 양측 사이에 존재하는 이해의 부족이다.

고용주들과 노동자들이 서로의 생각과 정서에 대해 품고 있는 인식은 한 가지 공통점을 갖고 있다. 양측이 상대방의 생각과 포부와 취향과 동화되지 못하고 있기 때문에, 결과적으로 쌍방이 전혀 알지도 못하는 것을 자신들의 심리에 비춰 해석하고 있다는 점이다. 프롤레타리아가 부르주아에 대해, 즉 자신의 손으로 일을 하지 않는 사람에 대해 품고 있는 생각은 극도로 단순하다. 프롤레타리아에게 있어서 부르주아는 오직 돈을 벌기 위해 노동자에게 일을 시키고, 음식과 술을 과도하게 즐기고, 온갖 사치를 다 즐기는 탐욕스런 존재이다. 부르주아의 사치는 괜찮은 옷 몇 벌과 검소한 주택이 전부일지라도 그저 터무니없는 낭비일 뿐이다. 부르주아의 문학적 혹은 과학적 노력은 어리석은 짓일 뿐이고 게으름뱅이의 변덕일 뿐이다. 부르주아는 돈을 어디에 써야 할지 모를 만큼 많이 갖고 있지만 노동자에게는 한 푼도 없다. 이 불공정을 해결하는 방법만큼 더 쉬운 것은 없을 것이다. 왜냐하면 단지 몇 개의 법만 있으면 하룻밤 사이에 사회를 완전히 다시 만들어놓을 수 있을 것이기 때문이다. 부자들에게 가진 것을 모두 내놓도록 강제하라. 그런 조치도 단지 터무니없는 불공정을 바로잡는 것에 지나지 않을 것이다. 만일 프롤레타리아가 자신의 엉터리 논리의 가치에 대해 의심을 품는다면, 그 프롤레타리아에게 상상 속의 권리를 끊임없이 상기시켜줄 웅변가들은 수도 없이 많다. 만일 어떤 개념들이 유전에 의해 민중의 잠재의식에 확고하게 심어지지 않았더라면, 사회주의자들은 오래 전에 승리를 거두었을 것임에 틀림없다.

부르주아가 노동자에 대해 품고 있는 인식도 부정확하긴 마찬가지이다. 고용주에게 있어서 노동자는 무례하고 술에 취한 천박한 인간이다. 저축도 할 줄 모르는 노동자는 자기 집에서 맑은 정신으로 밤을 보내지 않고 술집에서 임금을 탕진한다. 그렇다면 노동자는 자신의 운명에 대해 감사해야 하는 것이 아닌가? 또 노동자는 자신의 가치 이상으로 많이 버는 것이 아닌가? 노동자에게 도서관을 만들어주고 모임을 열 기회도 주고 값싼 주거시설도 지어준다. 그런데 뭘 더 원하는 걸까? 노동자는 자신의 일도 제대로 처리하지 못하는 것은 아닌가? 그런 불완전한 존재를 우리가 완벽하게 만들 수 있을까? 게다가 세상은 정치경제와 도덕, 심지어 종교에 관하여 오래 전에 확고하게 결정을 내린 것이 아닌가? 노동자를 변화시키려는 노력이 과연 소용이 있을까?

종합하면 이렇다. 적어도 라틴 민족들 사이에는 고용주와 노동자가 서로 적대적인 계급을 형성하고 있다. 두 계급 모두 그 관계의 어려움을 스스로의 힘으로 극복할 수 없다고 느끼고 있기 때문에, 그들은 불가피하게 국가에 호소하고 있다. 이리하여 지배를 받고자 하는 프랑스 국민의 갈망을 한 번 더 입증해보임과 동시에 사회를 전능한 통치자가 지배하는 계급조직이 아닌 다른 것으로는 상상하지 못하는 무능을 드러내고 있다. 자유로운 경쟁과 자발적인 연합, 개인의 독창력은 프랑스의 국민정신이 도달할 수 없는 개념들이다. 프랑스 국민의 이상은 언제나 통치자의 법률 아래에서 통치자의 지휘를 받으며 월급을 받는 공무원이다. 이 이상은 틀림없이 개인의 비용을 최소화하겠지만 동시에 최소한의 성격과 행위를 요구한다. 여기서 우리는 다시 다음과 같은 근본적인 사실로 돌아간다. 한 국민의 운명은 그 국민의 성격에 좌우되지 그 제도에 좌우되지 않는다.

2장

사회적 연대

1. 사회적 연대와 자선

사회에서 벌어지고 있는 투쟁이 유산을 물려받지 못해 불리한 입장에 있는 사람들을 서로 결합시키고 있다. 이제 우리는 약자들이 힘을 서로 연결시킴으로써 어떤 식으로 그 투쟁을 훨씬 덜 불리한 입장에서 벌이게 되었는지를 보게 될 것이다.

'사회적 연대'라는 용어는 언제나 많은 사람들에게 자선을 떠올리게 만든다. 그러나 이 용어의 진정한 의미는 자선과는 크게 다르다. 현재의 사회들은 이해관계들이 연대하는 쪽으로 나아가고 있으며 자선행위는 포기하고 있다. 미래의 사회들은 심지어 자선을 저급하고 야만적인 개념으로, 즉 겉보기엔 이타적이지만 본질은 지극히 이기적이고 대체로 불건전한 그런 개념으로 볼 가능성이 크다.

연대라는 용어는 단순히 연합을 의미한다. 결코 자선이나 이타심을 뜻하지 않는다. 자선은 불건전하고 또 반사회적인 정서이며, 이타심은 인위적이고 또 무기력한 정서이다. 연대의 가장 유용한 결과물, 이를테면 보험조합과 상조회, 연금조합, 협동조합 등을 연구할 때, 우리는 이 조합들이 절대로 자선이나 이타심에 바탕을 두지 않고 있으며 단순히 서로 한 번도 만나지 않을 수 있는 수많은 사람들의 이해관계에 바탕을 두고 있다는 사실을 알게 될 것이다. 매년 일정한 기금을 내면, 가입자는 병에 걸리거나 고령이 되면 자신이 낸 기금에 따라 연금을 받는다. 연금은 자비심이 개입되지 않는 특권이다. 화재에 대비해 재산을 보험에 든 사람이 불이 날 경우에 정해진 금액을 받을 권리를 갖는 것이나 마찬가지이다. 물론 조합에 가입한 사람은 집단 기금의 덕을 본다. 왜냐하면 이 사람이 받는 금액이 자신이 지급한 금액보다 더 크기 때문이다. 그러나 집단의 모든 회원이 똑같이 덕을 볼 것이다. 그렇기 때문에 이 사람은 누구에게도 빚을 지지 않는다. 그는 다른 사람의 호의가 아니라 자신이 구입한 특권의 덕을 본다.

확률에 근거한 금융적 결합을 바탕으로 한 이해관계들의 연합과 소수의 의문스런 호의와 불확실한 이타심에 바탕을 둔 자선의 차이를 분명히 밝히는 것이 중요하다. 자선에는 진정한 사회적 가치가 전혀 없다. 상당수의 사회주의자들이 자선을 부정하는 것은 옳다. 이 점에서는 사회주의자들도 유명한 사상가들과 뜻을 같이하고 있다. 국가가 공공예산으로 운영하는 병원과 복지시설 같은 기관이 있다는 사실은 분명 감사할 일이다. 그러나 실제로 보면 자선은 대체로 유익하기보다 손해를 끼친다. 감독 기능이 없는 탓에 자선이 사람들의 동정심을 악용하여 게으르게 살려는 개인들을 지원하는 결과를 낳는 경우가 자주 있다. 가난한 사람들이 일을 하지 않는 결과가 나타나는 것이다. 남의 자선에 의존하는 것이 훨씬 더 편하다는 사실을 확인하며 점점 더 구걸 쪽으로 기울 것이기 때문이다. 무수히 많은 자선단체는 기껏 쉽게 구원 받기를 원하는, 할 일 없는 늙은 부인들이나 게으른 남자들에게 일거리를 주고 대표나 사무총장, 위원, 감사 등의 타이틀을 갖고 여가시간을 즐기도록 하는 역할밖에 없다. 따라서 자선기관들은 스스로 매우 유익한 조직이라는 착각에 빠지게 된다. 바로 이 점에서 자선이 잘못 이해되고 있다.

연대를 선호하는 현상, 즉 비슷한 이해관계를 가진 사람들의 연합을 결성하려는 움직임은 아주 분명하게 나타나고 있으며, 새로운 사회적 경향 중에서 아마 가장 두드러진 경향이고 또 사회의 진화에 가장 큰 영향력을 행사할 것 같다. 현재 연대라는 단어가 옛날에 평등과 박애라는 표어보다도 더 자주 들리며 평등과 박애의 개념을 대체할 태세를 보이고 있다. 연대는 평등과 박애의 동의어가 절대로 아니다. 이익관계들이 서로 연합하는 최종 목표는 다른 이해관계들에 맞서 투쟁하는 것이기 때문에, 연대는 계급들과 개인들 사이에 벌어지는 투쟁의 특별한 한 형태에 지나지 않는다. 오늘날 잘 이해되고 있듯이, 연대는 박애라는 예전의 꿈을 연합의 형태로 최소화하고 있다.

연합의 형태로 연대를 추구하는 경향이 날로 심화되고 있는 데는 몇 가지 이유가 있다. 가장 중요한 이유는 개인의 의지와 독창력의 감소이다. 현대의 경제적 조건에서 개인의 의지와 독창력이 점점 힘을 잃어가고 있다. 개인으로 행위를 할 필요성이 갈수록 줄어들고 있다. 오늘날엔 연합의 형식, 즉 집단의 도움을 통하지 않고 개인의 개별적인 노력이 힘을 발휘하기는 거의 불가능하다.

이보다 더 깊은 또 다른 원인이 현대인으로 하여금 서로 연합을 꾀하도록 만들고 있다. 현대인은 신을 잃었고, 가정이 위협을 받는 것을 목격하고 있고, 미래에 대한 믿음을 더 이상 갖고 있지 않으며, 뭔가에 기댈 필요성을 점점 더 강하게 느끼고 있다. 연합이 개인의 무력한 이기주의를 집단적이고 막강한 집단 이기주의로 대체하고 있다. 이 집단 이기주의를 통해서 모두가 이익을 챙기는 것이다. 종교나 혈연, 정치 등을 바탕으로 한 끈이 날이 갈수록 약해지는 상황에서, 이해관계들의 연대는 사람들을 충분히 강하게 묶어놓을 수 있다. 이런 종류의 연대야말로 약한 자들에게, 말하자면 대다수의 사람들에게 남은 유일한 수단이다. 이 연대를 통해서 약한 자들은 강한 자들에 맞서 투쟁을 벌일 것이고 강한 자들에게 지나치게 억압을 당하지 않게 될 것이다.

앞에서 이미 그 법칙들을 살핀 보편적 투쟁에서, 약자는 강자 앞에서 언제나 무력하다. 그리고 강자는 조금도 주저하지 않고 약자를 짓밟는다. 봉건 영주나 금융계 거물이나 산업계 거물은 단지 환경 때문에 자기들보다 처지가 못하게 된 사람들을 절대로 조심스럽게 대하지 않았다.

종교와 법도 지금까지 공허한 말보다 더 강력한 무기를 들고 싸우지 못했던 이 보편적 억압 앞에서, 현대인은 같은 집단의 모든 개인들을 단결시킬 연합의 원칙으로 맞서고 있다. 연대야말로 약자들이 사회적 불평등을 어느 정도 해소시키고 운명을 조금 덜 가혹하게 만들 수 있는 최선의 무기이다. 연대는 자연법칙과 모순되지 않는다. 바로 그 자연법칙에 바탕을 두고 있다. 과학은 자유에 대해 아무것도 모르거나 아니면 자유를 과학의 영역으로 받아들이지 않는다. 왜냐하면 과학이 세상이 결정론의 가혹한 지배를 받는 현상을 곳곳에서 발견하기 때문이다. 과학은 평등도 믿지 않는다. 현대의 생물학이 생명체들의 근본적인 조건이 불평등하다는 것을 확인하고 있기 때문이다. 과학은 또한 박애도 받아들이지 않을 것이다. 아득한 옛날부터 무자비한 전쟁이 지속적으로 일어났기 때문이다. 반대로 연대는 자연에서 알려진 어떤 사실과도 모순되지 않는다. 어떤 동물들, 특히 약한 동물들은 강력한 연대를 통해서만 생존할 수 있다. 약한 동물에게는 연대만이 적에 맞서 스스로를 지킬 수 있는 방법이다.

인간 사회에서 다양한 구성원들이 비슷한 이해관계를 중심으로 단체를 결성한 역사는 아주 깊다. 초기의 역사 기록에도 그 같은 연대가 발견되고 있다. 그러나 시대를 막론하고 연대는 언제나 약간의 방해를 받고 또 제한적이었다. 경제적 및 정치적 이해관계라는 좁은 영역에서는 연대가 거의 가능하지 않았다. 프랑스 혁명은 동업자 조직을 억압하면서 유익한 일을 하고 있다고 생각했다. 프랑스 혁명의 지도자들이 옹호하고 있다고 생각한 민주적 명분에 이보다 더 심한 피해를 안긴 조치는 없었다. 폐지되었던 이 조직들이 지금 곳곳에서 새로운 이름과 새로운 형식으로 다시 나타나고 있다. 산업의 현대적 발전이 노동의 분화를 크게 심화시킴에 따라, 연대의 부흥은 불가피했다.

2. 현대적 형태의 연대

이해관계들의 연합에 근거한 연대와 자선의 차이를 확실히 알게 되었으니 이젠 현대적 연대의 다양한 형태를 보도록 하자.

개인들이 어떤 공통의 일에 종사하고 있고 또 그 일의 성공이 그들의 노력에 좌우된다는 이유만으로는 개인들 사이에 연대가 가능하지 않다는 사실은 금방 분명해진다. 정말로 우리는 그런 경우에 연대와 정반대의 현상이 일어나는 것을 너무나 자주 목격한다. 어떤 공장의 사장과 노동자들, 그리고 주주는 이론적으로 보면 자신들의 생존이나 부가 걸린 공장의 성공에 똑같이 이해관계가 걸려 있다. 그러나 실제로 보면 이 부자연스런 연대는 매우 강하게 격돌하는 이해관계들을 가리고 있을 뿐이다. 서로 접촉하며 지내는 당사자들은 결코 호의적인 정서를 바탕으로 일을 하지 않는다. 노동자는 자신의 임금이 인상되기를 바라고 있으며, 이는 주주의 이익이 감소되어야 가능한 일이다. 반대로 사장으로 대표되는 주주들은 자신의 몫을 키우기 위해 어떤 식으로든 노동자의 이익을 줄여야 한다. 그렇기 때문에 노동자와 사장, 주주 사이에 이론적으로 존재하는 연대는 실제로는 전혀 존재하지 않는다.

진정한 연대는 직접적인 이해관계를 똑같이 가진 사람들 사이에서만 가능하다. 노동조합 같은 현대의 제도를 만들어낸 것이 바로 그런 직접적인 이해관계이다.

그러나 그냥 내버려두면 충돌을 빚을 이해관계들이 연대를 이루게 하는 형태의 조합도 있다. 이런 조합들은 생산자와 소비자에게 호혜적인 이익을 제시함으로써 생산자와 소비자의 상반된 이해관계를 서로 연결시킨다. 생산자는 많은 양의 물건을 팔 수 있다는 보장이 있으면 단위당 이익의 감소에도 기꺼이 만족한다. 이때 판매는 상당수의 구매자들의 연합에 의해 보장된다.

영국의 협동조합은 똑같은 이해관계를 가진 사람들이 연합한 조직이다. 왜냐하면 소비자가 곧 생산자이기 때문이다. 이 조합들은 조합원들이 소비하는 것들을 거의 모두 생산하고 있으며 심지어 육류, 우유, 채소 등을 생산하는 농장까지 소유하고 있다. 영국의 협동조합은 대단한 이점을 누리고 있다. 약하고 능력이 떨어지는 회원들은 지도자의 위치에 있는 능력 있는 사람들의 지능의 덕을 본다. 아마 이 조합들도 유능한 지도자가 없으면 번창하지 못할 것이다. 라틴 국가들은 아직 이 단계에 이르지 못했다.

앵글로색슨 노동자들이 자신의 일을 처리하는 방법을 배울 수 있었던 것은 다양한 조직을, 특히 협동조합을 관리한 경험을 통해서였다. 프랑스 노동자는 라틴 민족의 개념들에 지나치게 깊이 젖어 있기 때문에 자신의 운명을 향상시켜줄 조합을 설립하고 관리하는 데 필요한 독창력을 발휘하지 못한다. 만일 프랑스 노동자가 지적인 소수의 지도자들 덕에 그런 조합을 결성한다 하더라도, 그는 즉각 조합에 대한 운영을 능력이 조금 떨어지는 다른 사람들에게 맡겨두고서는 그들을 의심의 눈길로 지켜볼 것이다. 그러면 조합은 금방 불협화음을 일으키게 된다.

조합의 성공에 무관심한 중개인들에 의해 관리되는 라틴 민족의 조합들은 지나치게 꼼꼼하고 복잡한 절차를 바탕으로 운영되다가 활력을 잃고 말 것이다. 라틴 민족의 조합들이 성공을 거두지 못하는 또 다른 이유는 라틴 노동자들이 통찰력이 부족하여 현금을 지불하면 훨씬 싼값에 생필품을 구입할 수 있는 대형 가게를 이용하지 않고 매일 구멍가게에서 비싼 가격에 구입한다는 점이다. 구멍가게를 이용하면 외상으로도 물건을 살 수 있고 또 가게 주인과 온갖 잡담을 나눌 수 있기 때문이다. 그러나 협동조합을 이용함으로써 중개인들을 배제한다면 프랑스 노동자도 엄청난 혜택을 누릴 수 있을 것이다. 프랑스의 경우 생산자와 소비자의 사이에 끼어 있는 중개인들이 챙기는 돈이 70억 프랑 이상인 것으로 추산된다. 프랑스인이 세금으로 내는 돈의 배나 되는 액수이다. 중간상인의 농간은 자본가의 농간보다 훨씬 더 악랄하다. 그런데도 노동자는 이런 피해를 눈으로 보지 못하고 따라서 아무 군소리 없이 중간상인들을 도와주고 있다.

가장 폭넓게 퍼졌으면서도 익명성이 가장 강한 현대적 형태의 조직은 바로 주식회사이다. 르로이 볼리외가 진실을 꿰뚫고 있듯이, "오늘날 세계 경제조직을 지배하고 있는 형태는 주식회사이다. … 산업, 금융, 상업, 심지어 농업과 식민지 경영까지 모든 곳으로 주식회사가 퍼지고 있다. 거의 모든 나라에서 대량 생산과 자연의 힘을 활용하는 분야에는 주식회사가 대세이다. … 익명의 회사가 마치 세상의 지배자로 부름을 받은 것 같은 형국이다. 주식회사는 옛날의 봉건제도와 추락한 귀족제도의 진정한 후계자이다. 주식회사는 세상의 황제가 될 것이다. 왜냐하면 세상이 주식으로 발행될 날이 다가오고 있기 때문이다." 르로이 볼리외가 덧붙이듯이, 주식회사는 부의 산물이 아니라 민주주의의 산물이며, 자본을 수많은 사람들의 수중으로 분산시키는 것이다.

실은 주식회사가 소자본가에게 유일하게 가능한 연합의 형태이다. 주식회사는 겉보기에 집단주의 형태를 띠고 있다. 그러나 그건 어디까지나 겉보기일 뿐이다. 왜냐하면 그것은 누구나 자유롭게 들어갔다가 자유롭게 빠져나올 수 있는, 집단주의와 비슷한 것에 지나지 않기 때문이다. 또 이익은 노력에, 말하자면 각 개인이 내놓은 작은 액수의 돈에 엄격히 비례하기 때문이다. 노동자가 주식을 통해서 자신이 일하는 사업장의 소유자가 되는 날, 그러니까 익명이지만 이해관계를 갖게 되는 바로 그날, 노동자는 엄청난 진전을 이룰 것이다. 노동자의 경제적 해방이 이뤄지는 것은 아마 이 방법을 통해서만 가능할 것이다. 그리고 이 방법에 의해서 타고났거나 사회적으로 초래된 인간의 불평등이 어느 정도 해소될 수 있을 것이다.

아직까지 주식회사는 민중계급까지 파고들지 못했다. 민중에 알려진 것 중에서 주식회사와 가까운 형태의 연합은 이익분배제도이다. 이 원칙 위에 세워진 많은 조합들이 큰 성공을 거두었다. 만일 그런 조합들이 그리 많이 존재하지 않는다면, 이유는 아마 그 조직들이 매우 탁월한, 따라서 언제나 매우 드문 능력을 요구하기 때문일 것이다.

이런 종류의 연합들 중에서 탁월한 예를 몇 곳 보자. 르클레르(Jean Leclaire)가 파리에서 1829년에 설립해 '르둘리 에 시'라는 이름으로 계속 활동한 도장공의 연합이 있다. 엔의 기즈에도 그런 작업장이 있었고, 벨기에의 라켄에도 그런 작업장이 있었다. 도장공의 연합은 이익의 25%를 모두 노동자였던 회원들이 나눠 갖도록 했다. 몇 년 지난 뒤에는 노동자들에게 1,500프랑의 연금을 주고 있다. 이런 연금이 현재 920개에 달한다.

기즈의 작업장은 일종의 공동체이다. 거기서 자본과 노동의 연합이 탁월한 결실을 맺었다. 1894년에 이 공장은 500만 프랑 이상의 매출을 올려 73만8천 프랑의 이익을 남겼다. 프랑스와 다른 국가에 이런 종류의 조직이 300개 이상 존재하고 있다. 영국에 있는 이런 연합들 중에서 가장 유명한 것은 소액의 자본을 가진 28명의 노동자 조합이 1844년에 설립한 '이퀴터블 파이오니어스 오브 로치데일'이다. 1891년에 이 조합은 1만2천 명의 조합원과 900만 프랑의 자본을 자랑했다. 740만 프랑의 매출로 130만 프랑의 이익을 남겼다.

이 조합들의 큰 위험은 이익의 분배는 곧 업계에서 자주 일어나는 손실의 분담을 전제로 한다는 점이다. 이익이 나는 한, 조합원들은 완벽하게 하나가 된다. 그러나 손실이 발생하는 순간, 조화가 깨어지고 만다. 미국이 아주 좋은 예를 제시했다. 풀먼 컴퍼니의 거대한 시설이 화재에 파괴되고, 이어 터진 약탈과 파괴행위는 훌륭한 연합도 이익을 더 이상 내지 못하게 될 때 어떤 모습으로 변화하는지를 너무나 잘 보여준다.

풀먼 컴퍼니는 직원을 6천 명이나 수용하는 거대한 공장을 지었다. 동시에 직원과 가족을 위한 아름다운 마을도 건설했다. 이 마을의 주민은 1만3천 명이었으며 모두가 편의시설의 혜택을 누렸다. 커다란 공원과 극장, 도서관도 갖추었다. 그곳 노동자들만이 주택을 구입할 수 있었다.

일이 잘 돌아가는 동안에는 평화와 풍요가 넘쳤다. 사람들은 몇 년 만에 400만 프랑을 저축했다.

그러나 이 회사의 고객이었던 철도회사의 수익 악화로 인해 주문

량이 떨어졌다. 그래서 풀먼 컴퍼니는 노동자들을 모두 그대로 둠으로써 생기는 손실을 막기 위해 임금을 11프랑에서 7.50프랑으로 내리지 않을 수 없었다. 이어 혁명이나 다름없는 사태가 벌어졌다. 공장이 약탈당하고 불에 탔으며, 노동자들의 파업이 철도까지 확산되어 대단한 폭력사태가 일어났다. 클리블랜드(Stephen Grover Cleveland) 대통령이 계엄령을 선포해야 할 정도로 심각했다. 결국엔 파업 노동자들에게 발포를 하고서야 폭동을 진압할 수 있었다.

나는 이런 이익분배제도를 바탕으로 한 조합을 별로 신뢰하지 않는다. 노동자가 고용주의 자비에 지나치게 의존하게 만들고 또 노동자와 고용주를 지나치게 오랫동안 묶어놓기 때문이다. 고용주는 직원들과 이익을 나누는 데 전혀 관심이 없다. 왜냐하면 직원들이 틀림없이 손실을 분담하길 거부할 것이며 문제가 나타나는 순간 폭동을 일으킬 것이기 때문이다. 게다가 고용주가 이익을 직원들과 나누기로 동의하는 것은 순전히 박애주의적인 차원일 뿐이다. 그어떤 것도 고용주가 그렇게 하도록 강요하지 못한다. 좀처럼 변하지 않는 이해관계를 바탕으로 지속적인 조직을 설립하는 것은 가능하다. 그러나 박애의 정신을 바탕으로 그런 조직을 설립하는 것은 불가능하다. 박애라는 것이 유동적이고 언제나 덧없는 정서이기 때문이다. 박애는 동정심과 아주 비슷하여서 그 대상의 내면에 감사의 마음을 좀처럼 불러일으키지 못한다. 풀먼 씨는 틀림없이 불타는 자신의 공장 앞에 서서 박애의 진정한 본질에 대해 소중한 교훈을, 책을 통해서는 절대로 얻지 못할 귀중한 가르침을 얻었을 것이다. 이 교훈을 무시하다 보면 종종 커다란 희생을 치르게 된다.

이익분배제도 중에서 고용주와 노동자의 이해를 절대적으로 존중하고 또 고용주와 노동자가 독립을 유지할 수 있도록 하는 유일한 형태는 주식을 통한 이익분배제도이다. 이는 당연히 이익만 분배하는 것이 아니라 손실까지도 분담해야 한다는 것을 암시한다. 이 제도가 유일하게 공평하고, 따라서 받아들여질 수 있는 계약이다. 25프랑 정도의 주식이면 어지간한 노동자들도 다 참여할 수 있다. 직원들만을 주주로 한 공장이 아직 시작되지 않고 있다는 점이 오히려 이상하다. 노동자가 이런 방법을 통해서 자신의 일의 성공에 이해관계가 걸린 자본가로 변신할 때, 노동자의 요구는 더 이상 아무런 의미를 지니지 못하게 될 것이다. 노동자가 자기 자신을 위해서 일을 하게 될 것이기 때문이다. 어떤 이유로 작업장을 바꾸길 원하는 노동자는 다른 주주들처럼 자신의 주식을 팔아버리면 될 것이다. 유일한 어려움이 있다면 그 일을 감당할 능력을 갖춘 사람을 찾는 일일 것이다. 그러나 경험이 쌓이다 보면 이 문제도 그리 어렵지 않게 해결될 것이다.

지금까지 노동계급이 그런 연합을 통해서 매우 현명하게 혜택을 누렸으며, 우리는 노동계급의 그런 노력을 대단히 높이 평가해야 한다. 노동계급은 현재의 권력을 보통선거가 아니라 노동조합을 통해서 확보했다. 이 조합들은 약하고 이름 없는 존재들의 팔이 되어주었으며, 그 덕에 노동자들은 산업과 금융의 '군주'들을 똑같은 지위에서 만날 수 있었다. 이 노동조합 덕에 고용주들과 노동자들의 관계가 완전히 변화하는 추세를 보이고 있다. 고용주는 더 이상 아버지 같은 독재자가 아니다. 말하자면 고용주가 노동의 모든 문제를 의 논하지 않고 처리하거나, 노동자들을 자기 의지대로 관리하거나, 노동 조건과 위생 문제를 마음대로 정하거나 할 수 있는 위치에 있지 않다는 뜻이다. 고용주의 의지와 변덕, 약함과 실수는 바로 노동조합의 반대에 직면하게 된다. 노동조합은 숫자와 단합을 내세우며 고용주의 권력과 거의 맞먹는 권력을 행사하고 있다. 노동조합의 권력은 당연히 조합원에게도 독재권을 행사하고 있다. 독재 권력이기를 포기하는 순간 더 이상 권력이 아닌 것이 바로 노동조합의 권력이다.

틀림없이 고용주와 노동자의 관계도 모든 제도들보다 더 큰 힘, 즉 필연에 의해 개선될 것이다. 지금 고용주를 적으로 여기고 있는 라틴 국가의 노동자는 마침내 앵글로색슨 노동자처럼 노동자와 고용주의 이해관계가 서로 같은 방향을 향하고 있으며 노동자나 고용주나 똑같은 주인, 즉 임금을 결정하는 유일한 존재인 대중에게 종속되고 있다는 사실을 이해하게 될 것이다.

어쨌든, 가족적이었든 독재적이었든 고용주와 노동자, 주인과 하인의 옛 관계는 이제 끝났다. 우리는 옛날의 관계를 아쉬워할 수도 있을 것이다. 그러나 죽은 사람을 아쉬워해 봐야 아무 소용 없듯이, 우리는 옛날의 관계를 다시는 보지 못할 것이라는 사실을 알아야 한다. 미래 세상의 전개에 있어서는 사람들의 정신이 정서가 아니라 이해관계의 지배를 받을 것이기 때문이다. 동정과 자선, 이타심은 지금 과거가 죽어가고 있는 가운데서도 용케 살아남았지만 이젠 명성도 없고 영향력도 없다. 미래는 동정과 자선과 이타심을 더 이상 알지 못하게 될 것이다.

7부

사회주의의 운명

1장

역사 예측의 한계

1. 사회 현상에 대한 인식에 나타난 필연 개념

사회주의의 미래에 대한 예측은 뒤로 미루려 한다. 먼저 과학이 이런 예측을 어느 선까지 가능하게 하는지, 그리고 이 예측을 공식화하는 것이 어느 정도까지 가능한지에 대해 논하는 것이 유익할 것 같다.

과학적 발견을 통해서 우주의 질서와 현상들의 질서 정연한 순서가 드러났을 때, 인간의 전반적인 인식이 크게 변하였다. 호의적인 신의 섭리가 인간의 손을 직접 이끌고 또 전투와 제국의 운명을 좌지우지하면서 사건들의 전개를 지휘하고 있다고 생각했던 것이 그리 멀지 않은 과거의 일이었다. 그런 신의 섭리를 어떻게 예측할 수 있었겠는가? 신의 섭리는 불가해했다. 신의 섭리를 놓고 어떻게 논쟁을 벌일 수 있었겠는가? 신의 섭리는 전능했다. 국가들은 신의 섭리 앞에 납작 엎드리고 기도를 올리며 신의 분노나 변덕을 헤아리려 노력할 수 있을 뿐이었다.

과학의 발견으로 인해 생긴 새로운 세계관은 인간이 옛날에 스스로 창조해낸 신들의 권력에서 풀려나도록 만들었다. 새로운 세계관은 인간을 더 자유로운 존재로 만들지는 않았지만 우주를 관장하는 필연이라는 냉철한 기계에 기도로 영향을 미치려 애를 써봐야 아무런 소용이 없다는 사실을 가르쳐주었다.

과학은 인간에게 이 필연을 보여준 다음에, 이 지구가 변화해온 전반적인 과정을 보여주었다. 또한 첫 번째 지질시대의 미천한 생명체들이 오랜 세월을 거치는 동안에 지금과 같은 형태의 생명체로 변하도록 만든 진화의 과정을 보여주었다.

이 진화의 법칙이 생명체의 개체들을 변화시켜왔다. 이 진화의 법칙을 인간의 사회에 적용하려는 시도도 있었다. 현대의 연구는 사회들도 마찬가지로 지금과 같은 수준에 이르기 전에 일련의 열등한 형태를 거쳤다는 점을 증명했다.

이런 연구들로부터 사회학이 탄생했다. 사회학은 언젠가는 그 자체로 완벽한 지식 분야로 성장하겠지만 아직까지는 현상을 예측하지는 못하고 현상을 기록하는 선에서 그치고 있다.

사회학이 과학으로, 아니 과학의 시작으로도 여겨질 수 없는 것은 바로 예측을 하지 못하는 무능 때문이다. 지식의 한 분야가 과학이라는 이름으로 불리려면 그 분야에서 어떤 현상을 일으키는 조건들을 파악하고 그 현상을 재현할 수 있거나 적어도 그 현상의 발생을 미리 예측할 수 있어야 한다. 이런 과학으로는 화학, 물리학,

천문학 그리고 제한적인 범위 안에서 생물학이 있다. 사회학은 이런 과학의 성격과는 거리가 아주 멀다. 사회학이 우리에게 들려줄 수 있는 것은 물리적 세계뿐만 아니라 도덕의 세계도 불변의 법칙의 지배를 받는다는 것뿐이다. 엄격히 따지면 이 같은 이야기를 들려주는 것도 사회학이 아니다. 우리가 운이라고 부르는 것은 단지 우리가 알지 못하는 원인들의 무한한 연속에 지나지 않는다.

그러나 이런 원인들이 복잡하게 뒤얽혀 있기 때문에 100% 정확한 예측은 불가능하다. 우리는 사회적 현상을 예측하지 못한다. 다만 현상을 낳은 요인들을 하나씩 별도로 연구하고 또 이 요인들의 상호작용을 발견함으로써 그 현상을 약간 이해할 수 있을 뿐이다. 이론적으로 보면 이 방법은 어떤 행성의 궤도를 찾으려 노력하는 천문학자의 방법과 똑같다. 그러나 서로 작용하는 요소들이 지나치게 많을 때, 현대 과학은 그렇게 많은 원인들의 결과를 찾아내지 못하겠다고 고백한다. 질량과 속도가 서로 다르고 또 서로 끌어당기는 3개의 물체의 상대적 위치를 결정하는 문제는 오랫동안 매우 탁월한 수학자들의 두뇌까지 비웃었다.

사회적 현상에 관한 문제라면, 우리는 그것이 3개의 물체가 아니라 상호작용을 발견해야 할 요소가 수백만 개나 되는 문제라는 점을 고려해야 한다. 그렇게 복잡한 현상의 최종적 결과를 어떻게 예측할 것인가? 확실한 것도 아니고 근접한 것도 아닌, 그저 일반적이고 개략적인 암시만을 파악하는 데도 천문학자처럼 행동할 필요가 있다. 어떤 미지의 행성이 정지 행성의 궤도에 일으키는 동요를 바탕으로 이 미지의 행성의 위치를 추론하려고 노력할 때, 천문학자는 우주 속의 모든 물체들의 움직임을 공식으로 담아내려고 시도하지 않는다. 천문학자는 그 문제를 해결 불가능한 것으로 만들어버릴 부차적인 동요들을 무시하면서 근사치로 만족한다.

가장 정밀한 과학에서조차도 인간의 불완전한 지능이 획득할 수 있는 최선의 결과는 어디까지나 근사치일 뿐이다. 그러나 프랑스의 수학자 라플라스(Pierre-Simon Laplace)는 어떤 지능에 대해 이렇게 말하고 있다. "주어진 어느 한 순간에 자연이 움직이게 만드는 모든 힘들을 아는 어떤 지능이 있다. 이 지능은 자연을 이루는 모든 입자들의 위치도 안다. 그렇다면 이 지능은 이 모든 자료들을 분석할 만큼 거대할 것이고, 또 이 우주에서 가장 큰 물체와 가장 가벼운 원자의 운동까지 같은 공식 안에 담을 수 있을 것이다. 이 지능에겐 불확실한 것은 아무것도 없을 것이다. 그리고 이 지능의 눈에는 미래도 과거처럼 보일 것이다."

드넓은 창공에서 자신의 길을 지나고 있는 수없이 많은 세계들 가운데에 라플라스가 말한 그런 지능이 있는지 우리로서는 알 길이 없다. 태양계가 된 성운에서 인간의 탄생과 인간의 역사의 단계, 그리고 마지막 생명체가 꽁꽁 언 지구에서 사라질 마지막 시간까지 읽어낼 그런 지능 말이다. 그래도 그런 지능을 지나치게 부러워하지 않도록 하자. 만일 운명의 책이 우리 눈앞에 펼쳐진다면, 인간 행동을 야기할 가장 강력한 동기가 파괴되고 말 것이다. 고대의 여자 예언자로부터 자신의 미래를 들었던 사람들은 공포에 질려 얼굴이 하얗게 변하면서 망각의 샘으로 달려가지 않았던가.

칸트와 스튜어트 밀 같은 탁월한 사상가들과 굼플로비치

(Ludwig Gumplowicz) 같은 심리학자는 만일 개인과 대중의 심리가 널리 알려진다면 우리가 그들의 행동을 예측할 수 있을 것이라고 주장한다. 그러나 이 같은 주장은 라플라스의 가설을 다른 형식으로 말하는 것이나 다름없다. 라플라스의 가설은 알려진 요소들이 너무 많아서 우리가 다 알 수 없고, 이 요소들이 매우 복잡한 방식으로 서로 작용하기 때문에 우리가 그것을 분석할 수 없다고 주장한다. 그러므로 우리는 도덕세계가 일정한 법칙의 지배를 받는다는 지식에 만족하고 이 법칙들의 미래의 결과에 대해서는 모른다는 점을 인정해야 한다.

현대 과학의 모든 발견들이 점점 더 강하게 뒷받침하고 있는 필연이라는 개념은 공허하거나 쓸모없는 이론이 아니다. 필연은 적어도 관용을 가르쳐주고 또 어떤 합성물을 분석하거나 어떤 기체의 밀도를 결정하는 화학자의 그 냉철함으로 사회 현상에 대한 연구를 시작하도록 허용한다. 필연은 또 우리의 사상과 어긋나는 사건들이 있더라도 화를 내지 말라고 가르친다. 과학자가 예측하지 못한 실험 결과 앞에서 냉철하듯이 말이다. 철학자가 불가피한 법칙을 따르고 있는 현상 앞에서 분개하는 일은 있을 수 없다. 철학자는 어떠한 것도 그런 현상을 막지 못한다는 확신을 갖고 그 현상을 연구하는 것으로 만족해야 한다.

2. 사회 현상의 예측

그렇다면 사회학은 현상을 기록하는 것으로 끝나야 한다. 오귀스트 콩트 같은 아주 탁월한 교수들마저도 예측의 영역으로 들어갈 때마다 유감스럽게도 실수를 저질렀다.

정치가들도 정치적 사건들에 깊이 개입하고 있기 때문에 사건의 결과를 예측하기에 아주 적절해 보이지만 예측 능력을 거의 발휘하지 못한다. 푸이예는 이렇게 쓰고 있다.

"정치가들이 예언을 엉터리로 한 예가 얼마나 많은가! 나폴레옹은 유럽이 곧 러시아에 짓밟히게 될 것이라고 선언했다. 나폴레옹은 또 웰링턴 공작(Duke of Wellington)이 '너무 훌륭하여 일개 신하로 만족하지 않을 것이기 때문에' 영국에서 독재자가 될 것이라고 예측했다. 셸번 경(Lord Shelburne)은 '만약에 미국에 독립을 허용한다면, 영국의 해는 질 것이고 영국의 영광은 영원히 가려질 것이다'라고 말했다. 버크와 폭스(Charles James Fox)는 프랑스 혁명 때 서로 경쟁을 벌이듯 엉터리 예언을 쏟아냈다. 버크는 프랑스가 곧 폴란드처럼 쪼개질 것이라고 선언했다. 사상가들이 어찌 보면 세상사에 밝지 않을 것 같은데도 언제나 정치가들보다 통찰력이 더 깊은 것으로 드러났다. 루소와 골드스미스(Lewis Goldsmith) 같은 인물들은 프랑스 혁명을 예고했다. 아서 영(Arthur Young)은 프랑스가 과도기적인 폭력을 거친 뒤에 개혁에 따른 행복을 오랫동안 누릴 것이라고 내다보았다. 토크빌은 미국 남부 주들의 연방 탈퇴가 있기 30년 전에 이미 미국 남부의 주들이 탈퇴를 시도할 것이라고 주장했다. 하이네(Heinrich Heine)는 몇 년 앞서서 '프랑스인은 신성동맹보다 통일된 독일을 더 두려워해야 한다'고 말했다. 프랑스 역사학자 퀴네(Edgar Quinet)는 1832년에 독일에서 일어난 변화와 프러시아의 역할, 프랑스인의 머리 위에 드리워질 위험 등을 예측했다. 앞에서 보듯 대부분의 정치가들은 현재의 일에 파묻혀 있기 때문에 당연히 근시안적이다."

따라서 우리는 예측에 극도로 조심해야 한다. 민족의 성격과 역사에 대한 깊은 연구를 바탕으로 매우 일반적인 암시만을 제시하는 데서 그쳐야 한다. 주로 관찰하는 것으로 만족해야 한다.

이 관찰을 말로 표현하는 낙관적이거나 비관적인 형식은 단지 언어의 뉘앙스를 보여줄 뿐이며, 이 뉘앙스는 설명을 용이하게 해주지만 그 자체로는 아무런 중요성을 지니지 않는다. 이 뉘앙스는 전적으로 관찰한 내용을 말로 표현하는 사람의 기질이나 성격에 좌우된다. 얽히고설킨 사건들의 불가피성을 관찰하는 데 익숙한 사상가라면 대체로 그 사건들을 비관적으로 평가할 것이다. 한편 세상에서 호기심을 자극하는 장면만을 보아온 철학자라면 그 사건들에 대해 체념하거나 무관심한 입장을 보일 것이다. 세상사에 대해 일관되게 낙관적인 태도를 보이는 것은 자신의 운명에 전적으로 만족하는 바보가 아니고는 불가능할 것이다. 그러나 만일 이 사상가와 철학자, 그리고 바보가 세상을 관찰하는 방법을 알았다면, 현상에 대한 그들의 설명은 반드시 똑같아야 할 것이다. 같은 기념물을 찍은 여러 사람들의 사진이 똑같은 것처럼 말이다.

역사가들처럼 과거의 사건들에 대해 설명하고 그 사건들에 대한 책임과 원인을 규명하는 일은 미래의 철학자들이 경멸할 짓이다.

사건들을 일으키는, 복잡하게 뒤얽힌 원인들은 그 사건들을 일으킨 개인들보다 훨씬 더 강력하다. 역사에서 가장 기억될 만한 사건들, 이를테면 바빌론의 몰락이나 아테네의 몰락, 로마제국의 쇠퇴, 프랑스 혁명, 프랑스인들이 최근 겪은 재앙 등은 사람들의 탓으로 돌려질 것이 아니라 여러 세대들의 탓으로 돌려져야 한다. 자신을 움직이고 있는 실의 존재에 대해서는 모른 채 다른 꼭두각시들의 움직임을 탓하거나 칭송하는 꼭두각시는 분명히 아주 잘못되어 있다.

우리는 자신을 둘러싸고 있는 환경의 영향도 받고 또 죽은 사람들이 남긴 사상의 영향도 받는다. 말하자면 우리의 내면에 유전으로 내려오는 힘들의 영향을 받는다는 뜻이다. 이 유전적인 힘들이 우리 행동의 상당수를 결정한다. 우리가 그 힘들을 보지 못한다는 점에서 보면, 이 힘들은 실제론 훨씬 더 강하다. 어쩌다 우리가 개인적인 생각을 갖게 될 때, 우리의 생각은 아직 태어나지 않은 세대들에게만 영향을 미칠 수 있다. 우리는 현재에는 거의 영향력을 행사하지 못한다. 왜냐하면 현재는 우리가 바꿔놓지 못하는 과거의 결과이기 때문이다.

길고 긴 과거의 자식인 우리의 행위들은 우리가 보지 않을 미래에 그 결실을 맺을 것이다. 우리에게 가치를 지니는 유일한 시간은 지금 이 시간이다. 그럼에도 한 민족의 생존에는 이 짧은 현재는 거의 아무런 중요성을 지니지 못한다. 심지어 지금 눈앞에서 벌어지고 사건들의 의미를 제대로 파악하는 것조차도 불가능하다. 왜냐하면 사건들이 우리의 운명에 미치는 영향 때문에 우리가 이 사건들의 중요성을 과장하기 때문이다. 현재의 사건들은 강의 흐름에는 아무런 영향을 미치지 않는 가운데 강의 표면에서 끊임없이 일어났다가 사라지는 물결에 비유될 수 있다. 이 물결에 흔들리는 나뭇잎에 붙은 벌레는 물결을 산으로 착각하며 그 영향을 두려워한다. 그러나 물결은 강의 흐름에 아무런 영향을 미치지 않는다.

따라서 사회 현상을 깊이 연구하다 보면 이런 결론에 도달하지 않을 수 없다. 현상은 필연의 상호작용으로 일어나며 따라서 탁월한 어떤 지능에 의해 예측이 가능하긴 하겠지만, 그런 예측은 우리 인간과 같은 제한적인 존재에게는 거의 언제나 불가능하다는 것이라는 쪽으로 말이다.

그럼에도 불구하고 사람들은 언제나 꿰뚫어볼 수 없는 미래를 가리고 있는 커튼을 들어 올리려고 노력하고 있다. 철학자들도 이 쓸데없는 호기심에서 자유롭지 못하다. 그러나 적어도 철학자들은 자신들의 예측이 단지 가설에 지나지 않는다는 점을 잘 알고 있다. 말하자면 그 예측이 과거에서 끌어낸 유추에 근거한 것이거나 국민의 기본적인 성격과 사건들의 전반적 추세에서 추론한 것에 지나지 않는다는 사실을 잘 안다. 철학자들은 또한 매우 확실해 보이는 예측까지도 아주 가까운 미래로 국한되며, 그런 경우에조차도 미지의 원인들이 예측을 거짓으로 만들 수 있다는 점을 알고 있다. 통찰력이 상당히 예리한 정신의 소유자였다면 아마 일반 대중의 심리를 연구함으로써 프랑스 혁명이 일어나기 몇 년 전에 혁명을 예측할 수 있었을 것이다. 그러나 그런 통찰력을 가진 사람이라 할지라도 보나파르트의 등장과 유럽의 정복, 그리고 제국의 탄생까지 어떻게 예측할 수 있었겠는가?

그렇다면 과학적인 정신의 소유자들마저도 먼 훗날의 사회에 대해 정확히 예측하지 못한다. 과학적인 정신을 가진 사람은 어떤 국민들은 번영을 누리고 어떤 국민들은 추락하는 것을 본다. 과거의 경험을 통해서 쇠퇴의 내리막길은 다시는 위로 향하지 못한다는 것을 알기 때문에, 이 사람은 쇠퇴의 내리막길을 미끄러지고 있는 국민은 계속 쇠퇴할 것이라고 말할 수 있다. 이 사람은 제도가 입법자들의 의지에 따라 변화하지 않는다는 사실을 알고 있다. 사회주의자들이 우리의 문명의 바탕을 이루는 제도들을 완전히 엎어놓기를 바라고 있다는 사실을 확인하면서, 과학적인 정신의 소유자는 그런 사건들에 뒤이어 벌어질 재앙을 쉽게 예측할 수 있다. 이것은 아주 일반적인 예측이며 또 단순하고 영원한 진리와 약간의 공통점을 갖고 있다. 아무리 앞선 과학일지라도 불충분한 근사치로 만족할 수밖에 없다.

　　우리는 지금 우리가 살고 있는 이 세계에 대해 거의 아무것도 모르고 있다. 또 어떤 현상의 원인을 찾거나 사회의 겉모습 아래에 숨어 있는 실체를 찾으려 들자마자 벽에 부닥치게 된다. 그런 우리가 미래에 대해 무엇을 말할 수 있겠는가? 사건들이 창조된 것인가 아니면 원래부터 있었던 것인가, 현실적인가 아니면 비현실적인가, 일시적인가 아니면 영원한가? 세상은 존재 이유를 갖고 있는가 아니면 갖고 있지 않은가? 우주의 탄생과 진화는 초월적인 존재의 의지에 따른 것인가, 맹목적 필연에 따른 것인가, 아니면 고대의 인식처럼 신과 인간이 똑같이 복종해야 하는 피할 수 없는 운명에 따른 것인가? 그리고 광물에서 우리 인간에 이르기까지 세상 만물의 바탕을 이루는 것 같은 원자는 인간의 정신이 만들어낸 이론적 개념 그 이상인가? 우리는 모든 과학 이론의 바탕에서 원자를 발견한다. 원자가 없다면 모든 과학 이론이 허물어지고 말 것이다. 그럼에도 인간의 눈은 시작도 없고 끝도 없고 또 파괴도 불가능하고 영구한 이 신비한 근본을 보지 못한다.

불확실성은 도덕의 세계에서도 조금도 더 덜하지 않다. 우리는 어디서 왔는가? 우리는 어디로 가는가? 행복과 정의, 진리에 대한 우리의 꿈은 뇌의 충혈로 인해 생긴 환상에 지나지 않는 것은 아닌가? 또 이 꿈은 생존 투쟁의 잔인한 법칙과 모순되지 않는가? 적어도 의심을 놓지 않도록 하자. 의심이 곧 희망이기 때문에 하는 말이다. 우리는 지금 미지의 것들이 널려 있는 미지의 바다를 맹목적으로 항해하고 있다. 이 미지의 것들은 우리가 그 본질을 찾으려 들면 더욱더 신비로워진다. 이 불가해의 카오스에서 드물게 우리는 몇 개의 흐릿한 불빛을, 몇 개의 상대적인 진리를 본다. 이 진리들이 지나치게 일시적이지만 않다면, 우리는 그것들을 법칙이라고 부른다.

이런 불확실한 것들을 아는 것만으로 만족하도록 하자. 불확실한 것들은 분명 변덕스러운 안내자이다. 그럼에도 불구하고 우리가 이용할 수 있는 것은 이런 불확실한 것들뿐이다. 과학은 그 외의 다른 것을 제시하지 못한다. 고대의 신들도 우리에게 그보다 더 나은 것을 주지 못했다. 확실히 고대의 신들은 인간에게 희망을 주었다. 그러나 인간에게 주위의 힘들을 자신에게 유리하게 이용하고 따라서 인간의 생존을 덜 고통스런 일로 만들도록 가르친 것은 신들이 아니었다.

인간에겐 다행하게도, 인간이 행동의 동기를 찾는 곳은 냉철한 순수 과학의 영역이 아니다. 인간은 언제나 자신을 매료시킬 공상을 요구했고 자신을 이끌어줄 몽상가를 원했다. 공상이 부족했던 적은 결코 없었다. 정치적 공상도 있었고, 종교적 공상도 있었고, 군사적 공상도 있었고, 사회적 공상도 있었다. 이 공상들은 언제나 우리 인간에게 절대적 권력을 행사했다. 이 기만적인 유령들이 언제나 우리의 통치자였으며 앞으로도 언제나 그럴 것이다.

인간은 수천 년 전에 원시적인 야만의 상태에서 처음 벗어난 이래로, 숭배할 환상을 만들어내는 일을 결코 그만두지 않았으며 또 그 환상 위에 문명을 건설하는 것도 그만두지 않았다. 각각의 환상은 길거나 짧은 기간 동안 인간을 매료시켰다. 그러나 그 환상이 인간을 더 이상 매료시키지 못하는 때는 어김없이 왔다. 그러면 인간은 그 환상에 왕관을 씌워줄 때만큼이나 요란하게 환상을 폐위시켰다. 다시 한 번 인간은 그 임무로 돌아가고 있다. 틀림없이 그 임무는 인간이 운명의 가혹함을 잊게 할 수 있는 유일한 임무일 것이다. 사회주의 이론가들은 지금 과거의 신을 대체할 새로운 신을 일으켜 세우는 힘든 임무를 다시 시작하고 있다. 그러다 사태의 불가피한 전개로 인해 때가 되면 그 사회주의도 사라지는 운명을 맞게 될 것이다.

2장

사회주의의 미래

1. 사회주의가 처한 조건

이 책을 통해서 사회 진화를 이끄는 중요한 요인들을 찾으려고 시도했다. 또 과학과 산업에 일어난 변화, 이를테면 증기기관과 전기의 발명으로 인해 국가들 사이의 거리가 좁혀지면서 나타난 변화를 연구했다. 인간도 모든 생명체들과 마찬가지로 환경에 적응하지 않고는 살아갈 수 없다. 인간은 혁명이 아니라 느린 진화를 통해서만 이 적응을 이룰 수 있다. 현재 진행되고 있는 진화의 결정적인 요인들은 아주 최근에 나타났다. 그렇기 때문에 이 원인들이 낳을 결과들을 정확히 예측하는 것은 불가능하다. 그래서 우리는 단지 이 원인들을 하나하나 살피면서 그 영향의 대체적인 방향만을 제시할 수 있을 뿐이다.

나는 사회주의자들의 포부들이 우리가 지금 보고 있는 진화의 과정과 어떤 점들에서 일치하는지를 보여주었다. 그러나 그런 일치는 매우 드물게 관찰되고 있다. 반대로 우리는 사회주의자의 포부들 대부분이 지금 세계를 지배하고 있는 필연과 정면으로 모순된다는 것을 보았다. 또 사회주의자의 포부들이 실현될 경우에 우리 인간은 이미 오래 전에 거쳐 온 그 단계로 추락하게 될 것이라는 점을 보았다. 이런 이유 때문에 어느 한 국가가 사회주의적 경향에 저항하는 정도를 알면 그 국가가 이룬 문명의 수준을 파악할 수 있다.

유일하게 현실적인 형태의 연대인 비슷한 이해관계들의 연합과 경제적 경쟁은 현대의 필연이다. 그런데 사회주의는 비슷한 이해관계들의 연합을 관대하게 보아주지 않고 있으며 경제적 경쟁은 아예 없애길 원하고 있다. 사회주의가 존중하는 유일한 권력은 민중의 권력이다. 사회주의의 입장에서 보면 개인은 아무것도 아니다. 그러나 개인이 모여 군중이 되기만 하면 그 군중은 온갖 능력과 권리를 다 갖게 된다. 그러나 심리학은 이와 반대로 개인은 군중의 일부가 되는 순간 개인의 힘을 이루던 정신적 자질의 대부분을 잃게 된다고 가르치고 있다.

사회주의자들이 제안하는 대로 경쟁과 연합을 억누른다면, 그것은 현대의 가장 중요한 지레를 마비시키는 것이나 다름없다. 우리는 경쟁이 유익한지 아닌지에 대해 물을 필요가 없다. 경쟁이 불가피한 것인지에 대해서만 물으면 된다. 그리고 경쟁이 불가피하다는 것이 확인되면, 우리는 자신을 경쟁에 적응시키려고 노력하는 수밖에 없다.

개별 노동자를 뭉개버릴 경제적 경쟁은 비슷한 이해관계들의 연합에서 자연스런 해독제를 찾아냈다. 한편에선 노동자들의 연합이, 또 다른 한편에선 고용주들의 연합이 대등한 입장에서 투쟁을 벌일 수 있다. 개인 혼자서는 절대로 이런 투쟁을 벌이지 못한다. 이는 분명히 개인 독재를 집단 독재로 대체하는 것인데, 집단 독재가 개인 독재보다 덜 살벌할 것이라고 볼 이유는 전혀 없다. 그 반대일 가능성이 훨씬 더 크다. 아무리 탐욕스런 독재자라 하더라도 프랑스 혁명 동안에 익명의 위원회들이 집단 이익의 이름으로 자행한 그런 피비린내 나는 악행을 저지르지는 않았을 것이다.

비록 사회주의가 현대 과학의 모든 연구 결과와 모순됨에도 불구하고, 사회주의는 종교적인 형태를 띠는 바로 그런 경향 때문에 엄청난 힘을 갖고 있다. 종교의 형태를 갖추게 되면, 사회주의는 더 이상 논쟁의 여지가 있는 이론이 아니고 복종해야 할 교의가 될 것이다. 이 교의가 정신에 미치는 권력은 절대적일 것이다.

사회주의가 지금까지 현대 사회를 위협한 위험 중에서 가장 무서운 위험인 이유가 바로 거기에 있다. 적어도 한 사회에서 사회주의가 완전한 승리를 거두는 것은 결코 불가능한 일이 아니다. 그렇기 때문에 이 새로운 종교에 귀의하면 행복을 이룰 수 있을 것이라고 믿는 대중을 위해 사회주의가 내놓을 것들이 무엇인지를 살펴보는 것도 유익할 것이다.

먼저 사회주의의 중요한 교의들과 사회주의의 채택을 낳을 요인들을 돌아보자.

만일 무수히 많은 사회주의의 계획들 중에서 공상적인 면을 무시하고 일부 국가에서 실현시킬 수 있는 근본적인 부분만을 고려한다면, 그 계획들은 4가지 중요한 원칙으로 압축될 것이다.

1. 지나치게 심한 부의 불평등을 점진적 과세를, 특히 높은 상속

세를 통해 바로잡는다.

2. 국가의 권리를, 아니면 국가와 이름만 다른 집단의 권리를 점

진적으로 확대한다.

3. 국가가 토지와 자본, 산업, 그리고 온갖 종류의 사업을 다시

차지한다. 말하자면 공동체의 이익을 위하여 개인 소유의 재산

을 몰수한다.

4. 자유로운 경쟁을 억누르고 임금의 평준화를 이룬다.

첫 번째 원칙의 실현은 분명히 가능하다. 이론적으로 보면 공동체의 각 세대에게 그 전 세대들이 축적한 부의 잉여를 돌려주고, 따라서 옛날의 봉건제도보다 더 가혹한 금융 귀족주의의 형성을 막는 이 조치에도 이점이 있다는 점을, 아니면 적어도 공정한 면이 있다는 점을 우리는 인정해야 할 것이다.

다른 원칙들, 특히 국가의 권리를 점진적으로 확장한다는 원칙에 대해 말하자면, 이 원칙들은 국가의 멸망을 대가로 치르지 않고는 실현될 수 없다. 왜냐하면 그런 조치들은 세상의 자연적 질서와 일치하지 않으며 또 그 조치들을 받아들인 국가가 경쟁국가에 비해 열등한 국가로 전락할 것이기 때문이다. 나는 이 이상들이 절대로 실현되지 못할 것이라고 말하지는 않는다. 왜냐하면 일부 국가들이 국가의 역할을 점점 더 키워가고 있다는 것을 내가 보여주었기

때문이다. 그러나 우리는 이 같은 국가들이 그런 사실 하나만으로 쇠퇴의 길로 접어들었다는 것을 보았다.

따라서 이 원칙들에 있어서도 사회주의의 이상이 실현될 수 있을 것이며, 그 실현은 영국 사회학자 벤저민 키드가 제시한 공식을 따를 것이다.

> "우리가 지금 들어서고 있는 이 시대에는 정치적 권리의 평등뿐만 아니라 기회의 평등까지 이루려는 길고 험난한 노력이 국가의 간섭을 제한시키지 않고 오히려 국가의 활동 영역을 사회생활의 거의 모든 분야로 점진적으로 넓혀 놓게 될 것이다. 부와 자본의 권리를 제한하고 통제하고 규제하려는 움직임은 앞으로도 계속될 것이다. 부와 자본의 권리를 개인의 수중에 두는 것이 전체 국민의 권리와 기회를 부당하게 방해하는 것으로 증명되는 경우엔 국가가 이 권리를 갖는 방향으로 나아갈 것이다."

사회주의의 이상이 이 글에서 완벽하게 표현되고 있다. 그런 계획이 교육 수준이 높은 사람들에게 받아들여지는 것을 볼 때, 우리는 사회주의 사상이 성취한 진전과 해악을 동시에 확인한다.

사회주의의 가장 심각한 위험이 거기에 있다. 지금의 사회주의는 어떤 원칙이기보다는 일종의 어떤 심리상태이다. 사회주의를 그렇게 위협적인 것으로 만드는 것은 사회주의가 대중의 마음에 일으킨 무의미한 변화가 아니고 지도계층의 마음에 이미 일으킨 매우 중대한 변화이다. 현대의 부르주아 계급은 더 이상 자신의 권리를 확신하지 못하고 있다. 부르주아 계급은 모든 것을 불신하고 있다. 그들은 무엇인가를 지키는 방법을 모른다. 그들은 모든 것에 귀를 기울이며 불안해 하고 있고 형편없는 웅변가 앞에서도 떨고 있다. 그들은 확고한 의지와 엄격한 규율, 똑같은 정서를 가진 공동체를 이루지 못하고 있다. 이런 요소들이 사회를 단결시키는 시멘트이며 이런 것들이 없이는 지금까지 어떠한 인간의 연합도 존재하지 못했는데도 말이다.

군중이 혁명적 본능을 갖고 있다고 믿는 사람들은 군중의 아주 기만적인 겉모습만을 보고 있을 뿐이다. 군중의 봉기는 오직 한 순간의 격분에 지나지 않는다. 군중은 보수적인 성향으로 돌아서면서 금방 과거로 돌아간다. 그러면서 군중은 자신들이 폭력의 순간에 부순 그 우상을 복구시키라고 외친다. 19세기 동안에 프랑스의 역사는 페이지마다 이 악순환을 되풀이하고 있다. 프랑스 혁명이 파괴 행위를 최종적으로 마무리하자마자, 프랑스 혁명이 무너뜨린 거의 모든 것들이 새로운 이름으로 다시 확립되었다. 강물은 잠시 옆으로 비꼈다가 원래의 흐름을 다시 시작했다.

사회적 격변은 언제나 위에서 시작된다. 아래로부터 시작되는 격변은 절대로 없다. 프랑스 혁명을 시작한 사람이 민중이었는가? 절대로 아니다. 민중은 그런 것을 꿈도 꾸지 않는다. 사회적 격변은 귀족과 지배계급에 의해 시작된다. 많은 사람들에게 이상하게 여겨지겠지만 이것은 엄연한 사실이다.

프랑스 혁명 때 국민의 전반적인 정신 상태가 어떠했는지를 우리는 매우 잘 알고 있다. 나약한 인도주의가 사회를 지배하고 있었다. 지금도 나약한 인도주의가 점점 더 뚜렷해지고 있다. 프랑스 혁명 때에는 나약한 인도주의가 목가적인 시와 철학자들의 연설에서 시작하여 단두대로 끝났다.

인도주의는 겉으로 보기에 아무런 해를 끼치지 않는 정서이다. 그러다 보니 이 정서가 금방 지도계층의 약화와 혼란을 불러왔다. 지도계층은 자신들의 명분에 대해 더 이상 확신을 품지 못했다. 프랑스 역사가 미슐레가 말했듯이, 지도계층은 자신들의 명분의 적이 되어버렸다. 1789년 8월 4일 밤에 귀족이 특권과 세속적 권리를 포기했을 때, 프랑스 혁명은 성취되었다.

민중은 자신들에게 내려진 명령을 단순히 따랐을 뿐이며 언제나처럼 사태를 극단으로 몰고 갔다. 민중은 자신의 권리를 포기한 정직한 박애주의자들의 목을 치는 일에 주저하지 않았다. 역사는 이 박애주의자들의 운명에 대해 크게 슬퍼하지 않는다. 그러나 이 박애주의자들은 적어도 행위의 깊은 원인을 찾아내는 일에 익숙한 심리학자들에게는 관심의 대상이 될 만했다. 귀족들이 아주 쉽게 포기해 버린 이 권리가 실제로 그들을 조금이라도 더 오래 보호했을까? 1세기 동안 축적된 이론과 연설의 영향 때문에, 귀족들의 신념이 점진적으로 변했다. 그런 상황에서 귀족들이 어떻게 달리 행동할 수 있었겠는가? 지도계층의 정신을 점차적으로 사로잡은 사상들이 마침내 영향력을 강력하게 발휘하게 되었다. 그러자 지도계층은 더 이상 자신들의 권리를 논의하고 있을 수 없었다. 인간의 무의식적 욕망이 일으키는 힘은 언제나 저항 불가능하다. 이성은 그런 욕망에 대해 모른다. 설령 안다고 하더라도 이성이 그 욕망에 대해할 수 있는 것은 아무것도 없다.

그럼에도 불구하고 역사의 진정한 원동력은 바로 모호하면서도 아주 강력한 이런 힘들이다. 인간이 스스로 흥분하고 나면 그 다음에는 이 힘들이 인간을 지배하게 된다. 이 힘들은 인간을 마음대로 주무르며 종종 인간이 자신의 이익과 정반대되는 쪽으로 행동하도록 할 것이다. 역사 속의 탁월한 꼭두각시들을 움직인 실들도 이 힘들이며, 책들은 이 꼭두각시들의 허약함과 사악한 활동에 대한 이야기를 끊임없이 들려주고 있다. 세월이 많이 흐른 덕에, 우리는 이 꼭두각시들이 행동하도록 만든 비밀스런 원인에 대해서도 이 꼭두각시들에 대해서 만큼이나 잘 알게 되었다.

지금의 위험은 바로 이 다양한 영향들에 의해 형성된 우리의 정신이 벌이는 무의식적 활동에 있다. 우리는 지금 프랑스 혁명 때와 똑같이 연약한 인도주의 정서에 사로잡혀 있다. 프랑스 혁명이야말로 이 세상에서 일어난 사건들 중에서 가장 폭압적이고 가장 잔혹한 사건이었지 않는가. 로베스피에르, 테러, 나폴레옹, 그리고 300만 명의 죽음, 침공 등. 인간에 호의적인 어떤 신이 있어서 박애주의자라는 한심한 인간과 이들보다 조금도 덜하지 않은 웅변가를 없애버린다면 인간에게 얼마나 이롭겠는가!

1세기 전의 경험으로도 충분하지 않았다. 지금 사회주의가 성공을 거두게 만드는 최고의 요소는 옛날 기독교 사상의 부정적인 유산인 겉치레 인도주의, 말하자면 진정한 정서로 뒷받침되지 않고 말로만 떠드는 인도주의의 부활이다. 인도주의의 무의식적이고 분열적인 영향을 받아 지도계층은 자신들의 명분의 정당성에 대한 확신을 모두 잃어버렸다. 지도계층은 반대 집단의 지도자들에게 더욱더 많은 것을 포기하고 있다. 그런데 이 반대 집단의 지도자들은 지도계층이 양보할수록 지도계층을 더욱 경멸하고 있다. 반대 집단의 지도자들은 적들로부터 모든 것을, 부(富)만 아니라 생명까지도 빼앗을 수 있을 때에만 만족할 것이다. 우리의 나약함이 야기할 이 폐허와 우리가 지키지 못한 문명의 몰락을 돌아보면서 미래의 역사가는 우리를 슬퍼하지 않고 우리가 그런 운명을 맞을 만했다고 결론을 내릴 것이다.

사회주의 이론의 많은 부분에 담긴 모순이 사회주의의 승리를 막게 될 것이라고 기대해서는 안 된다. 사실 사회주의 이론은 아주 오랫동안 사람들의 마음을 지배해왔던 종교적 믿음보다 더 터무니없는 공상을 담고 있지는 않다. 어떤 원칙의 논리적 결함이 그 원칙의 전파를 막았던 적은 한 번도 없었다. 지금 사회주의는 논리를 바탕으로 한 이론이기보다는 종교적 믿음의 성격이 훨씬 더 강하다. 사람들은 사회주의에 복종한다. 사람들은 사회주의를 놓고 토론을 벌이지 않는다. 그러나 사회주의는 모든 면에서 다른 종교에 비해 크게 열등하다. 종교는 사후의 행복을, 말하자면 터무니없는 측면을 입증하기가 불가능한 그런 행복을 약속했다. 사회주의 종교는 누구도 그 허위성을 입증하지 못할 천상의 행복 대신에 지상의 행복을 약속했다. 이 행복이 실현 불가능하다는 것을 우리는 쉽게 확인할 것이다. 경험이 곧 사회주의 환상의 사도들에게 자신의 꿈들이 허황되다는 점을 가르쳐줄 것이다. 그러면 사도들은 자신들이 제대로 알지도 못한 채 숭배하게 된 우상을 미친 듯 깨부술 것이다. 그러나 불행하게도 이런 경험은 사회를 먼저 파괴한 다음에야 얻어질 수 있을 뿐이다.

2. 사회주의의 승리는 어떤 결과를 부를까?

승리하자마자 곧바로 붕괴가 따르겠지만 일단 승리를 이룰 때까지, 사회주의는 그 영향력을 계속 넓혀갈 것이다. 그리고 이성에 근거한 어떠한 주장도 사회주의에 맞서 설득력을 발휘하지 못할 것이다.

그러나 새로운 종교의 사도들이나 그들의 허약한 적들은 경고의 소리를 충분히 들었을 것이다. 사회주의를 연구한 사상가들은 그 위험을 주장하며 사회주의가 우리에게 펼쳐 보일 미래에 대해 똑같은 결론에 도달했다. 사상가들의 의견을 모두 나열하는 것은 부질없는 짓일 것이다. 그러나 몇 가지 의견을 소개하는 것은 나쁘지 않을 것 같다.

우리는 프루동(Pierre-Joseph Proudhon)까지 더듬어볼 필요가 있다. 그의 시대에 사회주의는 지금만큼 위협적이지 않았다. 그는 머지않아 틀림없이 검증될 사회주의의 미래에 대해 유명한 글을 남겼다.

"사회혁명은 엄청난 격변을 낳을 수밖에 없다. 이 격변의 즉시적 결과는 대지를 황폐화시키고 사회에 구속복(정신병자나 죄인에게 입힌 옷)을 입히는 것이다. 그런 상태가 단 몇 주라도 이어진다면, 뜻밖의 기근으로 300만 내지 400만 명의 사람들이 목숨을 잃는 일이 벌어질 것이다. 정부에 재원이 없고, 국가에 상업과 생산이 이뤄지지 않고, 파리가 지방으로부터 봉쇄된 채 굶주리면서 돈과 식량을 구하지 못하고, 노동자들이 결사들의 정치활동과 작업장의 휴업으로 사기를 잃은 채 각자 알아서 생존을 추구하고, 국가가 주화를 찍기 위해 시민들의 귀금속과 그릇을 모으고, 가택수색이 세금을 거두는 유일한 수단이 되고, 곡물창고가 처음 약탈당하고, 주거지에 대한 침입이 처음 이뤄지고, 교회에 대한 신성모독이 처음 나오고, 첫 햇불에 불이 붙여지고, 피가 처음 뿌려지고, 첫 희생자의 머리가 잘려 떨어질 때, 그러니까 절망적인 증오가 온 프랑스를 휩쓸 때, 그때 당신은 사회혁명이란 어떤 것인지를 알게 될 것이다. 고삐 풀린 군중은 복수와 분노에 치를 떨며 창과 도끼와 칼과 망치로 무장하고, 도시는 음침하게 침묵하고, 경찰은 가정집을 기웃거리며 사상을 의심하고 말을 엿듣고 눈물을 흘리거나 한숨을 쏟아내는지 감시하고, 염탐과 고발이 횡행하고, 강제 징발이 이뤄지고, 지폐의 가치가 추락하고, 이웃 국가와의 전쟁이 벌어지고, 무자비한 지방 총독과 뻔뻔한 최고 권력기관인 공안위원회가 날뛰게 될 것이다. 소위 민주적이고 사회적이라는 혁명의 결과가 이런 식이라니! 나는 무능하고 부도덕하고 남의 말에 곧잘 넘어가는 그런 사람들에게나 어울릴 사회주의를 진정으로 부정한다."

벨기에 경제학자 라블레이는 사회주의 사상에 심취했음에도 불구하고 사회주의 혁명의 결과에 대해 이야기할 때 앞의 글과 비슷한 결론을 내린다. "각국의 수도들이 아주 야만적인 방법으로, 1871년의 파리보다 더 체계적으로 다이너마이트와 석유로 인해 황폐화될 것이다."

허버트 스펜서도 마찬가지로 음울한 전망을 내놓고 있다. 사회주의의 승리는 이 세상이 일찍이 목격한 적이 없는 재앙이 될 것이며, 사회주의의 끝은 군사 독재가 될 것이라고 스펜서는 말한다. 35년이나 걸린 사회학에 관한 대작의 마지막 책에서, 스펜서는 현대의 모든 사상가들과 똑같은 결론을 내리고 있다. 스펜서는 집단주의와 공산주의는 인간을 원시적인 야만으로 돌려놓을 것이며 가까운 미래에 그런 혁명이 일어날 것 같다고 우려한다. 사회주의의 승리가 길게 이어질 수는 없겠지만 사회주의로 고통 받은 국가들 중 많은 곳은 완전 폐허가 될 것이라고 그는 말한다.

탁월한 사상가들에 따르면, 이런 것이 사회주의의 도래에 불가피하게 따를 결과이다. 공포시대와 코뮌 같은 격변이 사회주의의 결과를 대충 짐작하게 한다. 그 다음엔 카이사르 같은 독재자의 출현이 불가피하다. 자신의 말(馬)을 집정관으로 임명하거나 자신을 존경하는 시선으로 바라보지 않는 사람이 있으면 그 자리에서 배를 가르게 할 수 있는 악랄한 독재자 말이다. 그러나 민중은 내전이나 쓸모없는 논쟁에 지치게 되면 고대 로마인이 그랬던 것처럼 독재자의 품으로 스스로를 던지며 독재자의 학정을 참아낼 것이다. 독재자들은 횡포를 지나치게 부리다 간혹 살해당하기도 한다. 그러나 국가가 야만인에게 정복당하여 최종적으로 무너질 때까지, 독재자들은 끊임없이 대체될 것이다. 많은 유럽 국가들이 독재자들의 속박에서 신음하는 운명을 맞이할 것 같다. 이 독재자들은 지적일 수는 있겠지만 동정심은 하나도 없을 것이며 조금의 토론도 용납하지 않을 것이다.

무정부 상태를 다스릴 수 있는 것은 사실 독재뿐이다. 남미의 라틴계 공화국들이 독재에 굴복하고 있는 이유도 그 외에는 달리 혼란을 피할 길이 없기 때문이다.

사회주의의 승리에 따른 사회적 혼란은 무시무시한 무질서와 전반적인 폐허를 부를 것이다. 그러면 마리우스나 술라, 보나파르트 같은 장군이 나타날 가능성이 아주 크다. 이 장군은 대학살 끝에 냉혹한 통치로 평화를 재확립할 것이며, 역사가 수없이 목격한 대로, 이 대학살 때문에 그가 해방자라는 칭송을 듣지 못하는 일은 결코 없을 것이다. 일이 이런 식으로 돌아가는 이유는 카이사르 같은 장군이 나타나지 않을 경우에 사회주의의 통치를 받는 국가가 그 통치와 내부 분열로 인해 급속도로 약화되어 이웃 국가의 침공에 맞설 수 없게 될 것이기 때문이다.

사회주의가 우리에게 안겨줄 수 있는 위험들을 간단히 살피면서 나는 혼란을 더욱 악화시킬 수 있는, 사회주의자들의 다양한 분파들 사이의 경쟁에 대해서는 말하지 않았다. 어떤 사람이 누군가 혹은 무엇인가를 증오하지 않고는 사회주의자가 되지 않는다. 사회주의자들은 지금의 사회를 혐오한다. 그러나 그들은 서로를 더 심하게 혐오한다. 이미 사회주의자들의 분파 사이에 피할 수 없는 경쟁이 무시무시했던 인터내셔널(국제노동자협회)의 추락을 불렀다. 인터내셔널은 지금은 잊혔지만 몇 년 동안 각국 정부를 떨게 만들었다. 라블레이는 이렇게 쓰고 있다.

"한 가지 근본적인 원인이 인터내셔널의 몰락을 가속화시켰다.
그 원인은 바로 개인적인 경쟁이었다. 1871년의 코뮌에서처럼,
인터내셔널에도 구분과 의심, 모욕에다가 결정적인 분열까지 있
었다. 어떤 권위도 힘을 쓸 수 없었다. 상호 이해가 불가능해졌
다. 인터내셔널은 무질서 상태로 해체되었다. 사회주의자들이
단합을 이루지 못할 원인이 한 가지 더 있었다. 도대체 뭘 없앤단
말인가! 국가를 폐지하고 산업의 지도자들을 억압하길 원한단
말인가? 그러면 정부에 귀속된 기업들의 자유로운 독창력에서 질
서가 자연스레 생겨날 것이란 말인가? 그런데 노동계급의 엘리트
가 될 당신이 '자본 타도!'라는, 모두가 원하는 한 가지 목표만
을 가진 사회를, 당신에겐 어떠한 희생도 요구하지 않을 그런 사
회를 유지할 만큼 서로를 충분히 이해하지 못한다면, 평범한 노
동자들이 어떻게 단결을 유지해나갈 수 있겠는가? 영원히 갈등
을 빚을 이해관계들을 통제하고 각 개인들에 대한 보상을 결정
하는 일이 일상의 중요한 문제가 된 상황에서 말이다. 당신은 당
신 자신에게 아무것도 강요하지 않는 지방 의회에도 굴복하지
않으려 했다. 그런 당신이 작업장에서 당신의 임무를 결정하고
당신의 일을 지휘할 사람들의 명령에 복종할 것 같은가?"

그러나 우리는 입법을 통해서 사회주의를 점진적으로 평화롭게
정착시키는 것을 상상할 수 있다. 과거에 사회주의를 준비해 왔고

또 국가 사회주의 쪽으로 점점 더 강하게 나아가고 있는 라틴 국가들을 보면, 사건의 전개가 그런 방향일 것처럼 보인다. 그러나 우리는 그 국가들이 지금처럼 쇠퇴의 길을 걷고 있는 것이 바로 그런 방향으로 들어섰기 때문이라는 것을 보았다. 악이 겉보기에 그다지 심하지 않은 것처럼 보일지라도 깊은 속을 들여다보면 그렇지 않을 것이다. 생산의 모든 분야를 차례로 흡수한 국가는 "국가의 일부를 어쩔 수 없이 가장 낮은 임금으로 강제 노동에 맡기지 않을 수 없다. 한마디로 노예제도를 만드는 셈이다"라고 벨기에 경제학자 몰리나리(Gustave de Molinari)는 말한다. 왜냐하면 국가가 생산하는 물품의 제작비가 민간 산업의 제작비보다 반드시 더 높을 것이기 때문이다. 예속과 불행, 독재는 사회주의자들의 길이 향하고 있는 치명적인 낭떠러지들이다.

그럼에도 불구하고 이 무서운 체제는 불가피한 것처럼 보일 것이다. 적어도 어느 한 국가는 세계에 교훈을 주기 위해서 고통을 감내해야 할 것이다. 새로운 신앙의 성직자가 펼쳐 보일 행복을 누릴 꿈에 젖어 있는 국민들에게는 그것이 가장 확실한 교훈이 될 것이다.

프랑스의 적들이 이 실험을 먼저 시도하기를 바라도록 하자. 만일 그 실험이 유럽에서 일어난다면, 모든 것을 감안할 때 그 희생은 이탈리아 같이 가난하고 반쯤 폐허 상태인 국가가 될 것이다. 이탈리아 정치인들의 다수는 몇 년 동안 독일과의 동맹 하에서 이웃 국가들과 전쟁을 벌임으로써 폭풍을 피하려 했을 때 그런 위험을 이미 예감하고 있었다.

3. 사회주의자들은 어떤 식으로 정권을 잡을 수 있을까?

하지만 사회주의가 무슨 수단으로 정부의 지휘권을 잡을 수 있을까? 사회주의가 현대 사회의 최후의 버팀목인 군대라는 장벽을 어떻게 무너뜨릴 수 있을까? 지금으로선 이것이 어려운 문제일 수 있다. 그러나 상비군이 사라지고 있는 덕에 곧 이 문제는 훨씬 덜 어려워질 것이다.

지금까지 군대의 힘은 군인의 숫자에 의해 결정되는 것도 아니었고 무기의 완전성에 의해 결정되는 것도 아니었다. 언제나 군대의 영혼에 의해 그 힘이 결정되었다. 이 영혼은 하루아침에 형성되는 것이 아니다.

직업적인 군대를 확보할 수 있었던 영국인과 같은 일부 국민들은 사회주의의 위험으로부터 거의 자유롭다. 이런 이유 때문에 이 국민들은 미래에 다른 경쟁 국가들보다 상당한 우위를 누릴 것이다. 의무복무에 의해 조직된 군대는 훈련 상태가 형편없는 민병대처럼 되어가고 있다. 역사는 그런 군대가 위험의 순간에 어느 정도의 가치를 발휘하는지를 우리에게 가르쳐주고 있다. 파리 포위 때 30만 명에 달하는 국민방위군이 코뮌을 창설하고 파리를 불태우는 외에 달리 한 일이 없다는 것을 기억하라. 군중의 무장을 해제시킬 유일한 기회를 놓친 그 유명한 변호사는 국민방위군에게 무기를 그대로 맡겨둔 데 대해 "신과 인간들의 용서"를 공개적으로 구해야 했다. 그 사람이야 군중의 심리에 대해 아무것도 몰랐다고 변명을 할 수 있었을 것이다. 그러나 그런 교훈에서 아무것도 배우지 못한 우리는 어떤 식으로 변명할 것인가?

무장한 군중이 응집력도 없고 군사적 본능도 없는 상태에서 코뮌 때처럼 자신들이 지키게 되어 있는 그 사회를 향해 무기를 겨누게 될 때, 사회의 종말은 그리 멀지 않았을 것이다. 그렇게 되면 우리는 수도가 불길에 휩싸이는 것을 목격하게 될 것이다. 이어 무정부 상태가 되어 모두가 격분하여 날뛸 것이고, 침공이 벌어지고, 이어 독재자가 해방자로 나타나 철권을 휘두를 것이고, 그러다 보면 국가는 마지막 쇠퇴의 길을 걷게 될 것이다. 프랑스를 위협하고 있는 운명은 이미 일부 국민들의 운명이 되어 있다. 군대에 의해 사회의 해체가 일어나는 국가들의 예를 찾기 위해 미지의 미래까지 그릴 필요도 없다. 우리는 지금 남미의 라틴계 공화국들이 무질서 속에서 얼마나 비참하게 살고 있는지를 알고 있다. 남미의 공화국들은 영원히 이어질 것 같은 혁명, 금융의 황폐화, 시민의 도덕적 타락, 특히 군대의 도덕적 타락으로 힘들어 하고 있다. 군대도 훈련이 제대로 되지 않은 폭도의 집단에 지나지 않는다. 강탈에만 마음을 두고 있을 뿐이다. 이 군대를 지휘하는 장군도 기꺼이 병사들이 약탈에 나서도록 하려 든다. 그리고 때가 되면 정권을 쥐기를 원하는 모든 장군은 경쟁자들을 암살하고 자신이 그 자리에 앉기 위해 언제나 무장 세력을 필요로 할 것이다. 남미의 공화국들에서 이런 일이 워낙 자주 일어나다 보니 유럽의 신문들은 그런 사건에 대한 보도를 거의 포기하다시피 했다.

4. 사회주의에 어떻게 대처할 것인가?

사회주의의 실험이 어느 국가에서든 반드시 이뤄질 것이고, 또 그런 실험만이 그 국가의 국민들이 망상을 버리도록 할 것이기 때문에, 우리는 우리 나라가 아닌 다른 나라에서 그 실험이 이뤄지기를 바라야 할 것이다. 아무리 영향력이 미약한 저자일지라도, 그런 재앙이 자기 나라에서 일어나지 않도록 최선을 다하는 것이 저자의 의무이다. 저자는 사회주의와 맞서 싸우며 사회주의의 승리를 지연시켜야 한다. 그런 식으로 노력하다 보면 사회주의의 승리가 다른 나라에서 이뤄질 것이다. 이를 위해 저자는 사회주의의 강점과 약점을 알아야 하고 또한 사회주의 원칙의 심리학에 대해서도 알아야 한다. 그런 연구가 바로 이 책의 목적이었다.

사회주의에 맞서려는 노력이 학자나 철학자에게 영향을 미칠 수 있는 그런 논쟁으로 시작되어서는 곤란하다. 요란한 인기에 대한 욕망에 눈이 멀지 않았거나 아니면 자신이 고삐를 풀어준 괴물을 자기 뜻대로 통제할 수 있다는 공상에 눈이 멀지 않은 사람이라면 다음과 같은 것들을 잘 알고 있다. 인간은 자기 뜻대로 사회를 다시 만들지 못하고, 인간은 인간보다 더 강한 자연의 법칙을 따라야 하고, 어느 시점을 기준으로 하더라도 하나의 문명은 모든 세월이 눈에 보이지 않는 고리로 연결된 그 사슬의 일부에 지나지 않고, 국민의 성격이 그 국민의 제도와 운명을 좌우하고, 국민의 성격은 수세기에 걸쳐 형성된 결과물이고, 사회는 언제나 진화 중이며, 미래의 사회는 결코 지금의 모습일 수 없고, 이 불가피한 진화는 인간의 공상과 꿈에 의해 결정되지 않는다는 점을 현명한 사람은 잘 알고 있다.

사람이 군중에 영향을 미치는 것은 이런 주장을 통해서가 아니다. 객관적인 관찰을 바탕으로 한 그런 주장은 군중을 설득시키지 못한다. 군중은 추론 같은 것에는 신경을 쓰지 않는다. 그런데 하물며 책 같은 것에야! 군중은 아주 비굴한 모습으로 자신들에게 아첨을 떠는 사람들에게도 잘 넘어가지 않을 것이다. 군중은 자신들에게 아첨하는 사람들에게 지지를 보낼 것이지만 그 지지에는 어디까지나 경멸감이 실려 있다. 그렇기 때문에 아첨이 과도해지면 그에 따라서 군중이 요구하는 것도 더 많아진다. 군중에게 영향을 미치기 위해선 군중을 다루는 방법을 알아야 한다. 특히 군중의 무의식적 정서를 다루는 법을 잘 알아야 한다. 군중의 이성에 호소하려 해서는 안 된다. 군중에겐 이성이 전혀 없기 때문이다. 따라서 군중을 조종하기 위해선 군중의 정서를 잘 알아야 한다. 또 군중의 정서를 잘 알기 위해선 끊임없이 그들과 섞여야 한다. 지금 우리의 눈앞에서 점점 더 커가고 있는 신흥 종교의 성직자들이 그러듯이 말이다.

군중을 지휘하는 것이 어려울까? 이런 식으로 생각하는 사람은 군중의 심리와 군중의 역사에 대해 아무것도 알지 못하고 있음에 틀림없다. 군중의 가슴을 훔치기 위해 무함마드 같은 종교의 창설자, 나폴레옹과 같은 영웅, 은둔자 피터 같은 공상가가 되어야 할까? 아니, 절대로 그렇지 않다. 이런 예외적인 인물까지 될 필요는 전혀 없다. 대담성과 제복의 권위, 말(馬)의 아름다움 외에는 특이할 것이라곤 하나도 없었던 무명의 장군이 최고 권력의 언저리까지 닿았던 것이 불과 몇 년 전의 일이다. 월계관도 없고 신앙도 없는 카이사르 같은 그는 루비콘 강 바로 앞에서 물러났다. 역사는 민중운동이 실제로는 소수의 지도자의 운동에 지나지 않는다는 점을 잘 보여주고 있다는 사실을 기억하자. 또 군중의 단순성과 군중의 보수적 본능, 그리고 마지막으로 내가 다른 책에서 보여주고자 했던 설득의 요소들, 즉 단언과 반복, 전염과 명성 등의 메커니즘을 기억하자. 또 다시 말하지만, 개인인 경우에는 이해관계가 아주 중요하지만 군중을 이끄는 것은 겉보기에는 그렇게 보일지라도 이해관계가 아니라는 점을 기억하자. 군중은 이상을 가져야 하고 어떤 믿음을 가져야 한다. 군중은 이상이나 믿음에 의해 흥분되기 전에 먼저 사도들에 의해 흥분되어야 한다. 사도들만이 명성을 무기로 대중의 마음에 신앙의 가장 든든한 바탕이 될 동경의 정서를 불러일으킬 수 있다.

군중을 이끌겠다는 의지를 가지면 군중을 뜻대로 움직일 수 있을 것이다. 아주 부적절한 통치 집단이거나 아주 잔인한 독재자일지라도 권력을 잡기만 하면 군중들로부터 박수갈채를 받게 되어 있다. 1세기도 안 되는 세월에 군중은 마라와 로베스피에르, 부르봉 왕가, 나폴레옹, 공화정, 그리고 위대한 인물이 되겠다고 나서는 모든 협잡꾼들에게 찬성표를 던졌다. 군중은 체념하듯 자유와 동시에 예속까지 받아들였다.

우리 자신을 군중이 아니라 군중의 지도자들로부터 보호하고 싶다면, 그렇게 하겠다는 의지만 있으면 된다. 불행하게도 이 시대의 가장 심각한 도덕적 질병은 의지의 부족이다. 그런데 이 도덕적 질병은 라틴 민족들 사이에는 치유가 불가능한 것처럼 보인다. 독창력의 결여와 무관심과 함께 나타나고 있는 의지력의 약화가 프랑스를 위협하는 가장 큰 위험이다.

그런데 한 사람의 저자가 제시하는 조언이 사건들의 전개를 어떻게 바꿔놓을 수 있겠는가? 저자의 경우에는 결과를 쉽게 유추할 수 있는 일반 원칙들을 제시하면 그것으로 임무를 다하는 것이 아닐까?

다시 말하지만, 우리가 해야 할 것을 제시하는 것보다 우리가 하지 말아야 할 것을 제시하는 것이 훨씬 더 중요하다. 사회적 집단은 가급적 건드리지 않는 게 좋은, 매우 섬세한 유기체이다. 국가의 입장에서 보면 변덕스럽고 분별없는 군중의 뜻에 휘둘리는 것보다 더 한탄스런 일이 없다. 만일 어떤 사람이 군중을 위해 많은 일을 해야 한다면, 그 사람은 적어도 군중을 이용하는 일은 하지 말아야 한다. 우리가 단지 개혁에 대한 기대를 포기하고 또 헌법과 제도와 법을 바꿔야 한다는 생각을 버리기만 해도, 그것만도 엄청난 발전이 될 것이다. 무엇보다도 우리는 국가의 개입을 무한히 확장할 것이 아니라 국가의 개입을 제한해야 한다. 그래야만 시민들이 지금 국가의 후견을 바라다가 상실하고 있는 자기결정의 버릇을 다시 들이고 독창력을 다시 회복할 수 있을 것이다.

그러나 이런 소망들을 늘어놓아봐야 무슨 소용이 있겠는가? 이 소망들이 실현되기를 바라는 것은 곧 우리의 영혼을 변화시키고 운명의 물줄기를 바꿔놓기를 원한다는 뜻이 아닌가? 지금 가장 시급한 개혁은, 아마 인간에게 도움이 되는 유일한 개혁일 텐데, 바로 교육의 개혁일 것이다. 그러나 교육의 개혁은 성취하기가 아주 어렵다. 왜냐하면 이 개혁의 실현은 곧 국민의 정신의 변형이라는 기적을 의미하기 때문이다.

우리는 이 개혁에 희망을 걸 수 있을까? 다른 한편으로 보면, 위험이 가까이 다가오고 있는 것을 예측할 수 있고 또 이론적으로 그 위험을 피하는 것이 쉬워 보이는데, 어떻게 우리가 침묵하고 있을 수 있겠는가?

만일 회의와 무관심, 부정(否定)과 비판의 정신, 무익한 토론과 적대심이 우리에게 영향을 더 많이 미치도록 내버려둔다면, 그리고 만일 아주 사소한 일에서조차도 국가의 간섭을 요구한다면, 이미 크게 흔들린 프랑스 사회는 금방 해체되고 말 것이다. 프랑스 민족은 보다 활력적인 민족에게 자리를 내 주고 이 지구에서 사라질 것이다.

과거에 이런 식으로 많은 문명들이 사라졌다. 문명의 방어자들이 투쟁과 노력을 포기할 때, 그런 일이 벌어졌다. 국민의 지능이 떨어진다고 해서 국민의 파괴까지 일어나지는 않는다. 그러나 국민의 성격이 약해지면 국민의 파괴가 일어난다. 아테네와 로마도 그렇게 종말을 맞았다. 그리고 고대 문명들의 계승자이며 인간의 모든 꿈과 발견의 계승자이고 또 세상이 시작된 이래로 축적된 예술과 사상의 모든 보물의 계승자였던 비잔티움도 그런 식으로 종말을 맞았다.

술탄 무함마드가 그 위대한 도시 앞에 나타났을 때, 신학 논쟁과 깊은 갈등에 빠져 있던 그곳의 주민들은 도시의 방어에 별로 신경을 쓰지 않았다는 이야기를 역사학자들은 들려주고 있다. 따라서 새로운 신앙의 대표자는 그런 적들을 상대로 쉽게 승리를 거둘 수 있었다. 술탄 무함마드가 옛 세계의 빛들의 마지막 안식처였던 그 유명한 수도 안으로 진입하자마자, 무함마드의 병사들은 쓸모 없는 수다쟁이들 중에서 가장 시끄러운 사람들을 골라서 목을 친 뒤 나머지는 노예로 만들었다.

아주 먼 옛 민족들의 생기 없던 후손들의 전철을 밟지 않도록 노력하자. 어리석은 비난과 언쟁에 시간을 낭비하지 않도록 하자. 외부의 적들에 맞서 우리 자신을 지켜야 할 필요가 전혀 없는 지금, 국내에서 우리를 위협하고 있는 적들에 강하게 맞서며 우리를 지키 도록 노력하자. 아주 사소한 노력도 가볍게 여기지 않도록 하자. 각자 자신의 영역 안에서 최대한 노력해야 한다. 스핑크스가 우리 에게 던지는 문제들을, 우리가 알아맞히지 못하면 스핑크스에게 잡아먹히게 되어 있는 그 문제들을 놓고 열심히 연구하도록 하자. 그리고 가슴 깊은 곳에서 이런 조언들이 마치 죽음의 날을 기다리 고 있는 환자에게 하는 약속만큼이나 헛되다는 생각이 들더라도, 우리는 마치 그런 식으로 생각하지 않는 것처럼 행동하도록 하자.

"왕을 심판한 사람은 많은데 왜 군중을 심판한 사람은 없는가?"

'사회주의의 심리학'이라고 하니 뜬금없다는 생각이 들지도 모르겠다. 그러나 내용을 들여다보면 그다지 엉뚱하지도 않다. 세상 돌아가는 이치가 이 책이 처음 발표된 1896년이나 지금이나 별로 다르지 않다. 기술발달이 하루가 다르게 이뤄지고 인간이 세상의 주인인 것처럼 행세하고 있지만 인간 천성은 별반 달라진 것이 없다. 그때나 지금이나 인간의 행태는 거의 비슷하다. 제목에 사회주의가 들어 있지만, 그 당시에 사회주의가 무슨 전염병처럼 퍼져서 그게 저자의 관심을 끌었을 뿐이지 오늘날의 상황에 비춰가며 읽어도 전혀 무리가 없다. 왜냐하면 저자 귀스타브 르 봉에 따르면 인류 역사는 결국 개인주의와 집단주의의 대결로 압축되기 때문이다.

르 봉이 이 책을 발표할 당시 프랑스 사회는 그 유명한 '드레퓌스 사건'으로 양분되어 있었다. 프랑스 육군의 포병 대위였던 유대인 알프레드 드레퓌스는 1894년에 간첩 누명을 쓰고 종신형을 선고받고 프랑스령 기아나로 유배당했다. 유대인에 대한 편견이 크게 작용한 이 정치스캔들은 진실이 왜곡되고 있다는 사실을 잘 알면서도 집단 광기에 짓눌려 그것을 말하지 못하게 되는 경우의 예로 지금도 자주 거론되는 사건이다. 당시 프랑스가 국론 분열을 겪고 있을 동안에도 세계 정치와 경제는 그때의 눈으로 보면 지금 못지않게 급박하게 돌아가고 있었다.

이런 현실 앞에서 르 봉이 프랑스의 미래를 걱정하며 쓴 것이 바로 이 책이다. 그래서 국민이 성공하기 위해 갖춰야 할 자질이 상세히 소개된다. 그는 앵글로색슨 족의 개인주의에서 미래 사회의 힘을 보고 있다.

깊은 속을 들여다보는 데 익숙한 심리학자의 분석을 거치면 상식과는 거리가 먼 불편한 진실들이 많이 드러난다. 민주주의도 흔히들 생각하는 것만큼 그렇게 멋진 제도가 아니다. 평등한 권리와 자유경쟁을 원칙으로 하는 민주주의는 엘리트에게 유리하게 돌아간다. 이런 경쟁에서 누가 승리를 거둘 것인지는 너무나 자명하다. 능력이 가장 뛰어난 사람, 말하자면 소질을 타고 나고 교육과 부의 혜택을 받은 사람이 이기게 되어 있다. 그러니 엘리트가 민주적인 제도를 옹호하지 않을 이유가 없다. 이 엘리트들과 옛날의 귀족계급이 다른 점은 뭘까? 다른 점이 없다. 굳이 차이를 찾는다면 민주 국가에서 형성되는 특권계급이 폐쇄된 것처럼 보이지 않는다는 점이다. 그러나 그 계급으로 들어갈 수 있는 사람은 바로 지적 소질을 타고난 사람들이다. 이 엘리트들은 민주적인 제도에서 마치 '면

죄부'를 받은 양 그 과실을 마음껏 누린다.

그렇다면 민주적인 제도 말고 다른 것이 있는가? 없다. 그래도 민주주의가 최고이다. 민주주의라는 제도 자체에는 인간의 진보를 가능하게 하는 힘이 전혀 없다. 민주적인 제도는 구성원들이 온갖 노력을 펼 수 있는 분위기를 조성한다는 데 그 미덕이 있다. 이것이 민주주의의 최대 강점이다. 그러나 조건이 있다. 민주적인 제도가 발전을 꾀하려면 그 사회의 구성원들이 진취적이어야 하고 자신의 노력을 믿을 줄 알아야 하고 책임감이 있어야 한다는 것이 르 봉의 주장이다.

이런 견해를 가진 르 봉의 눈에 당시 프랑스인의 어떤 점이 거슬렸을까? 활력도 없고, 도덕도 약하고, 의지도 없고, 말과 사실을 곧잘 혼동하고, 책임을 피하려 하고, 지극히 이기적이고, 경험을 믿기보다는 무엇이든 논리적으로 추론하려 들고, 가능한 한 국가에 책임을 떠넘기려 드는 모습이 르 봉을 크게 우려하게 만들었다. 프랑스인이 한때 세상의 중심에 섰지만 정치적·경제적 변화에 제대로 대처하지 못해 변방으로 밀려나고 있다는 지적이다. 그런데 그 원인이 프랑스인의 민족적 특성 때문이라는 것이다. 말하자면 라틴 민족의 기질 때문이라는 설명이다. 이 분석은 당시 라틴 민족이 주를 이뤘던 남미의 여러 공화국에도 그대로 통했다.

반면 당시 프랑스와 식민지 쟁탈전을 벌였던 앵글로색슨 족은 르 봉에게 미래의 세계를 이끌고 갈 민족으로 높은 평가를 받는다. 특히 국가에 대한 의존을 악덕으로 여기던 미국 시민들이 르 봉의 관심을 끌었다.

그렇다면 어떻게 해야 세계를 이끄는 국민이 될 수 있을까? 르 봉은 혁명 같은 것으로는 민족성을 절대로 바꿔놓지 못한다고 말한다. 마찬가지로 개혁도 별다른 효과를 발휘하지 못한다. 유일하게 효과를 발휘하는 개혁이 있다면 교육 개혁이다. 교육 개혁을 통해서 작은 성공들을 수없이 많이 쌓아야만 민족성의 변화가 가능하다는 것이 르 봉의 입장이다.

르 봉의 주장을 뒷받침하는 예가 있다. 이 책에 소개되는 그리스는 많은 것을 생각하게 만든다.

그리스 주민들은 라틴 민족과 아무런 관련이 없다. 지금의 그리스인들은 고대 그리스인과도 아무런 관련이 없다. 지금의 그리스인들은 두상이 짧은 슬라브족인 반면에 고대의 그리스인들은 두상이 길었다. 이런 그리스인이 당시에 아무런 관련이 없는 라틴 민족과 비슷한 특성을 보였다고 한다. 그리스 국민들도 의지력이 약하고 일관성이 부족하고 경솔하고 변덕스럽고 성급했다고 한다. 또 끈질기게 노력하는 것을 싫어하고 장광설을 늘어놓길 좋아하고 평등을 갈망하고, 꿈과 현실을 혼동하는 버릇을 갖고 있었다고 한다. 그리스인들이 이렇게 변한 이유가 바로 교육이었다. 그리스는 19세기 중반에 라틴 민족의 개념들을, 특히 프랑스의 교육 개념을 채택했다. 프랑스의 교육제도를 채택하고 50년이 채 안 되어 그리스인은 그만 라틴 민족처럼 되어버린 것이다.

이때도 그리스가 외채에 대한 이자를 지급하길 거부하는 사태가 벌어졌다고 한다. 몇 년 전에 보았던 그리스의 모습과 별로 다르지 않다.

이 책이 100년도 더 전에 출간되었다는 사실 때문에 당연히 내용과 지금의 현실을 비교하게 된다. 르 봉은 앵글로색슨 족, 그 중에서도 미국의 미래를 가장 밝게 보았다. 이 책에 거론되는 동양 3국, 즉 인도와 일본, 중국 중에서는 일본보다 중국이 크게 앞설 것이라고 내다보았다. 라틴 민족의 국가들, 말하자면 프랑스를 비롯하여 이탈리아와 포르투갈, 남미의 여러 공화국들의 전망은 어둡게 보았다.

문제는 역시 군중이었다. 사람은 개인으로는 똑똑하고 현명하고 합리적이다가도 군중에 휩쓸리면 그만 이성을 잃고 무능해지며 격해지게 마련이다. 당연히 군중 속의 개인은 판단력도 떨어지고 능력도 떨어진다. 그래도 그런 군중의 뜻을 거스르려는 사람은 없었다. 오히려 지도층까지도 군중에 끌려가고 있었다. 이 같은 현상이 그때만의 문제일까?